武汉大学创新创业教育系列规划教材

创业项目管理

赖一飞　吴思　贾俊平　编著

WUHAN UNIVERSITY PRESS
武汉大学出版社

图书在版编目(CIP)数据

创业项目管理/赖一飞,吴思,贾俊平编著.—武汉:武汉大学出版社,2018.9(2025.1 重印)
武汉大学创新创业教育系列规划教材
ISBN 978-7-307-20476-8

Ⅰ.创… Ⅱ.①赖… ②吴… ③贾… Ⅲ.创业—项目管理—高等学校—教材 Ⅳ.F241.4

中国版本图书馆 CIP 数据核字(2018)第 193740 号

责任编辑:陈 红 沈岑砚 责任校对:汪欣怡 版式设计:汪冰滢

出版发行:**武汉大学出版社** (430072 武昌 珞珈山)
(电子邮箱:cbs22@ whu.edu.cn 网址:www.wdp.com.cn)
印刷:湖北云景数字印刷有限公司
开本:787×1092 1/16 印张:14.75 字数:347 千字 插页:1
版次:2018 年 9 月第 1 版 2025 年 1 月第 2 次印刷
ISBN 978-7-307-20476-8 定价:39.00 元

前　　言

创新创业是新时代社会发展的不竭动力，“大众创业，万众创新”已被列为国家战略，是推动我国成为创新大国的有效途径。由于创新创业需依托于高素质的人才，大学生已成为大众创业的生力军，因此培养创业型人才成为了新时代高等教育的一个重要目标。

本书从创业实践出发，是创业管理和项目管理精品课程建设及长期教学实践总结的成果。本书以项目管理基本理论知识为基础，以创业实践指导为核心，以培养创新创业型人才为导向，依据项目管理的过程、要素和工具，全面、系统地阐述了创业拟解决的关键问题和解决问题的重要工具和策略，并着重介绍了创业项目管理的功能结构与应用的实现，使读者全面了解创业的要素、过程和关键链，进而通过项日管理理论与方法系统地介绍了创业项目管理的工作原理和创业项目管理方法。全书共有九章，主要内容包括创业项目管理导论、创业项目决策与实施、创业项目目标管理、创业项目资源整合管理、创业项目融资管理、创业项目营销管理、创业项目干系人管理、创业项目人力资源管理、创业项目风险管理。

本书的主要特色是：在现有同类教材基础上，结合项目管理理论与方法，从创业全生命周期和全方位管理探索创业工作；突出可操作性，力求教材风格活泼，避免枯燥、呆板；将项目管理理论学习与创业实践紧密结合，强化创业型人才目标的培养和提高创业型人才的能力。本教材适用于普通高校本科工程管理、工商管理等经济管理类专业，也可作为从事创业人员的项目管理培训教材和业务学习资料。

本书由武汉大学经济与管理学院赖一飞、武汉大学经济与管理学院吴思、深圳市深科工程检测有限公司贾俊平编著。

全书共分九章。第一、二、三章由赖一飞、覃冰洁、雷慧编写，第四、五章由吴思、赵静、赵继涛编写，第六章由赖一飞、赵静、赵继涛编写，第七章由赖一飞、屠金萍、夏金秋编写，第八、九章由贾俊平、屠金萍、夏金秋编写。

在编写过程中，得到了武汉大学出版社、武汉大学经济与管理学院的大力支持，参阅了不少专家、学者论著和有关文献，深圳市深科工程检测有限公司总经理贾俊平提供了大量的素材与资料，多名研究生参与了书稿的打印、校对工作，在此谨向他们表示衷心的感谢！

由于创业项目管理在我国的研究与实践的时间不长，有许多问题需要进一步探讨与实践，加之作者水平有限，书中难免有不当之处，敬请读者批评指正。

编者

2018 年 3 月于珞珈山枫园

目　　录

第一章　创业项目管理导论

第一节　创 业 环 境

一、创业政策的发展变化

（一）创新驱动发展战略的构建

创新是企业不断发展的生存之道，创新型经济发展也是一个国家进步的不竭动力。1956 年，周总理在《关于知识分子问题的报告》中提出“向科学进军”的口号，在中华人民共和国成立之初便提出了构建创新型国家的理念。1995 年，党中央、国务院召开全国科学技术大会，江泽民同志发表重要讲话，号召大力实施科教兴国战略。2002 年，党的十六大报告中提出：走新型工业化道路，大力实施科教兴国战略与可持续发展战略，走新型工业化道路必须发挥科学技术第一生产力的重要作用，要求加强基础研究与高技术研究，推进国家创新体系建设。2006 年，党中央、国务院再次召开全国科学技术大会，部署实施《国家中长期科学和技术发展规划纲要（2006—2020 年）》，确立到 2020 年进入创新型国家行列的奋斗目标。2012 年 11 月，党的十八大提出了“实施创新驱动发展战略”，指出科技创新是提高社会生产力和综合国力的战略支撑，必须摆在国家发展全局的核心位置，必须坚持走中国特色自主创新道路。2016 年 5 月，国务院印发的《创新驱动发展战略纲要》中，提出了三步走战略目标：第一步是到 2020 年进入创新型国家行列，第二步是到 2030 年跻身创新型国家前列，第三步是到 2050 年建成世界科技创新强国。2017 年 10 月，党的十九大报告提出，要坚定实施创新驱动发展战略，加快建设创新型国家，把“加快建设创新型国家”纳入“建设现代化经济体系”的组成部分，并强调“创新是建设现代化经济体系的战略支撑”。

（二）创新型、创业型城市试点

创新型城市、创业型城市是创新创业活动，建设创新型国家的重要依托。创建创新型城市、创业型城市是增强国家自主创新能力、实现创新型国家战略目标的重要手段。国家指出创建创新型城市应以实现创新驱动发展为导向，以提升自主创新能力为主线，以体制机制创新为动力，以营造创新友好环境为突破口，健全创新体系、聚集创新资源、突出效益效率、着眼引领示范，探索区域创新发展模式，培育一批特色鲜明、优势互补的国家创新型城市，形成若干区域创新发展增长极，增强国家综合实力和国际竞争力，为实现创新型国家建设目标奠定坚实基础。

2006 年 1 月，全国科技大会召开后，中国掀起了创建创新型城市的热潮，约 60%的地级以上城市均提出了建设创新型城市的发展战略，约 25%的城市编制并实施了创新型城市建设总体规划。2010 年 1 月，科技部在各省（区、市）人民政府申报推荐的基础上，确定了 20 个国家创新型试点城市（区）。为推动创新型试点城市建设，2010 年 1 月，国家发改委印发《关于推进国家创新型城市试点工作的通知》，同年 4 月，科技部印发《关于进一步推进创新型城市试点工作的指导意见》，强调创新型城市试点工作的主要任务是确立城市创新发展战略，加快经济发展方式转变，促进经济社会协调可持续发展，大力增强企业自主创新能力，加强创新人才培养和创新基地建设，加强创新服务体系建设，营造激励创新的良好环境，推进体制改革和管理创新。2016 年 12 月，两部委再次联合印发《科技部国家发展改革委关于印发建设创新型城市工作指引的通知》，结合国家创新驱动发展的整体部署，统筹东、中、西及东北区域布局，进一步推进创新型城市建设，持续加大支持和推动力度。

为推动创新型国家建设，落实以创业带动就业政策，2008 年 10 月，人力资源和社会保障部下发了《关于推动建立以创业带动就业的创业型城市的通知》，决定开展创业型城市创建工作，明确了创建城市应完成的主要创建工作任务，创业型城市应达到的基本标准和创建工作时间安排。2009 年 1 月，人力资源和社会保障部办公厅再次下发《关于公布首批国家级创建创业型城市名单的通知》，将包括广州在内的 84 个城市确定为国家创业型城市创建单位，要求创建单位在完善政策支持体系、构建创业服务体系、健全创业培训体系以及创业型城市考核体系等方面发挥示范作用。为深入贯彻科学发展观，全面落实自主创新战略，2010 年国家发展和改革委员会决定在推进深圳市创建国家创新型城市试点工作的基础上，同意大连等 16 个城市为国家创新型试点城市。

（三）“大众创业，万众创新”战略的提出

在 2014 年 9 月的夏季达沃斯论坛上，李克强总理发出“大众创业、万众创新”的号召，提出要在 960 万平方公里土地上掀起“大众创业”“草根创业”的新浪潮，形成“万众创新”“人人创新”的新势态。此后，他在首届世界互联网大会、国务院常务会议和各种场合中频频阐释这一关键词，以激发民族的创业精神和创新基因。2015 年政府工作报告中对“大众创业，万众创新”做如此表述：“推动大众创业、万众创新，既可以扩大就业、增加居民收入，又有利于促进社会纵向流动和公平正义。”在论及创业创新文化时，强调“让人们在创造财富的过程中，更好地实现精神追求和自身价值”。2015 年 6 月，国务院印发的《关于大力推进大众创业万众创新若干政策措施的意见》，是一部为改革完善相关体制机制，构建普惠性政策扶持体系，推动资金链引导创业创新链、创业创新链支持产业链、产业链带动就业链而制定的法规。2016 年 5 月国务院印发《关于建设大众创业万众创新示范基地的实施意见》（以下简称《意见》），《意见》指出，按照政府引导、

市场主导、问题导向、创新模式的原则，加快建设一批高水平的双创示范基地，扶持一批双创支撑平台，突破一批阻碍双创发展的政策障碍，形成一批可复制、可推广的双创模式和典型经验。要在拓宽市场主体发展空间、强化知识产权保护、加速科技成果转化、加大财税支持力度、促进创业创新人才流动、加强协同创新和开放共享等方面加大改革力度，激发体制活力和内生动力，营造良好的创业创新生态和政策环境。“大众创业，万众创新”战略是充分激发亿万群众智慧和创造力的重大改革举措，是实现国家强盛、人民富裕的重要途径，通过坚决消除各种束缚和桎梏，让创业创新成为时代潮流，汇聚起经济社会发展的强大新动能。

二、我国的创业发展历程

（一）第一次创业浪潮

第一次创业浪潮是1978年党的十一届三中全会以后，由于改革开放的政策驱动，以城市边缘人群和农民创办乡镇企业为特征的草根创业。20世纪80年代初，借助改革开放的春风，出现了自由市场，小商品买卖兴起。20世纪80年代中后期，创业活动的代表是乡镇企业的兴起，由于当时外部竞争环境不激烈以及较低的劳动力成本和土地成本，乡镇企业家抓住市场机遇大力兴办乡镇企业。

（二）第二次创业浪潮

第二次创业浪潮是1992年邓小平南方谈话以后，市场经济主体地位的确立，以体制内的精英人群下海经商为特征的精英创业。精英人群包括政府部门的政治经济以及科研部门的科研人员。随着改革开放的继续深入以及市场经济的蓬勃发展，股票、期货、基金等证券市场和房地产领域开放，许多知识分子和一些政府官员纷纷弃职经商成为这一时期的主要创业者。相对之前的创业浪潮，这一波创业浪潮的创业主体相对知识素养较高，他们的成功也在很大程度上宣传、鼓励了市场经济观念。

（三）第三次创业浪潮

第三次创业浪潮是进入21世纪，中国加入WTO以后，伴随着互联网技术和风险投资及资本市场的发展，以互联网新经济为特征的创业。这次创业浪潮使创业活动在真正意义上得到全社会的关注，在这次创业浪潮中出现了很多全新的名词，商业模式、风险投资、大学生创业等，创业改变人生的观念也真正深入国人的心中。

（四）第四次创业浪潮

第四次创业浪潮是当前我国进入的“大众创业，万众创新”时代。当前的“大众创业，万众创新”，正如1978年的改革开放和1992年邓小平南方谈话一样，正通过制度供给和改革引领，充分调动起亿万人民群众的创业热情。

新一轮创新创业浪潮具有四个重要特征：

一是双创主体多元化。与前三次创业浪潮相比，本次创业浪潮中创新创业形成联动，创业主体更加多元化，具有复合性。金融危机促进海归潮推动创业、体制内与企业内的精英离职引发创业浪潮、返乡农民工掀起新的草根创业浪潮、政府大力推进大学生创业。多元的创业主体是实现“大众创业，万众创新”的基础，也是形成创业创新浪潮持久动力的重要保障。

二是双创体系生态化。科技大企业引领，小微企业孵化发展，一些地方成为创新创业人才的栖息地，创业生态系统主要由创业者、各类资源以及政府支持与鼓励三大部分组成。概括来说，就是创业主体、创业要素以及创业环境三者构成了彼此依存、相互影响、共同发展的动态平衡系统。

三是双创高度网络化。互联网线上与线下共创众创，基于互联网创新创业蔚然成风，新一代互联网技术发展，带动产品服务、商业模式与管理机制的创新，引领新一轮互联网创新创业浪潮。

四是双创关键在“创”，核心在“众”。众创、众包、众筹等新的商业模式、管理机制、投资模式多方面创新相互交织，创新创业主体从小众走向大众，在更广范围内激发和调动亿万群众的创新创业积极性，让创新创业的理念深入人心。

三、高校创业教育

创业教育在培养创新精神、提升创业者能力、营造社会创新文化环境等方面，发挥着智力和人才保障作用，有助于激发创业者创新精神与创业意愿，提高创业者发现有价值的创业机会的能力，以及创业管理能力。高水平的创业可以通过教育来达到，尤其是创业教育，加强创业教育已成为当前世界高等教育改革与发展的基本趋势。

（一）创业教育的内涵

创业教育最早兴起于20世纪40年代的美国，关于创业教育的内涵，国内外学者尚未有一致的观点，对其理解大致可以分为两种：狭义的观点认为创业教育的目的在于成功地创办企业并使之发展下去，培养成功的企业家，其代表人物有德鲁克、蒂蒙斯和熊彼特等人。广义的观点则认为创业教育的目的在于培养人的“事业心和开拓心”，把创业教育定义为以培养创新意识、创新精神、创新思维、创造力等创新素质以及创新人才为目标的教育活动。

国内学者对创业教育的观点认为，从狭义上看，创业教育是指通过相关课程学习从整体上提高学生的创业素质与能力，培养其冒险精神、创业能力、独立社交与管理能力。从广义上看，高校创业教育是指在系统的专业教育的基础上，通过专业知识与创业知识的有机结合，培养学生的创业精神、创业意识的教育。

目前也有不少国家打通了创新与创业教育，将二者有机结合，统称创新创业教育，其是指以培养具有创业基本素质人才为目的，以培养学生的创业意识、创业精神、创新创业能力为主的教育。

（二）创业教育的重要性

创业教育是传授创业和创新基本技能，激发和提高创业意识和创业激情，培育创业精神和创业文化，以创业带动就业，缓解就业压力的主要手段，在当前创业热潮与创业型经济的发展中具有不可替代的作用。

1. 创业教育是培养创业精神的主要途径

创业教育对个体创业精神、兴趣培养起到了关键性作用。创业精神是指培养创业主体善于发现、善于思考、敢为人先的创新意识，挑战自我、坚持不懈、承受挫折的意志品质，遵纪守法、善于合作、诚实守信的职业操守，以及创造价值、服务国家、服务人民的社会责任感。创新精神的培养是创业活动的重要基础，创业教育通过引导学生了解创业对社会、国家经济的推动作用，宣传、学习创业英雄人物，激发创新兴趣，培育创业精神。

2. 创业教育是促进国家经济的增长的重要动力

高校开展创业教育能提升大学生的自主创新、创业能力。创业是实现技术创新和建设创新型国家，以及向创业型经济转变的主要载体，这也是创业教育的意义所在。当教育作为经济发展最重要的基础之一时，企业家精神就成为创新和经济增长的主要驱动器。创业教育在形成创业的态度、技能和基础文化方面起着根本性作用。

3. 创业教育是缓解就业压力的重要手段

加强创业教育，鼓励自主创业，缓解就业压力，成为世界各国教育领域的共识。就业日益成为重大的经济和政治问题，解决就业难的根本出路在于鼓励创业，创业能创造更多的就业岗位。社会需要更多的创业人才去创造就业岗位，要求高等教育把“培养创业精神和创业能力”纳入教育计划中。国内外高校创业教育的基本目标之一是为培养学生的创业意识、创业知识和实践能力，以创业带动就业。

4. 创业教育是深化高等教育改革的必经之路

创新创业教育有利于培养大学生的创新能力、实践能力，不断完善创新创业教育体系是深化高等教育改革、提高人才培养质量的重要举措。长期以来，我国高等教育忽视了学生的创新创业能力培养，影响着学生的就业和国家的创新能力的提升。

（三）国外创业教育的发展

国外创业教育始于20世纪中叶，经历了起步、发展和成熟阶段，创业教育体系也逐渐完善。

1. 美国的创业教育

美国创业教育发展至今已有70多年，贯穿学生教育生涯的始终，从学前、小学、初中、高中、大学均重视培养学生的创新创业能力。美国大学设有创业学专业，且开设了多种多样的创新创业课程，搭建了由教授、资深专家、风险投资家、企业家、创业者等组成的专职兼职教师队伍。美国高校将创业教育教学、科研、技术、应用有机结合，充分利用全社会资源，营造了大学、政府、金融机构、行业协会、企业等部门共同参与的创新创业生态体系。与此同时，美国建有较为完善的创业教育评价体系，促进了其创业教育事业的发展。

麻省理工学院建立了涵盖全部创业活动流程的组织体系，设有麻省理工学院创业中心、企业论坛、创业辅导服务中心、技术创新办公室、资本网络、大学产业中介、产品开发创新中心、生物医药创新中心、专利委员会和专利管理委员会等官方机构，以及全球创业工作坊、创新俱乐部、创业者俱乐部、创业社区等学生社团组织。以麻省理工学院创业中心为轴心，麻省理工学院建立了各种创业培训机构、小企业开发中心、风险投资机构、孵化器和科技园、创业者校友联合会等机构，以及创业大赛、风险资本和私人直接投资俱乐部、能源俱乐部、科学工程商业俱乐部、创业社区、技术与文化论坛等与创业相关的学生团体。经过多年的发展，麻省理工学院构建了较为完善的孵化器体系，开创了大学、政府、产业三者联合的“三螺旋模型”创新创业模式，形成了教学、科研、应用为一体的，高校、企业、社区良性互动的创业教育生态系统。

百森商学院自1919年成立以来，就非常注重培养学生的创新创业意识和创业实践能力。该学院的创业教育课程分为必修课和选修课，例如，在四年制的本科课程体系中，必修课集中前两年开设，选修课则集中在后两年开设。围绕新企业创建与管理开设了创业者、创业战略、创业机会、资源获取、商业计划、新企业融资、企业成长等系统化的课程。早在1967年，该学院就开设了MBA创业教育课程，将创业教育课程分为创业基础课程、专业课程和支持课程，总计22门。

哈佛大学的创业教育特色体现在哈佛商学院MBA学生教学中，注重培养学生的创新创业精神和实际操作能力。哈佛商学院第一年开设必修课11门，第二年开设包含100多门类的10大类选修课。而且，哈佛商学院建有完整的创新创业资料和案例库。此外，还通过创业大赛、企业孵化器等方式，培养学生的创新创业意识，提高学生的实务操作能力。

2. 英国的创业教育

英国是世界上较早开展创业教育的国家，20世纪80年代英国政府就明确提出，大学必须更有效地为经济社会发展服务，高校相继开设了创业教育课程，开展各自种创业实践教学活动。政府在英国的创业教育中起着至关重要的作用。英国科学创业中心（UK-SEC）和全国大学生创业委员会（NCGE）为英国政府所建，主要负责管理和实施创业教育，组织创业教育会议、创业计划大赛等，提供创业指导咨询，开展创业理论研究，提供种子基金、天使资金、创业孵化等服务，以推进高校与企业间的联系。各高校也建立了特色性、系统性的创业教育课程体系，并针对不同层次开设不同类型的创业教育课程。英国的创业教育分为创新创业启蒙教育、通识教育与专业教育，并实现了创新创业课程网络化，达到了各高校优势互补、资源共享。英国各地高校还创办了创业暑假学习，旨在帮助有志于创业的学生探索创业机会，提升创业能力。此外，英国高校通过建立大学生创业示范基地、科技园、孵化基地、创业俱乐部等方式，将理论与实践有机结合，提升了大学生的创业能力与就业竞争力。

3. 法国的创业教育

法国政府从20世纪70年代开始，便积极推动创业教育，鼓励大学开设创业课程，采取多种措施扶持大学生创业。1979年就启动了“创业资源援助计划”，1983年实施了“新企业技术革新指导计划”，为新企业提供长达20年的固定利率。同时，法国大学普遍开设创业课程，普及创业基础知识和创业技能，不少大学成立有顾问委员会，专门为创业学生进行辅导和扶持。为鼓励创业，2006年法国政府规定，凡创业之前，个人收入低于国家最低工资的创业申请人，均可得到失业创业补贴。

4. 德国的创业教育

德国法律规定，只有接受创业教育的人员才能开展创业活动，政府、学校、企业、各类商会等有责任和义务开展创业教育。德国的创业教育始于20世纪50年代，到20世纪70年代中期，德国科隆大学、斯图加特大学等开始开设创业教育课程。1999年德国政府提出，每年要有20%～30%的大学毕业生独立创业，这个政策使得高校成为创业者的熔炉。此外，德国高校的创业教育注重各学科的融合，形成了具有特色的创新创业研究和教育体系。

5. 新加坡的创业教育

新加坡是亚太地区开展创业教育较早的国家，政府把创业教育确定为繁荣社会创业精神和创业文化的一项长期发展战略。创业教育得到政府在政策和财政方面的大力支持，已形成了一套从小学到研究生阶段系统的创业教育体系。小学阶段，通过"虚拟股份"等游戏活动培养学生的商业意识；中学阶段，引入管理企业的普及性知识课程；大学阶段，面向本科生开设创业辅修专业，面向研究生设置"创新与创业"硕士学位课程。

6. 其他国家的创业教育

创业教育在全国迅速发展并取得了显著成效，如瑞典将创业教育贯穿整个教育体系。从小学到研究生阶段都有创业教育。瑞典在小学教学中，将创业教育融入课程和游戏中，让创业理念根植于儿童时代。大学为学生设置的创业教育内容包括：开设创业理论课程，邀请创业成功人士为学生传授经验，成立创业教育研究会、创业中心，设立创业教育基金。韩国高校普遍设立"创业支援中心"，由政府和学校组成的创业投资委员会共同评价决定进入创业支援中心的项目，中心会为创业大学生提供指导老师，指导老师将协助学生进行市场分析以及提供法律、财务等方面的咨询，甚至帮助筹资。澳大利亚政府成立了创业与生涯教育组织，负责领导和管理全国范围内的创业教育，且特别重视中小学创业教育。

（四）我国的创业教育

当前我国把创新创业教育视为实施创新驱动战略、促进经济转型升级、推进高校综合改革和毕业生高质量创业就业的重要举措。1989年11月底，联合国教科文组织在北京召开"面向21世纪教育国际研讨会"，提出创业教育概念，创业教育开始进入中国教育界的视野。

我国高校创业教育始于清华大学，1997年清华大学发起首届创业计划大赛，并引发了当前风靡全国高校的"中国大学生创业计划大赛"。1998年清华大学成立创业中心，率先实施创业教育，针对MBA设置设立"创新与创业管理"专业方向，面对本科生开设"高新技术创业管理"课程，开展创业计划等竞赛活动。

1999年国家教育部颁布《面向21世纪教育振兴行动计划》，要求"加强对教师和学生的创业教育，鼓励他们自主创办高新技术企业"。自此，创业教育逐步进入中国高校。

2002 年，教育部高教司召开“全国创业教育示范工作座谈会”，会上指出，对大学生进行创业教育，培养具有创新精神、创业能力的高素质人才，是当前高等教育的重要任务。同年，教育部选择了清华大学等九所高校为创业教育试点单位，开始对创业教育进行系统探索。随后又连续举办了九期全国高校创业教育骨干教师高级研修班，由此大学生创业教育在中国高校全面铺开。

2010 年，教育部下发《关于大力推进高等学校创新创业教育和大学生自主创业工作的意见》，将创新教育与创业教育相结合，要求各地大力推进创新创业教育，加强创业基地建设，强化创业指导和服务。推动创新创业教育和大学生自主创业工作实现了突破性进展。以此为标志，我国高校创新创业教育进入了教育行政部门指导下的全面发展阶段。

党的十八大报告明确提出“要实施扩大就业的发展战略，促进以创业带动就业”。《国家中长期教育改革和发展规划纲要（2010—2020 年）》指出，要“加强就业创业教育和就业指导服务，创立高校与科研院所、行业、企业联合培养人的新机制”。2012 年 8 月 1 日，国家教育部办公厅制定了《普通本科学校创业教育教学基本要求（试行）》，强调各高校要把创业教育教学纳入学校改革发展规划，纳入学校人才培养体系，纳入学校教育教学评估指标，建立健全领导体制和工作机制，制订专门计划，提供有力教学保障。2015 年 5 月 4 日，国务院办公厅发布的《关于深化高等学校创新创业教育改革的实施意见》明确指出，“深化高等学校创新创业教育改革，是国家实施创新驱动发展战略、促进经济体制增效升级的迫切需要，是推进高等教育综合改革、促进高校毕业生更高质量创业就业的重要举措”。为了进一步推动“大众创业，万众创新”，国务院对深化高校创新创业教育改革，提出了如下实施意见：各高校要根据人才培养定位和创新创业教育目标要求，促进专业教育与创新创业教育有机结合，调整专业课程设置，挖掘和充实各类专业课程的创新创业教育资源，在传授专业知识过程中加强创新创业教育。

2016 年 6 月 13 日，教育部发布的《关于中央部门所属高校深化教育教学改革的指导意见》指出，要贯彻落实国务院办公厅发布的《关于深化高等学校创新创业教育改革的实施意见》，坚持把深入推进创新创业教育改革作为中央高校教育教学改革中突破口和重中之重。牢固树立科学的创新创业教育理念，把创新创业教育作为全面提高高等教育质量的内在要求和应有之义，修订专业人才培养方案，将创新精神、创业意识和创新创业能力作为评价人才培养质量的重要指标。

党和国家对创新创业人才培养作出了重要部署，也提出了明确要求。近年来高校创新创业教育不断加强，取得了积极进展，对提高高等教育质量、促进学生全面发展、推动毕业生创业就业，服务国家现代化建设发挥了重要作用。目前我国创新创业教育正在如火如荼地展开，高校普遍开设有创新创业教育课程，创业课程包括创业基础课程、专业课程和实践课程三大模块。创业教育基础课程模块目的在于激发学生的创业意识、拓宽学生的创业知识结构、提高学生的创业素质、培育学生的商业道德。创业教育专业课程旨在为学生搭建创业相关专业知识结构，为创业实践提供专业支撑。创业教育实践课程以创业大赛、实地考察、创业体验和野外拓展训练等方式展开，重点开发学生的创业能力、思维能力、抗压能力和实践操作能力。

目前我国创新创业教育课程体系由三个层次构成：第一层次为面向全体学生开设的创新创业普及类课程，旨在培养学生的创新创业意识、激发学生创新创业动力；第二层次为面向有较强创新、创业意愿和潜质的学生，开设创新创业的系列专业课程，旨在提高创新创业的基本知识、技巧与技能。第三层次是以项目活动为引导，教学与实践相结合，开设各类实践活动课程，有针对性地加强对学生创业过程的指导，旨在培养学生创新创业实践运用能力。

加强创业教育，提升大学生创新精神与创业意识，提高大学生创新创业能力是实施国家创新驱动发展战略，加快经济结构转型，促进经济体制增效的迫切需要。培养大学生的创新创业精神与创业意识，提高大学生创新创业能力，需要加强大学生创业教育体系搭建。具体而言，要明晰大学生创业教育目标，创新教学方法，加强师资队伍建设，建设创业教育的保障体系，建立创业教育绩效评价机制。

第二节　创业与创业过程

一、创业的含义及特征

（一）创业的定义

“创业”一词在中文中最早出现于《孟子·梁惠王下》中的“君子创业垂统，为可继也”。这里“创业”的意思是开创基业。《出师表》中也提及，“先帝创业未半，而中道崩殂”。《辞海》中对“创业”的解释为“开创基业”。《现代汉语词典》的解释是“创办事业”。“基业”是指事业发展的基础，“事业”是指人所从事的具有一定目标、规模与系统且对社会发展有影响的经常活动。

在英文中，创业有两种表示方式，一是“venture”，二是“entrepreneurship”。使用“venture”比使用“entrepreneurship”更能揭示创建企业这一动态过程。在现代企业创业领域，往往用“venture”来表示创业正在呈增长态势，“entrepreneurship”则主要表示静态的创业状态和创业活动，是从企业家创业者的角度来理解创业。

创业是一个跨学科的、多层面的复杂现象，涵盖经济学、管理学、社会学、心理学等多门学科。学者们从不同领域对创业进行了研究，从不同角度对创业进行了定义。本书综合梳理了国内外学者对创业理论的研究成果（见表1-1）。

在现代社会中，人们也从广义和狭义两个角度来理解“创业”。狭义的创业指创办企业或实现产品价值的过程，而广义的创业指具有开创意义的社会活动，它包含的内容更加广泛，除了指创办企业外，还包括能够抓住机会、开创新的职业、创新工作业绩等各种社会活动。

综合以上，可以看出创业行为的本质在于识别机会，并将有用创意付诸实践。创业行为所要求的任务由个人或团队来完成，且需要具有创造力、驱动力和承担风险的意愿。创业者具有创业激情，聚焦产品或顾客，具有在风险和不确定下获取收益或成长的机会的能力。

表 1-1　　**学者关于创业概念界定的主要观点**

派别	主要观点
风险学派	创业是创业者准确洞察、把握机会，赚取利润和规避风险的过程，创业者承担风险，其所得的报酬是承担风险的机会成本
领导学派	创业是要把生产要素由领导者重新组合和协调起来，创业必须有非凡的领导能力和管理艺术来组织资源和团队
创新学派	创业是生产要素新的组合，创新是创业的本质和手段，是创业的主要推动力
认知学派	创业是创业者对稀缺资源的协调而做出明智决断的行为和过程，主要强调创业的认知、想象力、敏感等主观的心理因素
管理学派	创业是一种可以组织并且是需要组织的系统性的工作，管理手段和管理能力是创业成功的关键
社会学派	创业是社会环境和社会网络等背景共同作用的产物，外部社会环境和文化对创业影响很大，社会网络有助于创业
战略学派	创业过程是初创企业成长过程中的战略管理过程，战略管理对于创业活动的成功十分重要
机会学派	创业是创业者发现和利用“有利可图”的机会的过程，机会识别的质量对于创业是至关重要的

本书认为，创业是在创业精神的驱动下，创业者面临一定的风险，通过创意挖掘与机会识别，投入相关资源，为消费者提供产品或服务，继而创造财富价值的过程。具体可从以下几个方面理解创业的内涵：

（1）创业是创业者创业精神驱动的结果。创业离不开主体，创业者是创业的主体要素，创业过程与创业者的创业精神高度相关，是创业精神的价值体现。

（2）创业具有一定的风险性。创业的风险具有各种不同的形式，创业者应具备超人的胆识，敢冒风险，勇于承担多数人望而却步的风险事业。

（3）创业是机会识别与开发的过程，创业需要经过机会识别、整合资源、开办新企业、运营管理等阶段，在创业的过程中要做好商机、创业团队和资源的匹配和平衡。

（4）创业是一种新价值的创造活动。创业创造出某种有价值的新事物，这种新事物不仅对创业者本身有价值，而且对社会有价值。

（5）创业是一种管理过程。要完成整个创业过程，要创造新的有价值的事物，不仅需要大量的时间和精力，而且更为重要的是要用科学的企业管理理念、理论和技术去创建和管理企业。

（二）创业的行为逻辑

创业是一种管理活动。传统企业管理活动，强调计划、组织、领导和控制，是一种标准化、常态化的管理活动。与之相比，创业管理强调的是对机会识别和开发的管理。是一种复杂管理和不确定性的管理。创业的与众不同的行为逻辑也是其区别于常规活动的一个极其重要的维度。创业活动与人们所熟悉的一般活动相比，在创业初期就会受到资金、人员、设备、品牌、渠道等各种资源的刚性条件约束，导致创业的成功运行很难遵循普通的逻辑思路，需要遵循一种非常独特的“手段—目的”关系，这是一种通过撬动资源，应对复杂、动态、多解的生存空间并求得快速发展的行为逻辑，创业活动的行为逻辑如表1-2所示。

表1-2　**创业活动的行为逻辑**

	企业管理活动逻辑	创业活动逻辑
对未来的认识	预测：把未来看成是过去的延续，可以进行有效的预测	创造：未来是人们主动行动的某种偶然结果，预测是不重要的，要做的是如何创造未来
行为的原因	应该：以利益最大化为标准，通过分析决定应该做什么	能够：做你能够做的，而不是根据预测的结果去做你应该做的
采取行动的出发点	目标：总目标决定子目标，子目标决定了要采取哪些行动	手段：从现有的手段开始，设想能够利用这些手段采取什么行动、实现哪些目标，这些目标最终结合起来构成了总目标
行动路径的选择	既定承诺：根据对既定目标的承诺来选择行动的路径	偶然性：选择现在的路径是为了使以后能出现更多更好的途径，因此路径可能随时变换
对风险的态度	预期回报：更关心预期回报的大小，寻求能使利益最大化的机会，而不是降低风险	可承受的损失：在可承受的范围内采取行动，不去冒超出自己承受能力的风险
对其他公司的态度	竞争：强调竞争关系，根据需要对顾客和供应商承担有限的责任	伙伴：强调合作，与顾客、供应商甚至潜在的竞争者共同创造未来的价值

（三）创业的特征

创业作为发现机会、创新和创造价值的社会行为，创业活动具有区别于其他事物的复杂性和独特性，表现为以下特征：

1. 机会导向

创业活动实质上就是识别机会、开发和利用机会，实现机会价值的过程。

2. 创造性地整合资源

对于创业者来说，自身所具备的知识、社会关系网络、专长、组织领导才能、沟通能力、对市场和顾客需求的洞察能力等都可能成为有助于创业成功的重要资源。合理地运用这些资源，进而为创业活动奠定基础。

3. 价值创造

只有突出价值创造的创业活动，才有生命力，才更有助于其生存和发展。

4. 超前行动

机会都具有时效性，甚至可能稍纵即逝，持续存在的事情往往不是机会，至少是创业者无法在短期内把握的机会。

5. 创新和变革

创业离不开创新，同时创新与变革又紧密关联，创业者不改变自己长期形成的思维模式，就难以识别创业机会，也就无法做到创新。

6. 顾客导向

创业者先从识别顾客入手，根据顾客的需求提供产品和服务，借助战略伙伴关系来扩大销售，占有更多的顾客，扩展战略伙伴关系，在有了发展空间后再界定几个可能市场中的一个。

二、创业类型

基于创业环境和条件的差异性，人们的创业动机和目的不同，会选择不同的创业类型，创业类型的差异会导致不同的创业效果，进而对社会、经济发展和就业产生不同的影响，识别和区分不同的创业类型，有利于对机会的把握和作出理性的创业决策。

（一）基于初始动机的分类：机会型创业与生存型创业

英国伦敦商学院与美国百森学院于 1999 年共同发起并组织的，旨在研究全球创业活动态势与变化，发掘国家或地区创业活动的驱动力，研究创业与经济增长之间的作用机制和评估国家创业政策的国际创业研究项目——全球创业观察，最先依据个人参与创业的原因提出了机会型创业和生存型创业的概念。

机会型创业是指在发现或创造新的市场机会中进行的创业活动，基本特征是发现新的市场机会或兴趣驱动，把创业作为个人更大发展的一种选择。而生存型创业是指创业者把创业作为其不得不作出的选择，因为所有的其他选择，不是没有就是不满意，创业者必须依靠创业，为自己的生存与发展谋求出路。

机会型创业的出发点是创业者为了追求一个商业机会而从事创业的活动，是主动抓住和利用市场机遇创造价值和实现自身理想。机会型创业看中的是市场机会，考虑的是创业进入了新市场，而且是大市场和中等市场。由于其有强烈的创业意愿，这种创业往往能敢于开拓新市场、创造新需求，从而可能带动新的产业发展，提升和创造产业链高端价值，对于提高国家核心竞争力有很大的溢出效应。另外，机会型创业着眼于新的市场机会，拥有更高的技术含量，有可能创造更大的经济效益，从而改善经济结构。机会型创业不仅能解决创业者自己的就业问题，而且能解决更多人的就业问题。

生存型创业是面对现有的市场，创业者主要在现有市场中寻找机会，生存型创业很少思考创业是否进入了新市场，即使开创了新市场，也是以小市场为主，最常见的是在现有市场中捕捉机会。生存型创业从事的是技术壁垒低的行业，多从事低成本、低门槛、低风险、低利润的创业，对就业的带动效应小。

机会型创业和生存型创业相互联系，共同构成了创业活动的整体，并在一定情况下可以相互转化。生存型创业是机会型创业的基础，一般情况下，初次创业者并没有太多的创业经验和资本，通过生存型创业可以积累创业经验和资本。随着创业的发展，一旦遇到合适的时机，必然会转向机会型创业。机会型创业是生存型创业的目标和方向，据统计，中国的生存型创业主要是在现有市场和小市场上捕捉机会，很少去考虑大中型新市场。生存型创业者随着创业的发展和经济的需求，必然以寻求发展的机会型创业为方向和目标，实现新的价值创造。

（二）基于初始资源的分类

芝加哥大学中小企业创业课程客座教授阿玛尔·毕海德在哈佛商学院讲授创业课程时，曾带领学生对1996年进入美国成长最快的500家企业进行深入调查与访谈，并最终出版专著《新企业的起源与演变》，毕海德教授指出，创业并不单纯指创业家和创业团队创建新的企业，大企业同样有创业行为。毕海德教授从不确定性和投资两个维度，构建了一个投资、不确定性与利润的动态模型，将原始性创业概括为五种类型：边缘型创业、冒险型创业、与风险投资融合的创业、大公司内部创业、革命型创业，如图1-1所示。

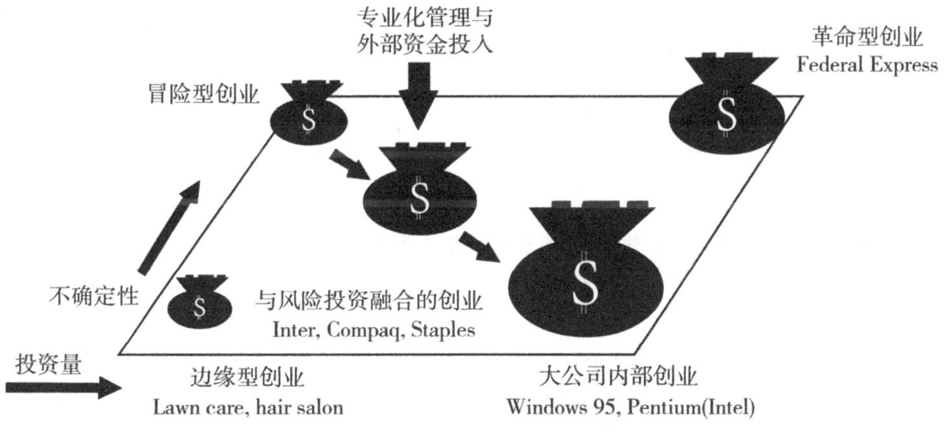

注：钱袋的大小代表潜在的利润。

图1-1　投资—不确定性—利润模型

阿玛尔·毕海德教授通过深入研究，综合大量的调查数据和信息，对各种创业类型的特征进行了比较，如表1-3所示。

表 1-3 **不同创业类型特征的比较**

因素	冒险型创业	与风险投资融合的创业	大公司的内部创业	革命型创业
创业的有利因素	创业的机会成本低、技术进步等因素使得创业机会增多	有竞争力的管理团队、清晰的创业计划	拥有大量的资金、创新绩效直接影响晋升、市场调研能力强、对 R&D 的大量投资	无与伦比的创业计划、财富与创业精神集于一身
创业的不利因素	缺乏信用、难以从外部筹措资金、缺乏技术管理和创业经验	尽力避免不确定性、追求短期快速回报、市场机会有限、资源的限制	企业的控制系统不鼓励创新精神、缺乏对不确定性机会的识别和把握能力	大量的资金需求、大量的前期投资
获取资源	固定成本低、竞争不是很激烈	个人的信誉、股票及个人所得激励措施	良好的信誉和承诺、资源提供者的转移成本低	富有野心的创业计划
吸引顾客的途径	上门销售和服务、了解顾客的真正需求、全力满足顾客需要	目标市场清晰	信誉、广告宣传、关于质量服务等多方面的承诺	集中全力吸引少数大的顾客
成功基本因素	企业家及其团队的智慧、面对面的销售技巧	企业家团队的创业计划和专业化管理能力	组织能力、跨部门的协调及团队精神	创业者的超强能力确保成功的创业计划
创业的特点	关注不确定性程度高，但投资需求少的市场机会	关注不确定性程度低的、广阔的而且发展快速的市场、产品或技术	关注少量的经过认真评估的有丰厚利润的市场机会，回避不确定性程度大的市场利基	技术生产经营过程方面实现巨大创新、向顾客提供超额价值的产品和服务

(三) 基于创业主体的分类：个人创业与公司创业

按照创业活动的主体差异，可将创业分为个体创业和公司创业。个体创业主要是指不依托于某一特定组织开展的创业活动。公司创业是由组织发起的组织创新、创业活动。个体创业和公司创业都是创新、创业活动，有一些共同的特征，如机会导向、创造性整合资源、价值创造、超前行动、创新和变革等，但两者还存在着一些明显的区别，如表 1-4 所示。

(四) 基于创业效果的分类

Davidsson 基于创业效果在组织层面和社会层面的产出对创业进行了分类。他认为，组织层面和社会层面都是负的创业行为属于失败创业，如破产了的污染企业；组织层面为负而社会层面为正的创业行为属于催化剂式创业，如万燕 VCD 的创业，虽然失败，但催化出了中国一个巨大的新兴产业；组织层面为正而社会层面为负的创业行为属于重新分配式创业，如目前国内钢铁行业的低水平的重复建设；组织层面和社会层面都为正的创业行为属于成功创业，如星巴克开创了一个全新的休闲方式，戴尔带来了一种全新的经营模式等，取得了企业、消费者和社会层面等的多赢效果。社会应该赞赏成功的创业，而重新分配式的创业不可避免，同时催化剂式的创业更需鼓励。Davidsson 基于创业效果的创业类型分类如图 1-2 所示。

表 1-4　　**个人创业与公司创业的区别**

类型	个人创业	公司创业
范围	通常并无此限制	在已有的组织环境下的创新，要考虑组织的物质、人力资源以及其他的约束条件
获得的支持	一般能得到的最多是风险资本的投资	可以从现有的组织的制度、管理、资源等诸多方面汲取营养分
风险	更像是“赌博”	在公司内部有限范围内的激进式变革，哪怕失败也不会影响整个组织的生存
规划	以追求短期利益为主，以抓住时机为手段，避免制订详细的计划	更关注如何将短期与长期利益协调发展，并制订详细的计划预算
障碍	可能来自于资金的短缺和管理层面、操作层面的技巧	最大挑战来自于官僚组织体制和既定的企业文化

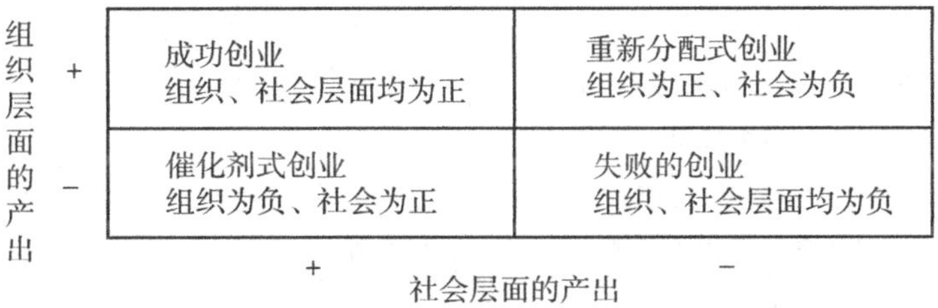

图 1-2　基于社会层面和组织层面的产出的分类

（五）基于创新程度的分类：创新型创业和模仿型创业

根据创业的创新程度，创业可分为创新型创业和模仿型创业。创新型创业和模仿型创业在创造就业、促进经济增长等方面存在较大差异。根据彼得·德鲁克的观点，通过运用管理观念和管理技术，将产品标准化，设计科学的制作过程与操作工具，创立了一个全新的市场氛围和新顾客群体，这就是企业家精神。完全复制别人的创业是不具备创业精神的，因而也不能成为企业家。因此，创新型创业是指创业者能够识别具有创新性的创业机会，通过创造和使用新技术、新工艺、新方法等向市场提供新产品或者新服务，并创造价值的创业活动。其明显特征是具有新的商业模式，创造一个新行业或新产品，能够实现高速成长和创造更大价值等，因而对经济和社会发展的贡献比较大。同时创新型创业也具有更大的风险和不确定性。创业学习能力、人力资本创造力、先前经验、社会网络执行力等都与创新型创业具有密切联系。

模仿型创业是在已有模式基础上，完全模仿别人的技术、运营方式、产品等建立自己的企业，因而没有创造新的产品、新的技术和新的服务，当然也不具备企业家精神，对经济和社会的贡献度较低，也难以创造较大价值。

（六）基于价值创造的分类：社会创业和商业创业

基于创业的价值创造，创业可分为商业创业和社会创业。其中，社会创业是 20 世纪 90 年代以来在全球范围内兴起的一种新的创业类型，这一创业类型在公共服务领域被发现，并逐渐超越民间非营利组织的范畴，成长为一种不同于商业创业和非营利组织的创业模式，被认为是一种解决社会问题的社会创新模式。社会创业是指以创造社会价值为目的，以公益为出发点的创业行为，是创业精神与创业技能在非营利组织和部门的体现和应用。概括而言，社会创业者个人在社会使命的激发下，在非营利领域运用商务领域的专业作风，追求创新效率和社会效果，实现相应的使命和愿景。

社会创业和商业创业在价值创造、机会感知、资源机制、驱动机制四方面有明显不同，具体如表 1-5 所示。

表 1-5　　**社会创业与商业创业的比较**

比较类别	社会创业	商业创业
价值创造	使命在于创造经济价值	使命在于创造社会价值
机会感知	以潜在机会所能带来的利润和顾客价值作为首要衡量标准	以潜在机会是否有助于解决社会问题作为首要条件
资源机制	商业创业家需要投入相应的成本、通过各种渠道获取所需资源	更多依赖于慈善捐款、政府津贴、志愿者等低成本资源
驱动机制	市场机制是衡量企业运作效率和资源调配使用的有效机制	社会进步、公共福利等因素对社会创业十分重要

三、创业要素及过程

（一）创业要素

创业要素包括创业者、商业机会、技术、资金、人力资本、创业型组织、产品服务等几个方面。

1. 创业者

创业者是创业过程中处于核心地位的个人或团体，是创业的主体。创业者在创业过程中起着关键的推动和领导作用，包括识别商业机会、创建企业组织、融资、开发新产品、获取和有效配置资源、开拓新市场等。因此，创业者的素质和能力是创业成功的第一要素。

2. 商业机会

商业机会是创业过程的核心。创业者从发现和识别商业机会开始创业。商业机会指没有被满足的市场需求，它是市场中现有企业留下的市场空缺。商业机会就是创业机会，它意味着顾客能得到比当前更好的产品和服务的潜力。

3. 技术

技术是一定产品或服务的重要基础。产品与服务当中的技术含量及其所占比例，是企业满足社会和市场需求的支持和保障，是企业的核心竞争力。资源是组织中的各种投入，包括各种人、财、物。资源不仅指有形资产，如厂房、机械设备等，也包括无形资产，如专利、品牌等；不仅包括个人资源，如个人技能、经营才能，也包括社会网络资源，如信息、权利影响、情感支持、金融资本等。

4. 资金

资金对于处在不同发展阶段的企业来说都非常重要，在企业快速发展时期，资金的缺口将直接限制企业的发展壮大，而在创业之初，主要是靠自筹资金，对于符合一定条件的创业者，将有可能获得一定的政府扶持资金。

5. 人力资本

人力资本是创业的重要资源投入。成功的关键在于创业者的识人、留人、用人，形成创业的核心团队，制定有利的政策制度和有效的组织结构，建立良好的企业文化是建立人力资本的核心。

6. 创业型组织

组织是协调创业活动的系统，是创业的载体，是资源整合的平台。创业型组织的显著特征是创业者强有力的领导以及缺乏正式的结构和制度。从广义来说，创业型组织是以创业者为核心形成的关系网络，不仅包括新设组织内的人，还包括这个组织之外的人或组织，如顾客、供应商和投资者。

7. 产品服务

产品服务是创业者为社会创造的价值，它既是创业者成功的必要条件，也是创业者对社会的贡献。正是通过为社会提供更多更好的产品服务，人类社会的财富日益增多。

创业就是具有创业精神的创业者、商业机会、组织与技术、资金、人力资本等资源相互作用、相互配置，以创造产品和服务的动态过程。

（二）创业过程

创业过程一般可分为机会识别、机会开发、实现机会价值、创业结果四个阶段。

1. 机会识别

创业机会的识别是创业过程的起点，是创业过程的核心，是创业管理的关键环节。对创业者来说，机会意味着创造价值和财富的可能性，大多数创业者都是把握了商机而成功创业的。在这个阶段中，新创企业还是一个朦胧的状态，通常是没有一个具体的创业经营计划，产品或服务以及营销模式还没有完全确定，各种资源没有落实，创业者之间仅仅有初步的合作意向而已。

创业机会是一种情景，在该情境中，技术、经济、政治、社会和人口条件变化产生了创造新事物的潜力，这其中，技术变革是有价值创业机会的最重要来源。它能使人们以新的更有效率的方式做事，技术带来了改良原有事物的可能性，使技术变革成为创业机会的重大来源。另一个重要的机会来源是政治与管制变革，这些变革使人们能够开发商业创意，从而用新的方法使用资源，这些方法或者更有效率，或者将财富从一个人重新分配给另一个人。

不是所有的机会对创业者都有同等价值。因为创业者资源有限，不可能去追逐所面临的每一个机会，必须去选择那些回报潜力大并且有能力去利用和好利用的机会。对市场机会进行认真细致的评估，对于创业者来说是至关重要的。在进行机会评估时，最重要的是建立获取信息的有效途径，并有效利用信息。

2. 机会开发

如果说机会识别的过程是把一个一般的泛泛而谈的创意打造成一个具体的商业概念的过程，那么机会开发就是创业者开始有开创企业的意向，并将引进必要的资源，这与拥有产品或服务的创意是两个完全不同的概念。

机会开发主要包括整合资源和创建新企业两个环节。筹集、整合开办企业的资源事关重要，人、财、物是任何组织都必须具备的基本要素，创业活动也是如此。对于创业者而言，想要成就一番事业，就要组建、凝聚一批志同道合的人，共同承担创业风险，共享创业成果。创业者需要整合的另一种基本的重要资源就是资金，在创业过程中被称为创业融资。拟定一个正式的商业计划书，为将来经营企业提供指导。

新企业的创建是衡量创业者创业行为的直接标志，创建新企业包括新创企业制度设计、新创企业的注册、新创企业经营地址的选择、确定新创企业进入市场的途径，等等。确定要创建新企业，还必须注意两个关键问题：一是新创企业的市场定位与策略，新创企业应避开与大型企业相比所存在的弱点，充分发挥自身企业的优势，寻求市场夹缝，在激烈的竞争中争得一席之地，求得生存；二是合理规划新创企业竞争优势，建立模仿障碍。

3. 实现机会价值

创业者整合资源和创建新企业的目的是实现机会价值，并通过实现机会价值来实现自己的创业目标，这是创业过程中的重要环节。这个阶段是新创企业从起步期走向成熟的时期，这个时期的企业产品和服务开始逐渐得到市场的认可，生产和销售开始得到提升，而产量的提升必然促进成本的下降，市场的认可又进一步促进了产品的生产和销售，形成良性循环。企业的规模进一步扩大，员工增加，各个部门之间的关系也逐渐清晰和明确，管理开始逐步系统化，企业的研发能力也慢慢增强，与此同时企业的声望和品牌价值也在不断地提升，在这个时期内新创企业的管理体系已经初步形成。企业在创业之初，受业务量、资金、场地等客观条件的限制，不可能像大企业那样有系统的管理机构，各个部门的职能划分并不严格，但是随着业务量的上升和人员的增加，形成系统的管理体系成为了当务之急。在企业成立和生存阶段，创业者在企业处于核心地位，他的技能、才干和素质，对企业的成功是关键的。然而，随着企业的扩大，创业者的精力有限，不能解决和监控所有问题，创业者授权的重要性开始上升。这就要求创业者重新定位自己的角色，他应该根据公司的需要和自身能力，对自己的角色重新定位，寻找一个自己能够作出独特贡献的角色是创业者向企业家转变的关键所在。

4. 创业结果

在描述创业过程时，有必要把创业结果纳入其中。原因主要有两个方面：第一，可感知的结果是创业家激励的要素。创业结果可以是外在的，如增加收入；或者是内在的，如实现自己工作的愿望。期望的报酬将激励创业者把自己的时间和精力投入对机会的识别和开发中去。第二，结果是进一步创业的投入，从机会定位和追求中获得的经验促成了创业者的个人发展和成长。创造、整合新知识的能力有助于未来创业机会的培育。经验推动了未来创业，即使创业计划失败仍会增进知识和推动生产方法的改进，创业者可以从自己的过失中积累经验教训。

第三节　创业者与创业动机

一、创业者的定义

从词源来看，“创业者”的英文是“entrepreneur”，与企业家同为一词，是指在没有或拥有较少资源的情况下，锐意创新，发掘并实现潜在机会价值的个体。

“创业者”一词由法国经济学家于1755年首次引入经济学，1880年，法国经济学家萨伊首次给出了创业者的定义，他将创业者描述为将“劳动、资本、土地”这种三项生产要素结合起来进行生产的第四项要素，是把经济资源从生产率较低、产量较少的领域转移到生产率较高、产量较大的领域的人。管理大师彼得·德鲁克给“创业者”的定义是：创业者就是赋予资源以生产财富的人，创业者善于创造和发现机会，然后抓住机会，并创办起有高度发展潜力的企业，其思想和行为与众不同。还有一些学者将“创业者”界定为一种主导劳动方式的领导人，是一种无中生有的创业现象，是一种需要具有使命、荣誉责任能力的人，是一种组织、运用服务技术的人，是一种具有思考、推理、判断的人，也是一种能使人追随并在追随的过程中获得利益的人。

根据以上观点，创业者需要具备创业精神，实现新的生产要素结合，创造出新的消费需求等，否则完全复制别人的创业，不是一个真正具备创业精神的创业者。创业者应该是指通过发现或创造机会，运用新技术和新方法，创造性地组合资源，开发新产品和新市场等，来实现价值创造的个人或团队。这个定义包括几个要点：第一，创业者必须具备创造性，要创新性地建立一个新组织，而不是完全模仿或复制；第二，实现价值创造是衡量创业者失败的关键因素，通过重组社会资源、开发新产品来创造新的价值；第三，创业者必须具备创业精神，通过发现新的机会和市场运作实现人生目标。

二、创业者特质

创业者具有多种个性类型，但成功的创业者一般都有某些相同的处事态度和行为方式。杰弗里·蒂蒙斯教授通过对百森商学院的成功创业者的观察分析，总结出了成功创业者表现出的一些共同的特质，他将此归纳为创业者所必须具备的“六大特质”和“五种天赋”，如图 1-3 所示。“六大特质”是指可以学习到的态度和行为，而“五种天赋”是其他人所不一定能学到的态度和行为。这说明要成为一名成功的创业者，除有天赋外，还必须具备后天的学习能力，创业者通过集中发展那些可取的态度和行为，并对其进行培养和实践，以获得更高的创业成功率。

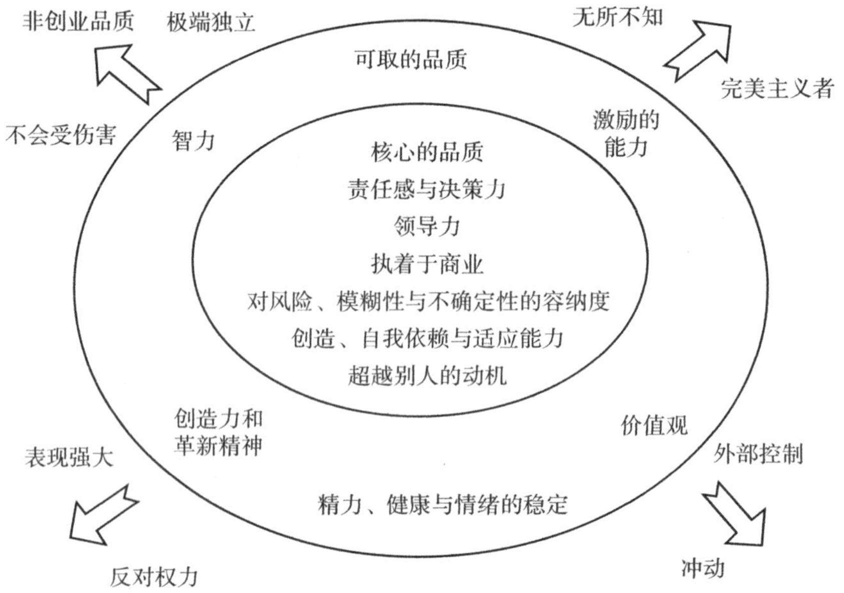

图 1-3 创业者素质模型

（一）创业者的“六大特质”

1. 责任感与决策力

创业者把时间、感情和忠诚首先贡献给企业，因此，责任感与决策力通常意味着个人牺牲。几乎所有创业企业都要求承担完全的责任，创业者的责任承诺可以从几个方面衡量：将其净资产的一大部分投资于企业；愿意接受较少的薪水。创业者有较强的竞争意识，他们喜欢在任何事情上都积极竞争并获取胜利。优秀的创业者会将全部竞争能量都用于对付企业外部竞争和实现企业目标上。他们在解决问题和完成其他任务上非常自律，坚韧不拔，并持之以恒。他们有坚定的目标，在解决阻碍其公司进展的问题和障碍时有勇有谋。此外，勇于创新是卓越管理者的优秀品质，管理者如果没有创新意识，就不可能作出高质量的决策。创新是企业持续发展的不竭动力，只有在决策实践中不断创新，在创新中不断积累经验，管理者才能够进行果断决策，提高决策效率，才能形成企业的竞争优势。

2. 领导力

成功的创业者们富有经验，深谙其参与竞争的技术和市场知识，具有扎实的管理技巧以及有据可查的业绩记录。他们是自我激发者，有高度的内在控制力，能够勾勒出组织的远景，并能灌输下去，根据长远目标进行管理。为了成功地经营企业创业，创业者能很好地协调企业内部员工以及与顾客、供应商、债权人、合伙人的关系，与他们友好相处，共同分享财富与成功。只有当创业者成为一个调停者、磋商者，而非独裁者时才会获得成功，因此成功的创业者彼此之间应相互扶持而不是相互竞争。

3. 执着于商机

企业的经营是以市场为导向的，在变幻莫测的市场大环境中，商机的得失直接关系到企业的生死存亡。商机，对于创业者起着举足轻重的作用，成功的创业者都会为商机着迷，他们的目标是寻求并抓住商机，积累自身资源或资金。他们对其行业客户和面临的竞争十分熟悉。执着于商机使得创业者能够抓住重点。要想把握商机就要了解市场动向，企业的经营环境复杂动荡，消费者的需求、偏好呈现多样化发展，技术更新速度不断加快，随着这些问题的出现，企业在追求创业导向以求获得竞争优势的同时，仍需注意以市场为导向，把为顾客创造价值放在企业活动中心，来获得持续的竞争优势。

4. 对风险、模糊性和不确定性的容忍度

环境和外部条件的高速变化和高度风险、模糊性和不确定性是不可避免的。成功的创业者能容忍它们，并善于处理悖论和矛盾。冒险不等同于冒进，成功的创业者是有计划地冒风险。他们会对创业机会进行仔细而周全的分析，尽一切可能让各种可能事件朝着有利于他们的方向发展。他们通过仔细定义目标、形成战略以及控制和监督其行动方式，并按他们预见的未来加以调整的方式，减少了启动风险。创业者们还要容纳模糊性和不确定性，并对冲突泰然处之。

5. 创造性、自我依赖与适应能力

高度的不确定性和快速变化是每个新企业的特点，其要求企业有应变性以及与之高度适应的组织形式。一个组织必须对各种情况作出快速而有效的反应。第一，成功的创业者们非常自信，他们认为自身的成就，与其自身的控制力和影响力相关，他们会积极寻求主动权，愿意把自己置于个人承担经营成败责任的位置。第二，成功创业者们有很强的适应力和恢复力，创业者们能够意识到自己做得怎么样以及如何提高自己的表现，并继续搜寻反馈信息，并利用这些信息，因此，创业者在通常情况下是优秀的听众和快速的学习者。第三，创业者不怕失败。第四，创业者善于从失败中学习，创业者能够更好地理解自身和他人失败的原因，能在将来避免类似问题的发生。

6. 超越别人的动机

创业者们是自我驱动器，他们受超越别人的动机的动力驱使，也受到内心强烈欲望的驱动，希望和自己定下的标准竞争，追寻并达到富有挑战性的目标。相反，这些创企业家们对地位和权力的需求很低，他们从创业企业的挑战和兴奋中产生个人动力，成功的企业家会要求自己坚持最高标准的正直可信的品性。个人素养的高标准成为将成功人士和企业结合并长久保持这种结合的黏合剂和疏导纤维。

（二）创业者的“五种天赋”

1. 精力、健康和情绪稳定

由于环境条件和外部因素的不确定性和模糊性，使得创业者在创业过程中要面临特殊的工作压力和极高的工作要求，这使他们的精力、身体和心理健康变得十分重要。虽然可以通过运动、注意饮食和适当休息来保持身体和心理健康，但这些也都和遗传有较强的相关性。除了对自身优缺点的清晰认识，成功的创业者还需要认识到潜在的孤独感和压力，甚至是极度的沮丧，这些都源于他们在风口浪尖上的生活及不断超越别人的驱动力。

2. 创造力和革新精神

创造力是产生新思想，发现和创造新事物的能力，是成功地完成某种创造性活动所需的心理品质，如创造新概念、新理论、更新技术、发明新设备、新方法、创作新作品都是创造力的表现。创造力一度被认为是只有通过遗传才可获得的能力，而且大多数人认为它本质上是遗传而来的。但新的研究表明，创造力、革新精神与制度文化有很大的关系，它们是可以诱发而不能模仿的。因此，真正的创造活动会给社会产生有价值的成果，人类的文明史实质上是创造力的实现结果。

3. 智力

才智、智慧和概念化能力是企业家的极大优势。对智力的定义没有统一标准，但大多数人都认为智力应包含以下要素：抽象思维与推理、解决问题的能力、获取知识的才能、记忆力和对环境的适应能力。没有哪一家成功的或具有高发展潜力的企业的创始人是不具备才智或只有中等才智的，这些才智包括高度灵敏的嗅觉和企业家的直觉。同样，情商也越来越重要，情商也被视为事业动机与团队协作的重要组成部分，因而必须重视个人与人际关系能力对成功的影响。在知识经济时代，战略性的资源已不再是传统的物质资本、金融资本，而是人类的知识和技能，这些能够给企业带来价值增值的无形资本被称为智力资本。新的经济形势要求管理者要审时度势，担任好领导者的角色，采用各种手段努力提升企业智力资本价值，促进企业的持续发展，实现组织与社会的双赢。

4. 激励的能力

远见是一种天生的领导素质，它富有超凡的魅力，大胆而鼓舞人心。没有人认为这种能力是后天培养的。成功的企业家通过这种能力激励他们的员工为他设下的目标团结奋斗。激励能力能使员工最大限度地将自己的潜能发挥出来，只有在工作中充分表现自己的才能，才会感到最大的满足，同时实现组织的目标。

5. 价值观

价值观是基于人的一定的思维感官之上而作出的认知、理解、判断或抉择，也就是人认定事物、辨别是非的一种思维或价值取向。个人的价值观由企业家生活的环境和背景决定，在人生的早期就形成了。这些价值观构成了个人不可分割的部分，进而影响其企业及企业的价值观。

三、创业者的能力培养

（一）组织领导能力

1. 战略管理能力

战略是依据企业的长期目标、行动计划和资源配置优先原则设定企业目标的方法。创业行动的第一步就是找准方向，严密论证，进而作出战略决策。创业环境总是复杂的，各种要素相互联系，错综复杂，任何方案都不是完备和确定的，这就需要全局的战略眼光和战略决断素质。战略管理能力包括战略思维、战略规划和设计等，是一个创业者的核心领导能力。战略管理能力是创业者为新创企业获取可持续竞争优势，对外部环境中的机遇和威胁以及内部中的优势和劣势作出的反应。

2. 决策学习能力

创业者的正确决策是保证创业活动顺利进行的前提，尤其是有关创业机会的识别和选择、创业团队的组建、创业资金的融通、发展战略的制定以及商业模式的设计等重大决策，直接关系着创业者对全局的驾驭和创业的成败。要决策正确，就需要创业者具有较强的学习能力，通过反复学习，敏锐地洞察环境变动中所产生的创业机会和挑战，形成有价值的创意并付诸行动。特别是创业者要随时了解同行业的经营状况及市场变化，了解竞争对手的情况，做到知己知彼，以便适时调整创业中的竞争策略，始终拥有并保持竞争优势，同时创业者通过不断进行创业思维和创业实践，进行反思和学习，汲取失败教训，及时修正偏差和错误，进一步提高自身的决策能力，促进企业健康成长。

（二）业务能力

1. 经营管理能力

经营管理能力是指创业者对人员、资金以及新创企业的内部运营的能力。它涉及人员的选择、使用、组合和优化，也涉及资金聚集、核算、分配、使用和流动。经营管理能力是创业者的一种较高层次的综合能力，是运筹性能力，包括团队组建与管理能力、市场定位与开拓能力、企业文化设计与培育能力等。

2. 专业技术能力

专业技术能力是创业者掌握和运用专业知识进行专业生产的能力，专业技术能力的形成具有很强的实践性。许多专业知识和技巧，要在实践中摸索，并逐步提高、发展、完善。创业者要重视创业过程中专业技术方面的经验和职业技能的训练。

3. 人际关系能力

人际关系能力是指能够妥善地处理与公众之间的关系，以及能够协调下属各部门成员之间关系的能力。创业者应该做到妥善地处理与外界的关系，尤其要争取政府部门、工商以及税务部门的支持与理解，求同存异，协调地发展。创业者处理好人际关系才能建立一际是一种高度有序的状态。每个人都清楚组织的目标和自己应当如何为组织目标作贡献，没有人计较得失，没有人计较越权和越级，相互之间只有角色的划分，没有职位的区别，这才叫团队，这种运作方式可以培养出团队精神、奉献精神和忠诚。即使将来事业发展，组织规范化了，这种精神仍然存在，成为企业的文化。

4. 创业项目管理是一种“经理人亲自深入运作细节”的管理

经历过创业的经理人大多有过这样的体验：直接向顾客推销过产品、亲自与供应商谈判、亲自到车间追踪顾客急要的订单，等等。对经营全过程的细节了如指掌，才使得生意越做越精。以至于有些创业者和经理人在企业做大后仍然对关键细节事必躬亲，不能有效地授权。细节是成败的关键。

5. 创业项目管理是奉行“顾客至上，诚信为本”的管理

创业的第一步就是把企业的产品和服务卖给客户。企业是发自生存地需要把顾客当成衣食父母，经历过创业艰难的企业家和经理人，一生都会把顾客放在第一位。一个企业的核心价值观不是后人杜撰的，是创业阶段自然形成的，创业项目管理是在塑造企业。

第五节 案例分析

本章的案例主要讨论创业者应具备什么特质，才能在创业中更有可能获得成功，AMD的创始人——Jerry Sanders把创业的特质展现得淋漓尽致，并成为了美国硅谷史上最伟大的半导体先驱之一。Sanders在同Intel长达40年的竞争中，正是其坚韧、自信、智慧且极富挑战的个性，让AMD起死回生，一度甚至与Intel分庭抗礼。

Sanders出生于芝加哥南温切斯特街，不到5岁父母离异，和母亲一起住在灰暗的低租金公寓里，后来和祖父母一起生活直到上大学。与大多数硅谷精英创业者不同，Sanders年少的经历独一无二，困境磨炼了其坚强的意志，他极度渴望成功。Sanders创立AMD时几乎是白手起家，而当时的Intel已经成为行业巨头，有人调侃说“Intel花5分钟便可融资500万美元，而AMD花500万分钟才能融资5美元”。可见创业时起步之艰难，也从反面说明了Sanders坚韧的个性。

自信的Sanders自认为是改造世界的人物，他自己曾说过：“我过去是个不满现状的年轻人，现在是个不满现状的中年人。我追求完善，这个世界还不完善，我要改造这个世界。”从1970年推出第一款产品开始，仅仅7年便在纽交所上市，6年后进入福布斯世界500强。1991年推出386系列的CPU，开始打破Intel的垄断。K7的研发成功，让AMD在高端领域也与Intel展开了直接的竞争，让Intel感受到了威胁。

Sanders花了几十年去挑战、追逐和抵抗Intel，甚至对簿公堂最终赢得了官司，AMD也一步步壮大起来，在2000年公司取得了前所未有的辉煌，而Sanders此时选择急流勇退，为自己画上了圆满的句号，也是其大智慧的体现。

案例参考：《Advanced Micro Devices》，Wikipedia，The Free Encyclopedia。

问题：

1. 公司创始人的特质在企业文化建设中发挥什么作用？

2. 创始人特质中出现的一些偏执、疯狂等特点，如何将其与公司的制度规则进行融合？

◎ 思考题

1. 简述创业类型、分类依据与要素。

2. 创业者应具备哪些特质？

3. 简述创业项目管理的特征。

第二章　创业项目决策与实施

第一节　创业机会识别与评估

一、创业机会的概念及特点

（一）创业机会的概念

创业者是由创业机会驱动来进行创业的，而创业机会来自于市场环境中存在的某种不足。通过创业机会，创业者可以以更好的方式提供更好的产品和服务来弥补这种不足，并获取盈利的可能性。

创业机会的识别和开发对创业起到核心作用。创业始于机会，并因机会而存在。如何发现并抓住创业机会实现创业，实现机会的价值，使之成为一个成功的企业，是创业者需要关注的重要问题。首先要理解创业机会的概念和特点，才能在模糊不清的环境中识别并捕捉真正有价值的创业机会。

创业机会被界定为在市场经济条件下。社会的经济活动过程中产生和形成的一种有利于企业经营成功的因素，是一种带有偶然性并能被经营者认识和利用的契机。它是有吸引力的、较为持久的和适时的一种商务活动空间，并最终表现在能够为消费者或客户创造价值或增加价值的产品或服务上，同时能为创业者带来回报或实现创业目的。

（二）创业机会的特点

1. 机会窗口特性

一个具体的创业机会，其存在的时间是短暂的，机会稍纵即逝，而且一去不复返，正所谓“机不可失，失不再来”。创业机会存在于一个动态的、发展变化的背景下，通常被形象地比作“窗口”，说明了创业机会的适时性很重要。

机会窗口是指在市场中存在的，能够使创业者在一定时段内中创立企业并获得投资回报的时间空间。创业者必须早于竞争对手，准确识别并把握机会窗口，将产品和服务推销市场才会有利可图，如果让竞争对手占得先机，机会窗口就会随之关闭。

市场在不同的时间阶段有着不同的成长速度。在市场快速发展阶段，创业的机会较多，发展到一定阶段，形成一定结构以后，机会之窗打开。市场发展成熟后，机会之窗就会开始关闭。创业者选择在机会窗口的哪个阶段进入市场在很大程度上将决定创业的成败。一般来说，在机会窗口刚刚打开的阶段开展创业活动，取得成功的概率会大一些。另外市场规模越大，创业机会的时间跨度也越大，机会窗口敞开时间的长短对创业成功起到关键作用。

2. 营利性

营利性是创业机会的最重要特征，也是创业机会之所以能成为创业机会的根本所在。创业机会应当通过提供某种产品或某种服务，帮助客户创造价值。同时还需要具备以下几方面的因素来保证这盈利性的可持续性。第一，该机会所在的产业是否具有很好的发展前景和很高的利润空间。一般情况下，一个存在于夕阳产业的创业机会要保持持续的盈利性难度会比较大。第二，该创业机会是否具有竞争优势，也就是在它所提供的产品在品质、价格、分销渠道等方面中，至少有一方面具有很强的竞争优势，是其他竞争对手难以与之竞争的，这样就可以为竞争对手设定一个竞争壁垒，使得该创业机会能保持较长时间的盈利能力。第三，目标市场的规模是否足够大，足以支撑公司的迅速成长以及未来竞争对手的相继涌入。

3. 可行性

可行性是指成功开发创业机会的可能性，即创业者所拥有的资源、能力是否可以支撑起这样一个创业机会的开发。可行性，具体包括创业者或创业团队的特征、能力和社会网络三个方面。事实上，有数量众多的创业机会看起来盈利前景都很好，但最终都没能开发或者开发失败，很大一部分原因是在于机会的可行性不高，如由于创业者团队能力的原因、创业者团队社会网络的原因、团队自身特征不匹配的原因，以及其他一些原因使得该创业机会在当时那个时点并不具备很好的可行性。

（三）较好创业机会的特征

1. 具有稳步增长的市场需求

在前景市场中，前五年的市场需求要稳步增长。不难设想，如果某个创业机会的市场需求不能稳步增长，新创企业将不可能驻足于足够大的盈利空间之中，也就不可能迅速成长起来。在激烈的市场竞争中，不能稳步增长的市场需求对创业者是极为不利的，新创企业无疑会纷纷落马。

2. 创业者能够获得利用特定创业机会所需的关键资源

这里所称的资源，涵盖利用特定创业机会所需的技术资源、资本资源、财力资源、信息资源，甚至包括公共关系资源。理性地看，某个创业机会再好，即便存在巨大的盈利空间，但若创业者缺少利用该机会所需的关键资源，那他也无法利用这一机会。

3. 创业者可以校正自己的创业路径

创业者不会被锁定在“刚性的创业路径”上，而是可以中途校正自己的创业路径。因为，市场千变万化，科技日新月异，政府政策不断调整，创业者需要根据这些变化不断调整自己的创业路径。这里所谓的创业路径，即创业的战略思路、组织结构、运营策略、市场技巧、技术路线等。如果创业者利用特定创业机会的创业路径是不可调整的，无论是因为主观的原因，还是因为客观的原因，创业者都不可能真正抓住和利用这个创业机会。

4. 创业者可以通过创造市场需求来创造新的利润空间

创新经济学告诉我们，市场是可以创造的，企业要占领市场、获取利润，往往需要靠自己去创造新的市场需求。典型的例证是，四川成都彩虹电器集团创业之初发展微型电热器具，北京四通集团创业伊始发展电脑打字机，都是通过开辟新市场，满足新需求来获取企业利润。尽管当时存在着对电热器具、打字机的市场需求，但若这些企业不去创造市场对于微型电热器具、电脑打字机的特定需求，或者这些需求是不可创造的，又或者这些企业创造市场需求的努力得不到潜在用户的响应，那么这些新创企业的创业努力就不可能获得市场的利润回报，这些企业也不可能获得较大、较快的发展。

5. 特定创业机会的风险是明朗的

如果某一创业机会的风险是不明朗的，无法搞清风险的具体来源及其结构，那创业者就无法把握风险、规避风险或抑制风险，就无法降低风险损失、提高风险收益。因此，一个好的创业机会的风险必须是明朗的。同时，至少应有部分创业者能够承受该创业机会的风险。因为，如果没有一定数量的创业者能够承受相应的风险，那在该创业机会面前，创业者就可能“壮志未酬身先死”。这样，该创业机会就失去意义了。

6. 特定创业机会对于某个创业者自身具有现实性

即使一般而论，某个创业机会是较好的，创业者达到了前五点的要求，但对于特定的创业者而言，他还需要进一步分析、判断“这机会是自己可以利用的机会吗？这一机会是否值得利用”。

二、创业机会的来源

创业机会来源有以下几个方面：技术变革，政府政策的变化，社会和人口因素的变化，市场需求条件和产业差异。

（一）技术变革

技术变革带来的创业机会，主要源自新的科技突破和社会经济的科技进步。一般来说，技术上的任何变化或多种技术的结合组合，都可能给创业者或创业团队带来某种创业机会，具体表现在四个方面。

1. 新技术代替旧技术

在某一领域出现了新的科技和技术突破，并且它们足以替代某些旧技术时，通常随着技术的淘汰和新技术的未完全占领市场而暂时出现创业机会。例如，当人类基因图像获得完全解决，可以预期必然会在生物科技与医疗服务等领域带来很多的创业机会。

2. 实现新功能

创造新产品的技术出现无疑会给创业者带来新的创业机会，比如互联网的迅速发展伴随着一系列与网络相关的创业机会的涌现。

3. 创造发明

创造发明产生了新产品或服务，能更好地满足消费者的需求，同时也产生新的创业机会。比如随着电脑产业规模的不断发展，电脑维修、电脑操作的培训、软件开发、信息服务、图文制作等创业机会也随之而来，即便创业者不发明任何新的事物，也可以销售和推广新产品，从而给其带来创业机会。

4. 新技术带来的新问题

许多新技术的产生都有两面性，即在给大家带来某种新的利益的同时，也会带来某些新的问题，这就会迫使创业者为了消除新技术的某些不利影响，再开发新技术并使其商业化，比如汽车的消声器和楼房的避雷针，这也会带来新的创业机会。技术变革使人们可以从事新的事业或者以更有效率的方式从事以前的事业，比如互联网技术的出现，改变了人们沟通的方式，使沟通更快捷、更有效。当然，不是所有的新技术都对新创企业有利。研究发现，小规模、个性化生产的柔性制造技术和数字技术更适合于新创企业的建立。

（二）政府政策的变化

政府政策的变化会给创业者带来创业机会。随着科技变革、经济社会发展等，政府就要不断调整自身的政策，而政府政策的这些变化，是有可能给创业者带来新的创业机会。政府政策的变化之所以能产生创业机会，是因为它可以让创业者创造更多不同的新想法，而在原有的制度下，这些创业者可能是被禁止进入的。政府政策的变化也扫清了许多可能不利于新创企业生成的障碍，这些障碍的扫清，可能会使创业者的创业成本更低，创业活动变得更有利可图。政府政策的变化也有可能强制通过增加市场需求的手段创造新的创业机会，如汽车安全带等。政府政策的变化可以为创业者带来创业机会，一些行业进入条件的放宽，如资源开采、民用航空等政府采购政策导向的变化，如对科技型新创小企业、创造大量就业机会的企业的倾斜，都有可能为新创企业带来机会。再如，环境保护、治理政策的出台，会将那些对环境破坏大、污染严重的企业的资源，转移到能保护环境的创业机会上来。

（三）社会和人口因素的变化

社会和人口因素的变化同样会创造出创业机会。市场需求是不断变化的，不同阶段的社会和人口因素的变化会产生相应的不同的市场需求。随着当代社会和经济发展的加快，这种社会和人口因素的变化带来的市场需求的变化更为明显。如，人的寿命延长导致的老龄化问题，产生了老年人用品市场的创业机会；相当多数量的女性就业，产生了家政服务业和快餐饮食方面的产业机会。社会和人口因素是紧密相连的，有时社会文化的变革也是创业机会生成的引擎，比如随着国家实力的不断增强，中国文化产业的相关市场也相应地蓬勃发展起来，越来越多的其他国家的人开始学习太极拳、中医等，唐装、中餐等中国文化产品在国外的市场规模也越来越大。

社会和人口因素的变化影响了消费者对产品和服务的需求，而这种需求的变化就生成了创业机会。如欧美人口逐渐减少的趋势就引发国外一些大学吸收来自发展中国家的留学生的需求，从而也就产生了一些针对国际学生的服务项目。社会和人口因素的改变也生成了针对新的市场需求所要求的新问题解决方案，这些方案会比现有方案更加有效。如西方国家的母亲节、情人节、圣诞节等节日，也越来越多地渗透到中国人的生活中去，并逐渐成为年轻人追求的一种时尚，从而生成了或将要产生出许多新的创业机会。

（四）市场需求条件

市场需求条件表现为某个产业里消费者对产品和服务的偏好特性。市场需求条件产生的创业机会，通常有以下四种。

1. 新需求

市场上产生了与经济发展阶段相适应的新需求，相应地，就要有新创企业去满足这种新的市场需求。如居民收入水平的提高，导致私人轿车的保有量将会不断增加，从而就会派生出修理、汽车销售、清洁、配件、二手车交易、装潢等诸多的创业机会。

2. 市场供给缺陷

非均衡经济学认为，市场供给是不可能真正的完全均衡的，总会有一些市场供给不能充分满足，因而，如果创业者能够发现这些市场供给的结构性缺陷，同样也能找到可以利用并成功创业的机会。比如，由于双职工的家庭没有时间照顾小孩，于是就有了托儿所。

3. 先进国家（或地区）产业转移

从历史上看，世界各国、各地区的社会经济发展进程有快有慢，即便同一国家的不同区域的社会经济发展速度也不尽相同，因而，一个发展的级差在发达国家或地区与不发达国家或地区之间就产生了。当这个级差大到某种程度的时候，由于国家或地区相互之间存在一定的成本差异，再加上社会经济发展到一定程度时，诸如环境保护等问题往往会先被发达国家或地区提到议事日程上来，发达国家或地区就会向外转移产业，这就有可能为不发达国家或地区的创业业者创造新的创业机会。

4. 中外差距

中外差距往往隐含着某种创业差距。通过与发达国家或地区的比较，借鉴发达国家或地区成熟企业的发展经验，也能够发现某种创业机会。市场需求条件通常由市场成长、市场规模与市场细分等来描述。通常，新创企业在规模大的市场比规模小的市场中绩效更高；在成长好的市场比在成长性较差的市场绩效更为突出；在细分更多的市场比细分更少的市场绩效更好。

（五）产业差异

研究发现，创业者生成新创企业的能力在不同产业中是有较大差异的，形成这些差异的原因通常可能包含四个方面：产业生命周期、知识条件、产业结构和产业动态性。

1. 产业生命周期

新创企业在产业的成长期比其在产业的成熟期的表现通常更好。依据产业的生命周期，一般能将其分为成长性产业、成熟性产业和衰退性产业。成长性产业一般是指社会对其产品或服务的市场需求比国民收入或人口增速快的产业；衰退性产业一般是指其产品或服务的市场需求比国民收入或人口增速慢的产业；而成熟性产业一般是指其产品或服务的市场需求与国民收入或人口的增速相当的产业。

2. 知识条件

知识条件表现为某个产业中支持产品和服务形成的知识类型。产业知识条件中有三种类型对新创企业有利。第一，创新源促进新创企业的创造。由公共机构组织生成新技术的产业比由企业组织生成新技术的产业通常会形成更多的新创企业，其中一个原因是大学、政府部门等公共机构对知识外溢并不敏感。第二，具有更高研发强度的产业通常更有利于新创企业的生成。一般来说，研发密集型产业生成的新创企业会更多。第三，创新过程的性质影响新创企业的形成。如果创新和新技术开发要求有较大的资金投入和业务规模，那么往往只有成熟的大型企业才能进行。相反，在一些诸如软件这样的产业，对初始规模要求很低，新创的中小企业在这些产业则具有很好的生存能力，能比大企业提供更灵活的服务。

3. 产业结构

研究发现，更容易生成新创企业的产业有四个方面的特征：第一，劳动密集型产业比资本密集型产业更有利于新创产企业的产生；第二，产业集中度较低的产业更有利于新创企业的产生；第三，对品牌、广告、规模经济等依赖不高的产业，更有利于新创企业的产生；第四，在由平均规模较小的企业组成的产业中，新创企业通常会表现出更好的业绩。

4. 产业动态性

动态性的产业一般是指技术变革速度较快的产业。通常成长或动态的产业能创造出更多的创业机会，催生出大量新创企业。

总的来说，对新产品或新服务、新原料或新管理方法的发明、探索和创造会催生出大量的创业机会。它有别于一般性的基于提高现有产品、原料或管理方法的效率和效果的获取手段。它需要创业者更多地注意预测和分析动态的技术、人口政策和需求等的变化规律，从这些复杂、不确定的社会经济变化中挖掘新创业的机会信息，从而确定与之能匹配的机会类型。

三、创业机会的类型

从不同角度，对创业机会可以有不同的机会。

（一）从创业机会产生的角度进行分类

从创业机会产生的角度，创业机会可分为问题型机会、趋势型机会、组合型机会三种类型。

1. 问题型机会

问题型机会指的是有现实中存在的未被解决的问题所产生的一类机会。问题型机会在人们的日常生活和企业实践中大量存在。比如，消费者的不便、顾客的抱怨、大量的退货、无法买到称心如意的商品等，在这些问题的解决中会存在着价值或大或小的创业机会，需要用心去挖掘。

2. 趋势型机会

趋势型机会就是在变化中看到未来的发展方向后预测到将来的潜力和机会，这种机会一般出现在经济变革、政治变革、人口变化、社会制度变革和文化习俗变革等多个方面。一旦被人们认可它产生的影响将是持久的，带来的利益也是巨大的。

3. 组合型机会

组合型机会就是将现有的两项以上的技术产品服务等因素组合起来的，实现新的用途和价值而获得的创业机会。这种机会类型好比“嫁接”，对已经存在的多种因素重新组合，往往能实现与过去功能不大相同或效果增倍的局面。

（二）从市场的角度进行分类

从市场的角度，创业机会可以分为识别型机会、发现型机会和创造型机会三种类型。

1. 识别型机会

识别型机会是创业者面向现有市场的创业机会。在现有市场上，通常已有企业在经营，这些企业往往是一些成熟的大企业。创业者只有通过有效的创新手段营造新的经营模式，才可能在市场上占据一席之地。

2. 发现型机会

发现型机会是面向空白市场的创业机会。空白市场属于现有行业范围内，尚未被开发的市场。这一市场可能是缝隙市场，尚未被现有的大型企业所关注，但如果经营得当，也可能创造出可观的价值。

3. 创造型企业

创造型机会是面对全新市场的创业机会。这一市场上的创业机会，不属于任何已经存在的行业。因此，创业者将要进入的是一个全新的市场，市场上暂时没有任何竞争对手也没有现成的经营模式可循。在这种情况下，需要警惕的是，这一全新的市场是否具备高效成长的可能。

四、创业机会的识别

创业是发现市场需求识别创业机会，并经过经营新创企业满足特定市场需求的活动。机会的识别，对于所有的创业者都是均等的，每个创业者都曾与创业机会面对面。但是，只有发现了创业机会并且能抓住创业机会的创业者才能够真正地成功创业。因此，识别创业机会是把握机会的前提，创业者要想抓住机会并成功地利用机会，首先要正确地识别创业机会。

（一）创业机会识别的影响因素

影响创业机会识别的因素主要分为两个方面，机会本身的属性和创业者的个人特质。其中较为重要的因素是创业者的个人特征，因为创业机会识别是一种主观色彩相当浓厚的行为。创业者的特征决定了创业环境中存在机会时，创业者能否识别出来。影响创业机会识别的因素主要有以下几点。

1. 创业动机

动机是促使人们进行深入思考并作出相应创业决策与行为的出发点和动力，怀有想法或动机的人，对于相关事物或相关问题更具有敏锐性和洞察力。这有利于其对相关机遇的发现和捕捉，并促使其设法利用机遇实现动机和梦想。

创业动机可分为机会型动机和生存型动机两种。在不同的创业动机下，机会识别的主动性与被动性可能有所不同。但无论属于哪一种创业动机，创业者都应该做一个“有心人”，清楚地知道自己在想什么，要做什么，该去做什么，做好各种创业的思想准备才能准确把握时局，变被动为主动。

2. 创业者的个人特质

与创业机会识别相关的创业者的个性特质一般包括风险取向、乐观主义、创业警觉性和创造性思维及创新意识等，其中创造性思维及创新意识、创业警觉性和乐观主义受到了极大的关注。机会识别是一个创造过程，需要创业者用全新的视角审视现有的产品、服务及业务存在的问题。创造性思维及创新意识可以使创业者突破思维定式，获得原创性的分析问题、解决问题的思路。创业警觉性是对环境中关于目标、事件和行为模式的信息的注意和敏感的倾向，对制造者和用户问题、未满足的需要和兴趣以及独特的资源联合有特殊的敏感性。大多数研究都认为创业的警觉性与创业机会识别之间有直接关系，且两者之间的关系为正相关关系。另外，有研究表明乐观主义和创业机会的识别之间有极大的正相关关系。

3. 能力与资源储备

创业者的能力储备主要包括知识的积累、能力的培养和综合素质的提升等。其中，认知学习能力尤为重要，机会认知是机会识别的首要步骤，人类不仅从直接经验中学习，也能通过模仿他人来学习，大多数创业者属于初次创业，如何从导师或创业模范身上间接地学习创业能力，尤其是机会识别的能力，显得尤为重要。创建企业意味着开发商业模式、组建新创业团体、筹集资本、建立伙伴关系、管理财务、领导并激励员工等具体事务，因此创业者还需要具备将创意构思转化为行动与可测量结果的能力。资源储备主要是指创业者在创业之前或初期具备的各项资源，具体包括人、财、物、技术及社会资源等。

4. 先验知识

未被充分利用的机会总是存在的，但创业者不一定能识别出这些机会，而是可以识别出与其先验知识相关的机会。先验知识包括相关的专业知识背景及之前的从业经验两方面。在通常情况下，对某个领域专业知识了解较多的人，本身对相关专业内容存在的问题、发展的现状较为敏感，会比其他人对该领域内的机会更具警觉性。多数创业者的创业想法是在复制或修改以前从事行业的创业想法。因此，在某一特定行业领域中的先前从业、学习经验有助于创业者识别机会。

5. 社会网络

社会网络可以提供便于发现创业机会以及识别、搜集和配置资源的信息，通过提供和扩散关键信息以及其他一些重要资源对创业机会利用过程产生积极影响。在通常情况下，拥有良好的社会网络资源的人，会比那些拥有少量网络的人容易得到更多的机会。

（二）创业机会识别的过程

识别与评估创业，机会是企业家运用机会进行创业的前奏，机会识别被认为是创业过程的关键环节。在这一环节，稍有疏忽就会使创业活动产生较大的偏差，创业机会的识别主要包括感知、发现和创造三个过程。

1. 感知

感觉过程就是认识到市场中未满足的需求或未得到充分利用的资源。未得到满足的需求和未得到充分利用的资源总是存在的。即创业机会总是存在的，这些机会总会被一部分人所感知和识别。有些人对市场中未得到满足的需求和问题是非常敏感，他们总能够在自己所处的环境中认识到哪些方面需要改进，但对这种对问题的敏感不一定会发展成为解决问题的方法，因为不是每一个善于提出问题的人都善于解决问题，另一些人对于那些未得到充分利用的资源非常敏感，如未开垦的荒地、闲置的资金等，但他们又不知道这些资源该如何利用，才能创造价值。

2. 发现

发现过程就是发现特定市场需求与专门资源之间的配合，前提条件是这些需求和资源可能在一个尚未运转的企业内实现匹配。对已经实现匹配的市场需求和资源的发现，表现为发现特定的地区和产品市场空间。

当创业者认为存在一个机会，把现有的非最优配置的资源重新配置时，他们就会决定创建新的企业或开拓新的产品市场。

3. 创造

创造过程就是以商业概念等形式创造一个独立的需求和资源间的新的配合。商业概念创造包括资源重组和重新定位，这是为了创造和传递比现有情况更多的价值。商业概念等形式的创造不仅是调整现有资源和市场之间的配合，还可能导致对现有企业进行重组或彻底的改革。创造性的机会识别活动，通常与机会利用活动结合在一起，涉及人力、物力资源的投入。

（三）创业机会识别的方法

创业机会识别的方法较为常用的有以下五种，其中，有的来自于启发或者经验，有的则很复杂，需要市场研究专家等外部力量的支持。

1. 新眼光调查

当阅读某人的发现或出版的作品时，实际上就是在进行调查。利用互联网搜索数据，寻找包含你所需要信息的报纸文章等都是调查的形式。大量获取信息对发现问题以及更加快速地切入问题有帮助。在调查中，要学会问问题，同时通过不断地获取信息建立自己的直觉。“新眼光”也将不断发展，提供很多看问题的新方法。

2. 系统分析

实际上，绝大多数的机会可以通过系统分析得以发现。人们可以从企业的宏观环境（政治、法律、年龄、人口等）和微观环境（顾客、竞争对手、供应商等）的变化中发现机会。借助市场调研，从环境变化中发现机会，这是机会发现的一般规律。

3. 问题分析

问题分析从一开始就要找出个人或组织的需求以及面临的问题，这些需求和问题可能很明确，也可能很含蓄。创业者可能识别它们，也可能忽略它们。问题分析可以首先问什么才是最好的，一个有效并有回报的解决方法，对于创业者来说是识别机会的基础。这个分析需要全面了解顾客的需求以及可能用来满足这些需求的手段。

4. 顾客建议

一个新的机会可能会由顾客识别出来。顾客建议多种多样，最简单地，他们会提出诸如，“如果那样的话不是会很棒吗”这样的非正式建议。还有，他们可以有选择地采取非常详尽和正式的短文形式。一些组织在将他们的需求反向推销给潜在供应商的过程中非常积极。无论使用什么样的手段，一个讲究实效的创业者总是渴望从顾客那里征求想法。

5. 创造需求

这种方法在新技术行业中最为常见，它可能始于明确拟满足的市场需求，从而积极探索相应的新技术和新知识，也可能始于一项新技术发明，进而积极探索新技术的商业价值。通过创造获得机会比其他方式的难度都更大，风险也更高。同时，如果能够成功，其回报也更大。这种情况下所产生的创新在人类具有重大影响的创新中，居于压倒性的主导地位。

五、创业机会的评价

（一）创业机会评价的准则

如何评价创业机会？针对创业机会的市场与效益，通过市场评价和效益评价设计的一套评价准则，可以作为创业者评价创业机会及项目投入的决策参考。

1. 市场评价准则

（1）市场定位。

一个好的创业机会，必然具有特定的市场定位，专注于满足客户需求，同时能够为客户带来增值的效果。因此，评估创业机会的时候，可由市场定位是否明确、顾客需求分析是否清晰、顾客接收通道是否流畅、产品是否持续衍生等，来判断创业机会可能创造的市场价值。创业带给顾客的价值越高，创业成功的机会也会越大。

（2）市场结构。

针对创业机会的市场结构进行五方面分析，包括进入障碍，供应商、顾客、经销商的谈判力量，替代性竞争产品的威胁，以及市场内部竞争的激烈程度。由市场结构分析可以得知新企业未来在市场中的地位，以及可能遭遇竞争对手反击的程度。

（3）市场规模。

市场规模大小与成长速度也是影响新企业成败的重要因素。一般而言，市场规模大者进入障碍相对较小，市场竞争激烈也会略为下降。如果要进入的是一个十分成熟的市场，那么纵然市场规模很大，但由于已经不再成长，利润空间必然很小。因此这个创业机会恐怕就不值得再投入。反之，一个正在成长的市场，通常也是一个充满商机的市场，所谓水涨船高，只要进入时机正确，必定会有获利的空间。

（4）市场渗透力。

对于一个具有巨大市场潜力的创业机会，市场渗透力评价将会是一项非常重要的影响因素。聪明的创业家会选择在最佳时机进入市场，也就是市场需求正要大幅增长之际，因为你已经做好准备，等着接单。

（5）市场占有率。

从创业机会预期可取得的市场占有率目标，可以显示这这家新创公司未来的市场竞争力。一般而言，要成为市场的领导者，最少需要拥有20%以上的市场占有率。如果低于5%的市场占有率，则这个新企业的市场竞争力不高，自然也会影响未来企业上市的价值。尤其处在具有赢家通吃特点的高科技产业，新企业必须拥有成为市场前几的能力，才比较具有投资价值。

（6）产品的成本结构。

产品的成本结构，也可以反映新企业的前景是否光明。例如，从物料与人工成本所占比重、变动成本与固定成本的比重，以及经济规模，可以判断企业创造附加价值的幅度以及未来可能的获利空间。

2. 效益评估准则

（1）合理的税后净利。

一般而言，具有吸引力的创业机会，至少需要能够创造15%以上税后净利。如果创业预期的税后净利是在5%以下，那么这就不是一个好的投资机会。

（2）达到损益平衡所需的时间。

合理的损益平衡时间应该能在两年以内达到，但如果三年还达不到，恐怕就不是一个值得投入的创业机会。不过有的创业机会确实需要经过比较长的耕耘时间，通过这些前期投入，创造进入障碍，保证后期的持续获利。在这种情况下，可以将前期投入视为一种投资，才能容忍较长的损益平衡时间。

（3）投资回报率。

考虑到创业可能面临的各项风险，合理的投资回报率应该在25%以上。一般而言，15%以下的投资回报率，是不值得考虑的创业机会。

（4）资本需求。

资金需求量较低的创业机会，投资者一般会比较欢迎。事实上，许多个案显示，资本额过高其实并不利于创业成功，有时还会带来稀释投资回报率的负面效果。通常，知识越密集的创业机会，对资金的需求量越低，投资回报反而会越高。因此在创业开始的时候，不要募集太多资金，最好通过盈余积累的方式来创造资金。而比较低的资本额，将有利于提高每股盈余，并且还可以进一步提高未来上市的价格。

（5）毛利率。

毛利率高的创业机会，相对风险较低，也比较容易获得损益平衡。反之，毛利率低的创业机会，风险则较高，遇到决策失误或市场产生较大变化的时候，企业很容易就遭受损失。一般而言，理想的毛利率是40%。当毛利率低于20%的时候，这个创业机会就不值得考虑。软件创业的毛利率通常都很高，所以只要能找到足够的业务量，从事软件创业在财务上遭受严重损失的风险相对会比较低。

（6）策略性价值。

能否创造新企业在市场上的策略性价值，也是一项重要的评价指标。一般而言，策略性价值与产业网络规模、利益机制、竞争程度密切相关，而创业机会对于产业价值链所能创造的加值效果，也与它所采取的经营策略与经营模式密切相关。

(7) 资本市场活力。

当新企业处于一个具有高度活力的资本市场时，它的获利回收机会相对也比较高。不过资本市场的变化幅度极大，在市场高点时投入，资金成本较低，筹资相对容易。但在资本市场低点时，投资新企业开发的诱因则较低，好的创业机会也相对较少。不过，对投资者而言，市场低点的成本较低，有的时候反而投资回报会更高。一般而言，新创企业的活跃的资本市场比较容易创造增值效果，因此资本市场活力也是一项可以被用来评价创业机会的外部环境指标。

(8) 退出机制与策略。

所有投资的目的都在于回收，因此退出机制与策略就成为一项评价创业机会的重要指标。企业的价值一般也要由具有客观鉴价能力的交易市场来决定，而这种交易机制的完善程度也会影响新企业退出机制

(二) 创业机会的评价内容

对创业机会的评价，要从创业机会的外部市场价值和内部创业者的自身条件入手。从市场的可能性到商业实施的可能性两方面评估，其评价要素主要有：创业机会的核心特征和创业机会的外围特征两个方面。

1. 创业机会的核心特征评价

这一层次的特征属于创业机会所包含的最本质的特征，属于创业机会的自然属性，不依赖于创业者或创业机会的其他特征而存在，相反创业机会的其他特征却往往需要与其核心特征相匹配，才能创造最大价值，创业机会的核心特征，需要从市场层面和产品层面分别进行分析。

(1) 市场层面的特征。

市场层面的特征，指的是外部市场的发展状况。创业者在选择创业机会时必须考虑当前市场的竞争态势是否有利于机会商业化。创立新企业之后更要根据企业的外部市场特征，制订可行的机会开发方案。市场特征与机会开发的效果息息相关，为了完备地评价创业者面临的市场环境特征，通常要从宏观环境分析和产业环境分析两个方面进行。

①宏观环境分析。

宏观环境又称一般环境，是指影响一切行业和企业的各种宏观力量。不同行业和企业根据自身特点和经营需要对宏观环境因素所作分析的具体内容会有所差异，但一般会涉及政治、经济、技术和社会这四大类因素。因此在战略研究中，宏观环境分析，通常被称为PEST 分析。

政治环境主要从国家的政治法律方面考察市场环境的特征。一个国家政治状态是否稳定、法律法规是否规范、是否对企业组织的活动有特别的限制和要求、是否对相关产业具有政策上的倾斜，这些对创业者是否决定创业都有重要的影响。

经济环境可以从宏观和微观两个方面进行分析。宏观环境的考察角度可以包括整个国家的人口数量及增长趋势、宏观经济走向、国民收入状况以及能反映国民经济发展水平和发展速度的其他相关指标。微观经济环境主要考察企业所在区域或所服务区域的经济状态，以及消费者的收支情况等因素。

技术环境一方面体现在企业所阐述所处产业的技术水平和未来发展趋势，另一方面体现在国家或区域范围内对科技开发的投资和支持状况。显然，高科技创业活动受到技术环境的约束，或促进作用更为显著，因此对这一类型的创业活动来说，识别技术环境的特征，尤其重要。

社会环境指的是国家或地区范围内的居民风俗习惯、文化水平、宗教信仰、价值取向等社会环境对新创企业的企业文化有直接影响。同时，如果企业的产品文化含义较重，那么尤其需要注重目标市场的社会环境。

②产业环境分析。

相对于宏观环境的分析，产业环境分析针对性更强，对创业活动的影响也更为直接。在产业环境分析方面，最常用的是波特提出的五力竞争模型。

这一模型确定了行业内部竞争的五种主要来源。对于创业者来说，五力竞争模型是分析产业环境的重要工具，一旦基于创业机会组建企业，立刻就会感受到行业内部所给予的五种竞争力。因此，能否有效识别行业竞争状态，对创业者的战略规划有重要的意义。同时，需要注意的是，在创业之前创业者对五种竞争力的认识往往处于一种假设情况，即在创业机会识别及评价时，这五力并非现实作用于创业者，需要创业者进行适当假设。因此创业者尤其需要注意假设的谨慎和完备。如果创业者是模仿现有产业的某一个企业进行创业，也可以充分参考该企业的运营情况来分析行业竞争势态，作为创业机会评价时的重要依据。

事实上，波特的五力竞争模型，通常考察的是现有行业市场上的竞争势态。该市场通常比较成熟，因此创业者的压力主要来自于各个不同的市场参与主体。在创业活动中，如果创业者进入的是一个全新的行业，那么显然该行业上的五种竞争力是不完全的。市场的各个构成成分与创业者之间的讨价还价的实力也相当薄弱，这种竞争相对简单的市场环境中对创业机会的竞争强度分析并无太大意义。这时，创业者更需要考察的市场特征是创业机会的市场高成长性。高成长性的市场是一种不断扩张的市场，能够不断为新进入者创造新的需求，对创业机会市场成长性的考察非常有用。一些创业机会尽管面临的是全新市场，但是其成长性相当弱小，在较长一段时间内市场容量可能不会有太大的变化，这可能为创业活动，未来的发展带来障碍——市场成长后劲不足，难以创造更显著的价值。与此同时，一旦有追随者进入市场往往会加剧市场内的竞争势态，不利于企业的成长。

（2）产品层面的特征。

产品层面的特征，主要集中于考察创业机会自身的内在属性，这里的产品包括了企业所提供的服务。创业者选择了一项创业机会，必然要对机会自身的特殊性进行深刻了解。比如这种产品或者服务有一定的创新性，是否能满足一定的市场需求，与同行业的竞争者相比是否具有独特的价值等。这是创立新企业的基础，也是创业管理研究不同于一般企业管理研究的重要方面。因此，机会产品层面特征的重要性不亚于市场层面的特征，创业者在机会开发时对这两方面要同时考虑，不能偏倚一方。

创业机会的产品特征主要包括两个方面的内容，一是创业机会的产品独特性。如果产品缺乏一定的独特性，并且和市场上已有的产品存在雷同的之处，就很难吸引潜在的顾客。这里的独特性是多角度的，包括产品的性能、包装、标识、品牌、售后等方面。创业者应该在独特性方面充分挖掘，以便在实际创业时能够获得较好的市场推广效果。二是创业机会的产品创新程度。产品创新程度主要从技术角度评价创业机会。创业性是一种有效的进入壁垒，尤其是那种具备深厚技术背景的创新活动，它们可以有力地构建市场优势位置。如果产品不具备很强的吸引力，这一独特性也很容易被追随者和竞争者模仿，创业者的优势很快就会消耗殆尽。

2. 创业机会的外围特征评价

创业机会的外围特征是创业机会能够得以开发的必备条件。虽然创业机会的核心特征非常重要，但是不可脱离外围特征独立存在。缺乏必要的外围特征，核心特征即使再吸引人，也会因为缺乏必要的资源而无法实施创业活动。

创业机会外围特征可以分为以下几个方面。

（1）创业机会的支持要素。

只有具备创业机会的支持要素，创业者才能选择创业，创业机会才能得以开发。在创业活动中，尤其是创业初期，影响创业机会能够有效开发的支持要素主要包括创业团队、创业资源和商业模式。在创业机会评估中，应当考虑这些因素是否有利于创业成长。

创业团队要素是支持创业机会开发的人的因素。例如，尽管某一创业机会的产品/市场特征决定了企业当前应当主要致力于产品研发，但是创业团队中缺乏相应的技术人员，这种开发策略就难以实施。因此，在分析创业团队要素时，创业者需要从以下几方面进行思考：为了能够开发创业机会，创业者能够组织一支怎样的创业团队；这一团队内部的分工将是怎样的；团队成员如何进行合作；他们是否拥有统一的创业目标；是否拥有合适的人员以保证创业机会的未来开发方案实施到位。

创业资源要素，是支持创业机会开发的目的因素。企业的创立、创业初期的市场开拓活动都极为需要各种资源，这种资源不仅包括资金，还包括市场的认可程度、必要的市场信息，以及与客户、供应商的联系等多元化的资源。缺乏这些资源，企业将会举步维艰，因此在分析创业资源要素时，创业者需要从以下几个方面进行思考：为了实施创业活动，资金的来源主要有哪些方面；个人能够在多大程度上投入以往的积蓄；一旦企业搭建，创业者应通过什么渠道获取新的资源；在企业内部，资本将如何使用以发挥最大效用；如果资源事实不能配置到位，企业能够坚持多久。商业模式要素是支持创业机会开发的计划因素。商业模式可以让创业者对未来的经营计划有一个全面的定位。企业如何开展产品研发活动，如何在市场上与潜在的竞争者展开竞争，都需要商业模式予以指导。缺乏明确且可行的商业模式，创业活动将会付出很多不必要的成本，成长缓慢，甚至容易夭折，因此，在分析商业模式要素时，创业者需要从以下几方面进行思考：创业机会的主要发展方向是怎样的；什么是影响创业机会发展的主要因素；为了处理这些因素，创业者应当如何经营企业；在操作的细节层面，创业者如何具体完成创业机会的开发和产品的销售；一旦市场发生变化，创业者又将如何进行调整。

因此，只有当创业者对未来的经营规划有清晰细致的设想之后，计划方面的支持因素才基本符合创业机会的发展需要。

（2）创业机会的成长预期。

创业机会的成长预期是创业者对创业机会的潜在价值的最终判断。创业者应当积极设想企业创建之后所能够实现的发展目标，包括各项财务指标和成长性指标。如果创业者决心吸收风险投资，也必须设想能否顺利收回以及具体的收回方式。只有符合创业者心中的标准，创业机会才能真正付诸行动。相对来说，这一方面的指标复杂程度较之前几个不同层面的评价指标简单一些。这是因为，创业机会的成长预期是创业机会核心特征和支持要素综合评价之后的结果，只有对核心特征和支撑要素分析到位，那么得到其成长预期分析将是自然而然的。

只有对创业机会的核心特征以及外围特征作出综合考虑，才能实现对于创业机会的综合评价。这两个层面的评价也构成了一个综合的创业机会识别和评价指标框架。

（三）创业机会评价的方法

1. 创业机会定性评价

创业机会定性评价需要回答五个基础问题：机会的大小、存在的时间跨度和随时间成长的速度；潜在的利润是否足够弥补投入的资本、时间和机会成本，继而带来令人满意的收益；机会是否开辟了额外的扩张、多样化或综合的商业机会选择；在可能的障碍面前，收益是否会持久；产品或服务是否真正满足了真实的需求。

创业机会定性评价，通常依据以下五项基本标准。第一，机会对产品有明确界定的市场需求，推出的时机也是恰当的；第二，投资的项目必须能够维持持久的竞争优势；第三，投资必须具有一定程度的高回报，从而允许一些投资中的失误；第四，创业者和机会之间必须互相适合；第五，机会中不存在致命的缺陷。

创业机会定性评价，通常分为以下五个环节：其一，判断新产品或服务将如何为购买者创造价值，判断新产品或服务使用的潜在障碍，如何克服这些障碍，根据对产品和市场认可度的分析，得出新产品的潜在需求、早期使用者的行为特征、产品达到创造收益的预期时间；其二，分析产品在目标市场投放的技术风险、财务风险和竞争风险，进行机会窗口分析；其三，在产品的制造过程中是否能够保证足够的生存批量和可以接受的产品质量；其四，估算新产品项目的初始投资额，使用何种融资渠道；其五，在更大的范围内考虑风险的程度，以及如何控制和管理那些风险因素。

2. 创业机会定量评价

（1）标准打分矩阵。

选择出对创业机会成功有重要影响的因素，并由专家小组对每一个因素进行最好（3分）、好（2分）、一般（1分）三个等级的打分，最后求出对于每个因素在各个创业机会下的加权平均分，从而可以对不同的创业机会进行比较。

标准打分矩阵主要包含以下几项评价内容；易操作性、质量和易维护性、市场接受度、增加资本的能力、投资回报、专利权状况、市场的大小、制造的简单性、广告潜力和成长的潜力。在实际使用时可以根据具体情况选择其中的全部或部分因素。

（2）机会优先法。

机会优先法其实是美国西屋公司制定的决策估算办法，主要用于计算和比较各个机会的优先级。

$$机会优先级=\frac{技术成功概率\times商业成功概率\times（价格-成本）\times投资生命周期}{总成本}$$

在该公式中，技术和商业成功的概率是以百分比表示，平均销售数是以销售的产品数量计算，成本是以单位产品成本计算，投资生命周期是指可以预期的年均销售数保持不变的年限，总成本是指预期的所有投入，包括研究设计、制造和营销费用。对于不同的创业机会将具体数值代入公式，特定机会的优先级越高，该机会越有可能成功。

（3）选择因素法。

在这种方法中，通过11个选择因素的设定来对创业机会进行评判（见表2-1）。如果某个创业机会只符合其中的6个或者更少，这个创业机会就不可取；相反，如果个创业机会符合其中的7个或者7个以上的因素，那么这个创业机会将大有希望。

表2-1 **选择因素法**

1. 这个创业机会在现阶段是否只有你一个人发现了？
2. 初始的产品生产成本是否可以承受？
3. 舒适的市场开发成本是否可以承受？
4. 产品是否具有高利润回报的潜力？
5. 是否可以预期产品投放市场和达到盈亏平衡点的时间？
6. 潜在的市场是否巨大？
7. 产品是否是一个高速成长的产品家族中的第一个成员？
8. 是否有一些现成的初始用户？
9. 是否可以预期产品的开发成本和开发周期？
10. 是否是处于一个成长中的行业？
11. 金融界是否能够理解你的产品和顾客对产品的需求？

（四）创业机会的可行性评价

创业机会的可行性评价就是用各种方法——访谈行业专家、调查预期消费者、研究产业趋势、考察融资渠道等方式对创业机会进行剖析，不仅可以确定创业机会的可行性价值，还可以在评价的过程中改进、调整和完善创业机会。对创业机会的可行性评价可以从产品/服务、行业市场、盈利能力和创业团队能力四个方面展开。

1. 产品/服务可行性评价

产品/服务可行性评价是指对拟推出的产品或服务的总体吸引力进行评估，新创企业成功的首要要素是企业能够提供优秀的产品或服务。因此，创业者的第一要务就是解决以何种产品、何种方式来最快、最有效地满足客户需求。

（1）产品/服务的合理性评价。

对产品/服务的合理性评价，通常借助概念测试方法向预期消费者展示产品或者服务，以评估消费者的兴趣、意向和购买意愿。从产品/服务的描述、预期目标市场、产品/服务的好处、产品/服务竞争定位的描述及产品/服务营销模式的描述这五个方面制作概念陈述书。之后将概念陈述书发给相关行业内的专家，请其给出产品服务的不足之处、改进意见、对产品/服务的可行性判断及其他建议等，以完善产品/服务的创意。

（2）产品服务的需求度评价。

产品服务的需求度评估通过购买意愿调查可以对产品服务的需求情况作出评估。购买意愿调查由概念陈述书和调查表组成。调查表，主要涉及营销方面的内容，针对产品的功能需求、价格需求和外延需求进行问题设计，与概念书一起发给潜在客户，对产品服务的需求状况作调查。

2. 行业市场可行性评价

行业市场可行性评价是对将要提供的产品或服务的整体市场吸引力进行评估的过程，它主要包括产品产业吸引力评价、目标市场吸引力评价和市场进入时机评价。

（1）产品吸引力评价。

新创企业可行性的一个重要决定因素是其所选择的产业吸引力。一个强吸引力的产业应该满足以下条件：产业内几乎没有竞争者；产业集中化程度低；产业历史短，产业生命周期所处阶段为导入期；产业转移和产业内企业平均净收益率较高；产业内让消费者感兴趣的是新产品数量较多，且对消费者而言都是必需品；经济与环境趋势对产品发展十分有利，长期发展前景好。

（2）目标市场吸引力评价。

在创始阶段，新创企业并不具备在较大市场中拓展业务的能力，而是通过识别较大市场中新兴的或未被发现的市场而得以存活，并走向成功。利用利基市场战略可以使新创企业避免与主要竞争对手的正面交锋，有利于新创企业集中精力将把某个特定市场做成功。一个具有强吸引力的目标市场应满足以下条件：目标市场内没有竞争对手；企业增长率和企业平均利润率较高；企业盈利方式切实可行，具备构筑潜在竞争力进入壁垒的能力；消费者对当前目标市场提供的产品满意度低，但对拟进入目标市场的产品非常感兴趣；新创企业利用低成本营销或口碑营销能力强。

（3）市场进入时机评价。

把握新产品入市的有利时机，不仅是创业成功的基础，而且是市场前景是否光明的重要保障。入市时机的评价，首先要确定新产品的商机之窗是否开启，避免陷入市场沉默期。另外，要明确准备进入市场的当前的动态性和创办企业的时机是否合适。这要求创业者必须对市场的经济学知识有基本了解准确，把握本行业的发展态势。产品进入市场的最佳时机，应具备以下条件：消费者的欲购情结高涨；产品能引起市场轰动；市场需求大，消费环境好；市场跟进者少。

3. 盈利能力评估

过去的行为是对未来行为的最好预测，企业盈利能力的评估就是基于以上前提。对企业盈利的评价，可从资本需求的估算、同类企业盈利能力的评价以及财务吸引力的评价三个方面进行。

（1）资本需求的估算。

新创企业的启动资金包括固定资产投资和流动资金，虽然不需要很明确，但大致需要多少资本，创业者要做到心中有数，创业者应根据新创企业的规模、拟预测的销售量情况估算出需要的启动资金。只有准备充足的资金才，不会在创业的过程中，因资金不足而丧失盈利能力，甚至导致企业因现金流断裂而夭折。

（2）同类企业盈利能力的评价。

了解同类企业的盈利能力可以预测新创企业未来的经济命运。查询同类企业的财务业务资料有以下几种途径：中国企业数据库网站、中国中小企业局各省市网站、中小企业研究机构的网站、行业管理协会、已经离开竞争者公司的雇员、咨询公司、市场调研公司、制造商、供应商、分销商、关键客户及买家、行业内同类企业的管理者等。

（3）财务吸引力的评价。

财务吸引力的评价主要是评价企业投资回报率以及相关财务要素与商机的相关度，以保证投资的合理性。较好的财务吸引力应满足以下四个条件：新创企业在目标市场的销售额能够稳步增长，两年内就可以靠自我盈余支持企业发展；客户能给企业带来可观的收入；创业者具有较强的资金运筹能力；投资者的退出几率较低。如果创业机会不能带来较好的投资回报，这样的机会是没有价值的。

4. 创业团队能力评价

评价创业团队的综合能力，有助于新创企业实现商机价值的最大化。评价创业团队的能力，主要从其管理能力和资源整合能力两方面进行。

（1）管理能力评价。

对创业团队管理能力的评价有两方面，一是评价创业团队的创业热情有多高，二是评价对拟进入市场的熟悉程度。一个高潜力的创业团队应具备以下条件：对创业的高昂热情；丰富的专业经验；深厚的社会人脉资源；持续的创新能力；一支熟悉工商管理、懂技术的优势互补的团队。

（2）资源整合能力评价。

之所以要评价创业团队的资源整合能力，很重要的原因是创业者的资金、时间、人员及其他资源都是有限的。创建新企业需要的核心资源包括办公场地、试验场地、生产产地或服务企业用地，委托生产商或外包服务提供商，供应商与同类企业信息共享的机会，企业运转所需的关键设备及软件服务，关键管理人员，关键得力员工，关键技术获专利等知识产权保护，与大学等机构的产学研合作，与消费者的接触，当地政府的支持辅助等。创业团队轻而易举地获得以上全部或部分资源是对其资源整合能力的检验。

六、创业机会的建构

（一）创业机会的发现与建构

1. 创业机会的发现

创业机会的发现观认为市场信息分布不均衡。创业机会是客观存在的，持这一主张的代表理论是奥地利学派。但是，在认知心理学视角下，创业机会研究则强调创业者个体的认知对于识别和发现机会的重要作用，并且认为创业者的一些主观因素（如认知）会决定机会的形成。由于创业机会来源不同，因此发现创业机会的方式也不尽相同。

现实中有两种不同的创业机会发现方式，一是系统搜寻，即通过有意识地系统搜寻来发现创业机会。二是意外发现，即创业者不是通过系统搜寻，而是凭借自己在创业前积累的知识（所谓的先前知识和创业警觉性）来“意外”发现创业机会，这就意味着创业者的个体异质性是机会发现的决定因素。

2. 创业机会的建构

目前运用信息加工理论来解释创业机会识别问题，已经成为创业机会研究的一种新趋势。创业机会的建构意味着，创业是创业者从赖以生存的环境中获取信息，并建构自以为可靠的机会的认知过程。即使机会是被发现的，但它们仍需要被感知。

在创业机会的建构过程中，创业者的启发式思维和系统思维对认知加工非常重要，在高度复杂、不确定的创业环境下，创业者更倾向于采用启发式思维进行创业决策。不过成功的创业者往往更善于酌情灵活地运用这两种思维来识别创业机会。

在建构主义视角下，创业机会开发是一个信息加工的过程，创业者应该采用试错或探索模式，通过诠释法来加工信息，并且利用他们从周围环境中捕捉的信息来建构他们心目中的事实。为了共享信息、创造新知识、实施创新和建构机会，创业者必须证明自己基于已加工信息形成的信念。因此信息加工是创新和发现新商机的关键。

具体来说创业机会的建构过程，包括三个方面。第一，创业者是具有主动性、目的性和创造性的能动者。第二，创业者在建构创业机会和创业企业的过程中伴随着与他人的互动和交流。第三，创业者在社会性的建构创业机会和创业的过程中受到嵌入特定环境的规则和资源的影响。创业学界把建构主义范式用于创业机会研究和实践指导，为社会世界和自然世界划界，注重现实的建构过程，而不是客观给定的实在和状态；注重主体间性，而不是主客二分；注重互动和共同的社会建构，而不是单个创业者的行为；注重“机会关系”和“关系的创业者”，而不是客观的机会和“本质的创业者”；注重创业过程中的机会生成性以及创业者的自我成长和自我超越，而不是客观给定的机会和创业者。

（二）创业机会的信息加工

机会的存在是由于技术、行业结构、社会和人口趋势以及政治和制度等方面的信息发生了改变。这说明，后期信息以及相应的信息处理能力是识别创业机会的关键所在。例如，有些人最早知道某项技术发明，可能是因为他们在产生这项发明的研究实验室里工作的缘故。在他人了解这项技术之前先行获得这些信息，可以使人们在提供和销售新产品方面比其他人作出更优的决策。为此，获取他人难以接触到的有价值信息与具备优越的信息处理能力共同构成创业者发现创业机会的前提条件。

1. 获取他人难以接触到的有价值信息

有些人比其他人更善于获取关于那些提供创业机会的变革信息。在其中，有几个因素非常重要，成功的创业者往往正是利用这些因素来识别有价值的机会，首先有些人在社会网络中处于更佳的位置，由于信息总是通过人们的社会关系纽带进行传播，所以在社会网络中占据有利位置，能使某人获得他人无法获得的信息。另外，强有力的社会纽带使人们更愿意相信在不确定条件下传输的信息，这加快了信息从一个人到另外一个人的传输速度。对于能提供创业机会的那些关键变革的信息源，拥有强有力的社会纽带的人们通常能够获得他人无法获得的信息。

其次，个体的工作和生活圈子是自己比他人更接近于能提供创业机会的变革信息。例如研究开发工作提供了关于新技术的信息，而这种新技术能为新企业的创立提供机会；市场营销工作能提供关于顾客偏好或者未被满足的顾客需求方面的信息。在某些特殊情况下，有些人可能是因为他们注意搜索这些信息，但是为了找到技术或者市场问题的解决方案，做出的有目的的努力，可以为机会源提供有价值的信息。

最后，有些人可能因为具有创业警觉，从而使其获取别人看到了却没有引起注意或者注意到了却没有引起触动的信息。最早使用警觉这一术语来解释创业机会识别的是奥地利经济学家柯兹纳，他认为任何一个被创业者所甄别的机会都来源于创业者对环境中有关客体、事业和行为方式等信息的高度敏感性和关注倾向。创业警觉绝不仅仅是一种先天禀赋，更是个体在多年实践中学习积累和沉淀下来的认知特质，是一种复合的有机能力。

2. 具备优越的信息处理能力

获取别人难以接触或忽视的信息是发现创业机会的必要条件，在此基础上创业者还必须具备相应的信息处理能力。能够看到信息背后的商业价值和含义，从而发现创业机会。优越的信息处理能力依赖于良好的智力结构、乐观的心态和敏感的洞察力。

智力结构来自于经验的反复提炼，使人们具有组织和利用信息的能力。个体智力结构可能影响其信息处理能力，并帮助他们识别创业机会。研究显示，无论是对于顾客还是供应商，关于市场的领先知识以及如何为这些市场提供服务的领先知识，是有助于发现创业机会的智力结构的重要来源。例如，如果你了解汽车行业中关于顾客问题的知识，那么当你获知一种新发明的新材料信息的时候，你就比其他那些不熟悉汽车市场的人更有可能看到创办一家新的汽车企业的机会。

保持乐观的心态能帮助个体锤炼信息处理能力。因为它能使个体最先看到的是信息中蕴含的机会，而不是风险。因为个体不能确定新的产品是否能被创造出来，人们是否愿意购买这种产品，或者竞争对手是否会通过模仿创业者的新产品或新服务来争夺收益，所以蕴含新产品和新服务的机会具有高度的不确定性。这意味着，识别创业机会要求创业者要乐观，看到充满着不确定性的机会中的潜力，而不是因仅看到不确定性和风险而止步不前。而且，乐观的心态还是创造力的源泉。

敏锐的洞察力是提高信息处理能力的催化剂。所谓洞察力，就是深层次分析解决问题，即把握大局和未来发展趋势的能力。在当今信息泛滥的时代，缺乏的往往不是信息，而是见解和洞察力。拥有洞察力，创业者就可以在别人看不到的地方看到无形事物和事物的无形价值，就可以看见现状是微不足道的趋势性东西，就能根据事情的一点苗头感知事物的发展趋势，预测和把握事物企业发展的方向。

第二节　创业计划设计与实施

一、创业商业计划的设计

通过分析企业内外的各种环境因素，创业者选定了自己的目标市场。接下来，应着手制订一份完整的创业计划，向现实的和潜在的合作伙伴、投资者、雇员、客户及供应商等全面阐述公司的创业机会，阐述创立公司、把握这一机会的措施及其实施进程，说明所需要的资源，揭示风险和预期回报。创业计划的好坏直接关系到创业项目的成败。

（一）创业计划的定义与功能

1. 创业计划的定义

创业计划，是对与创业项目有关的所有事项进行总体安排的文件，包括商业前景展望，人员、资金、物质等各种资源的整合，以及经营思想、战略的确定等，是为创业项目制定的一份完整、具体、深入的行动指南。一份创业计划应该能够有理有据地说明企业的发展目标，实现目标的时间、方式及所需资源。

创业计划的基本目标在于：分析商机，说明创业者的基本思想和预期目标；分析并阐述创业者如何利用这一创业机遇进行发展；分析说明影响创业成败的关键因素；分析并确定创业企业筹集资金的办法。

实质上，创业计划是将创业者的理想和希望进一步具体化，它一般要考虑到公司未来3~5年的发展情况，并在公司运营中根据需要相应地进行调整。

2. 创业计划的功能

（1）明确创业的方向和目标。

创业者将自己的创意以创业计划的形式表现出来，可以冷静地分析自己的创业理想是否真正切实可行，清醒地认识自己的创业机会，明确自己的方向和目标，进而规划创业蓝图。

（2）周密安排创业活动。

创业计划的内容涉及创业的类型、资金规划、阶段目标、财务预估、行销策略、风险评估、内部管理规划等所有的创业活动。制订创业计划，可以使创业者对产品开发、市场开拓、投资回收等一些重大的战略决策进行全面的思考，并在此基础上制订明确清晰的营运计划，周密安排创业活动，为有效的日常管理提供科学依据。

（3）寻求外部资源的支持。

制订创业计划可使创业者发现所必需的资源，了解所需资金、设备、人员等各方面的情况。创业计划的阅读者包括可能的投资人、合作伙伴、供应商、顾客、政策机构等。完善的创业计划可以使他人了解创业项目及创业构想，有利于创业者寻求外部资源的支持。这不仅体现为创业计划有利于创业者与供应商、经销商等中介机构进行沟通，取得他们的信任和支持，为企业的发展创造良好的外部环境，而且表现在创业计划是创业者融资的基础，创业者可以借着创业计划去说服他人合资、入股，甚至可以募得一笔创业基金。

因此，一份理想的创业计划，必须能够提供投资者评估时所需要的信息，使其能从众多的创业者所提出的创业计划中，进行有效率的筛选分析，迅速挑选出适合的投资方案，以缩短评估决策所花费的时间；必须能够清楚告知投资者有关事业经营与发展的过程与结果，明确指出公司内部竞争优劣势、外部的机会与威胁、可能遭遇的问题以及预期的经营结果；必须能够向投资者提供详细的投资报酬分析，因为投资者最关心的是可获得多少投资报酬，以及如何回收投资资金，一份详细的资金运用与财务分析报表是投资者所迫切需要的。

3. 制订创业计划的注意事项

创业是漫长而艰难的过程，它使创业者头脑中的初步创意变成商机，而制订创业计划是这一过程的关键环节。之所以这样说，是因为创业计划将系统分析商机的优点、要求、风险和潜在回报，以及如何抓住商机。在此，创业者必须仔细分析研究，认真制订创业计划，并注意以下两个问题。

（1）价值分析。

创业计划应重点突出创业项目能为消费者创造或增加的价值，因为商机就是未被满足或未被充分满足的有购买能力的消费需求。这就是说，创业项目能为消费者解决问题，消费者愿意为了满足自己的需求而支付货币。而风险投资者正是从市场的角度来分析创业者的技术和服务、融资规模、团队机构等，投资者最关心的是市场的规模有多大、消费者的需求是什么以及投资报酬与投资风险。如果创业计划的内容不能解决投资者关注的焦点问题，那么获得青睐的机会就很低。如果创业项目具有市场价值，即使其他方面有缺点，他们也可以提出纠正这些缺点的办法，甚至在人力资源方面给予支持和帮助。

因此，制订创业计划时，应认真分析创业项目能给消费者带来多大的价值，其市场规模有多大，成长速度有多快，利润有多高，投资回报率有多少。

（2）要清楚应该做什么和不该做什么。

事实上，那些显示丰厚回报的、精心包装好的创业计划，并不一定能取得成功。除非存在根本性的商机，并且创业者掌握该商机所必需的资源和团队，否则，仅靠一项创业计划未必能有所作为。

因此，创业者必须清楚，制订创业计划时，应该做什么，不该做什么。

（二）创业计划的价值目标

1. 创业计划书是创业企业融资的基础文件

创业计划书是创业融资的必备工具，风险投资家往往依据创业计划进行风险评估，选择他们认为最有发展潜力的企业进行投资。对于银行来说，初创企业的经营风险太大，往往不愿意为这类企业提供贷款。即便提供，银行一般先要求创业者提供创业计划。一份详尽的、与众不同的、切实可行的创业计划书大大增加了获得银行贷款的概率。创业计划书也是初创企业获得其他形式资金支持的必备文件之一。要吸引投资者，创业计划书必须切合实际，不能过分乐观。过分乐观地陈述或预测会破坏创业计划书的可信度。同时，创业计划书必须明确显示商业创意可行，而且要将其展示出来，对于潜在投资者而言，与那些风险更小的投资选择相比，该商业创意能给他们带来更高的资金回报。必须清楚的是，新企业只有展现出非凡的发展潜力，才能吸引投资者投资。

2. 创业计划书为初创企业吸引所需的资源

创业者甚至整个团队不可能拥有特定创业活动所需的全部资源。创业者要想在资源的供给者与创业者之间架起桥梁，争取他人的资源支持或投入，就必须让他人了解自己的创业思路。而创业计划书正起着这样的作用，它有助于创业团队与资源拥有者之间的沟通。投资者在愿意投入更多时间和精力之前，倾向于通过浏览创业计划（或创业计划的执行概要）来评价商业创意。创业计划可以使资源拥有者在了解创业者欲做何事、计划怎样做事的基础上，有兴趣、有信心地为创业者提供需要的资源。

3. 创业计划书为初创企业争取政府支持

政府掌握着大量的社会资源，政府机构也是新创企业所提供产品的客户。因而，对创业者而言，创业所需资源的供给，甚至未来新创企业的产品销售，都离不开政府的支持。创业者要想让有关政府机构直接提供资源支持创业者或通过采购新创企业的产品间接支持创业者，就需要让政府了解创业者“想干什么、在干什么”，而创业计划恰恰是创业者与政府沟通的有效工具。

4. 撰写创业计划书促使创业者及其团队系统思考新创企业的每个方面

对新企业管理团队和普通员工来说，撰写一份明确阐明愿景和未来规划的创业计划书十分重要。尽管创业者通常要花费几天或几周时间来撰写一份科学的创业计划，在此期间，创收者们经常要通过定期会面来完成创业计划，但这并不是在浪费时间。虽然市场环境经常快速变动，但撰写创业计划书的过程与计划本身同样具有价值。撰写创业计划能促使管理团队仔细考虑企业的方方面面，并对企业最重要目标和优先次序达成一致。创业者们谈论各种创意，当时机成熟的时候，他们要围坐在会议桌旁，绞尽脑汁地设计商业计划内容的情景，特别是分析现金流。在开发产品之前，尽可能多地做调研，全身心地投入企业事务。一份表述清晰的书面创业计划，有助于企业普通员工协调工作，并通过一致行动向目标前进。对新企业职能部门经理来说，一份分析企业各个方面和未来战略与目标的正确商业计划，能够使其确保所做的事情与企业整体计划和方向一致。

（三）创业计划的结构设计

1. 导言

导言为整份计划的封面页，该页对创业计划书的全部内容作一个简练的概括。导言部分应包括以下内容：企业名称和地址；创业者姓名、电话号码、传真号码、电子邮箱地址、网址和通信地址；新企业和业务的性质；新建企业所需要的资金数量，创业者可以提供一个一揽子方案，包括股票和债券融资等；对报告机密性的陈述。为了安全起见，这一段陈述对创业者来说是非常重要的。

2. 执行摘要

执行摘要的作用是激起潜在投资者的兴趣，本部分内容将使投资者决定是否有必要通读计划的全文，因此执行摘要是创业计划的重要部分，应该得到充分的重视。本部分内容应该简洁有力地列举业务计划的要点。创业者应简要描述业务的概念，列举对该公司拥有机会的有力数据。例如，陈述行业的发展趋势和潜在成长力，在陈述发展机会之后表明如何利用这些机会。新企业将会实施的营销战略是什么？这一战略与市场上其他经营者的战略有何区别？实施了该营销战略后能够取得的主要财务方面的战果有哪些？除此之外，创业者的重要经历、现有的其他重要合同或法律文书，以及任何有助于将创业企业推销给潜在投资人的信息，都应在执行摘要中有所提及。

3. 环境和行业分析

通过环境分析来确定可能会对新建企业产生影响的国内、国际市场的趋势和变化，从而将新建企业放在一个适当的背景下分析是非常有意义的。环境因素包含以下内容：经济因素、文化因素、技术因素和法律因素。上述因素对创业者来说都具有不可控性，通过某些途径对这些因素进行认识和分析，对创业者发现市场机会、拟定与环境相适应的营销战略、规避风险有重要意义。除了进行环境分析外，还要对具体的行业进行分析。行业分析涉及的因素有：行业需求量和竞争情况。环境和行业分析最终的落脚点都应该是某个特定市场。表 2-2 给出了创业者在环境和行业分析时所要考虑的关键问题。

表 2-2　**环境和行业分析的关键问题**

1. 在过去 5 年中，该行业的销售总额是多少？
2. 该行业预计的增长率如何？
3. 在过去 3 年中，该行业有多少新进入的公司？
4. 该行业最近有什么新产品上市？
5. 最接近的竞争者是谁？
6. 你的企业经营如何才能超过该竞争者？
7. 你的每个主要竞争者的销售额是在增长、减少还是保持稳定？
8. 你的每个竞争者的优势和劣势是什么？
9. 你的客户的特点是什么？
10. 你的客户与你的竞争者的客户有什么区别？

4. 创业企业描述

创业企业描述是对新企业的产品、服务和运营情况的完整描述。这一描述能够帮助投资者确定企业的规模和经营所涉及的范围。该部分主要包括以下四个内容：

（1）企业理念。

让投资者相信该创业企业能够为客户带来利益，满足客户要求。企业的基本情况：简要介绍企业名称、成立时间、注册地点、经营场所、公司的法律形式、注册资本、主要股东、股份比例等，重点介绍企业未来发展的详尽规划，企业近期以及未来 3~5 年的发展方向、发展战略和要实现的目标。

（2）产品或服务描述。

介绍产品或服务的性能和用途，尤其是产品的新颖性、独特性，产品的研究和开发情况，在技术开发方面已经投入的资金总额为多少，计划再投入多少，企业今后的开发方向、开发重点和正在开发的技术和产品，企业现有技术储备情况，企业寻求技术开发依托情况，保证关键技术人员和技术队伍的稳定所采取的激励措施，企业拥有的专利、许可证或拥有的专门技术、版权、配方、品牌、专营权、特许权经营等情况。

(3) 企业的发展阶段。

说明企业创立时的情况，早期发展情况，稳定发展期的情况，扩张期的情况，企业合并、重组或稳固地占领市场等情况。

(4) 创业者本身的情况。

创业者的商业背景是什么，具有怎样的管理经验，如果创业者刚刚进入社会创业，则要介绍其成长背景、求学经历，突出自己的性格、兴趣爱好与特长，表明创业者具有强烈的进取精神和生活追求，以及为什么你会在这个创业企业中获得成功。

5. 生产计划

如果新创企业属于制造业，就必须制订一份生产计划，详细描述产品的制造过程。在制订生产计划时，要回答有关生产类型、厂址选择、质量保证、库存管理、设备管理和成本管理等方面的问题。

6. 营销计划

营销计划是一个以年度为基准的计划，它着眼于与营销组合变量（产品、价格、渠道及销售）有关的决策，并考虑如何将计划加以实施。营销计划的准备步骤如下：

(1) 确定企业经营形势。

回顾现有公司及其产品的绩效，分析行业的市场规模、市场增长率、创新或新技术的威胁、法律法规、新的竞争者、经济条件等，明确创业企业的新产品或服务如何开发、为何开发。

(2) 确定目标市场。

市场是由消费者组成的，确定目标市场就是确定谁将是企业的顾客，该目标市场是整个市场的一个或多个细分市场。细分市场也称市场分割，是根据消费者的爱好、购买力等特征的不同，将消费者分割为两个以上的顾客群。

(3) 优势和劣势。

分析创业者在目标市场中的优势和劣势。

(4) 确立目标。

目标有定量和定性两种。定量目标包括市场份额、利润、销售额、市场渗透、分销商的数量、新产品上市数、定价策略、促销、广告支持等；定性目标包括顾客对产品的态度、建立销售培训、改进包装、产品更名、寻找新的分销商等。

(5) 确定营销战略和行动计划。

针对确立的目标，确定具体的营销战略和行动计划。

7. 组织计划

(1) 企业的法律形式。

创办企业的第一步就是确定企业的法律形式，即企业采取何种所有权形式。创业者应根据自身的实际情况和外部限制条件作出合理的选择，并随着将来情况变化而作出相应的调整和变更。企业的法律形式大致可分为：个人独资企业、合伙企业、股份有限公司和有限责任公司。

（2）组织结构。

创业者为了使新创企业能顺利发展，需要确定一个最佳的、与其适应的组织结构。通过建立组织结构，把达成目标所需要的人员和工作变成可以管理的单位，并通过组织关系把各个单位联系起来，形成一个统一的整体。组织结构也不是一成不变的，它还要随着组织自身的变化和外部环境的变化而变化。组织结构的类型大致可分为直线式、职能式、事业部式和矩阵式。

（3）创业团队。

创业团队是整个创业计划中最重要的一环，直接影响风险资本的获得和企业的发展潜力与方向。在创业计划中，介绍创业团队，要注意介绍成员与创业企业有关的教育和工作背景，着重介绍创业团队成员的管理分工和互补。组建创业团队的过程包括：创业者应广泛地同业界人士、专家、目标客户等共同讨论确定企业的主要活动，探讨哪些特定的领域将影响新企业的生存与发展；列出包括创业者在内的所有候选团队成员所最擅长的业务；根据所选项目的特点和企业的组织形式来确定创业团队的规模；运用比较优势理论来确定团队成员；将企业的主要活动分配给所有的团队成员；为每一项主要活动设定范围并为负责人设定目标。

8. 财务计划

（1）投资估算。

准确、全面估算创业项目的投资费用，是创业计划可行性研究的重要内容，对投资决策具有重大影响。建设项目总投资是指保障投资项目建设和生产经营活动正常进行所必需的资金，简称为“投资总额”，有时也简称为“投资”。

（2）预计损益表。

损益表主要反映项目计算期内各年的利润总额、所得税及税后利润分配情况。在损益表中，产品销售（营业）收入、销售税金及附加、总成本费用的各年度数据分别取自相应的辅助报表。

利润总额=产品销售（营业）收入-销售税金及附加-总成本费用

所得税=应纳税所得额×所得税税率

应纳税所得额为利润总额根据国家有关规定进行调整后的数额。

税后利润=利润总额-所得税

可供分配利润=税后利润-特种基金

可供分配利润按盈余公积金、应付利润、未分配利润三项进行分配。

可能出现的现金流入包括：营业现金流入、经营期末的残值收入、收回的流动资金。

可能产生的现金流出包括：购买固定资产的价款、固定资产的运输费和安装调试费、生产试制费用、专有技术使用费、流动资金的投入。

（3）预计现金流量表。

项目的现金流量系统将项目计算期内各年的现金流入和现金流出，按照各自发生的时间顺序排序，即表达为有确定时间概念的现金流量。现金流量表即对应建设项目现金流量系统的表格式反应。值得注意的是，现金流量并不等同于利润，任何时候出现负现金流，需借入现金或者保持银行账户中有足够的现金；任何时候出现正现金流，可以进行短期投资后存入银行账户。

（4）预计资产负债表。

资产负债表综合反映项目计算期内各年末资产、负债和所有者权益的增减变化及对应关系，用以考察项目资产、负债、所有者权益的结构是否合理，以进行清偿能力分析。

资产由流动资产、在建工程、固定资产净值、无形递延资产净值四项组成。

负债包括流动负债和长期负债，流动负债中的应付账款数据可由流动资金估算表直接取得；流动资金借款和其他短期借款两项流动负债及长期借款均指借款余额，需根据资金来源运用表中的对应项及相应的本金偿还项进行计算。

所有者权益包括资本金、资本公积金、累计盈余公积金及累计未分配利润。其中，资本金为项目投资中累计自有资金（扣除资本溢价），当存在由资本公积金或盈余公积金转增资本金的情况时，应进行相应调整。资本公积金为累计资本溢价及赠款，转增资本金时，相应调整资产负债表以满足下列等式：资产=负债+所有者权益。累计未分配利润可直接得自损益表。累计盈余公积金也可由损益表中盈余公积金项计算各年份的累计值。

（5）盈亏平衡分析。

盈亏平衡分析是通过计算项目盈亏平衡点来分析项目成本与收益的平衡关系的一种方法。盈亏平衡点是项目盈利与亏损的转折点，在这一点上，项目刚好不亏不盈。

盈亏平衡分析原理如下：

其中，假设条件有：产量等于销售量（无库存）；平均变动成本、产品销售价格不随产量的变动而变动；产量在一定范围内变动时，固定成本保持不变；产品及产品组合保持不变。

销售收入：销售收入=价格×销售量

成本分解：总成本=总固定成本+总变动成本

（6）预计投资回收期。

投资回收期是指项目投产后用所获得的年净收益抵偿全部投资（包括固定资产投资和流动资金）所需要的时间，也称投资返本期。投资回收期的计算分为静态和动态两种。静态投资回收期是指项目从建设开始之日起，到用项目每年所获得的投资补偿所需的时间，通常以年来表示。

动态和投资回收期实质上就是项目在某一特定折现率下各年净现金流量现值。累计和为零的年限是累计现金流量限制重复辩证的临界点。

9. 风险评估

风险评估是指确定潜在的危险或可以选择的策略，以实现业务计划的目标。在某一特定行业和竞争环境下，创业企业都面临着各种各样的潜在风险，所以创业者应该对风险进行评估。创业者首先应该指出创业企业面临的潜在风险，并描述一段潜在风险成真会产生什么样的后果，最后表明将采取什么样的策略来规避减弱或对抗风险。对创业企业来说，主要风险来自竞争对手的反应，企业自身在市场营销、生产或管理方面的弱势，技术进步造成的产品过时等方面。即使所有这些因素都不对创业企业构成威胁，创业者也要在这部分计划中讲明不存在风险的原因。

10. 附录

附录通常包括一些补充材料，这些补充材料在计划的正文中没必要详细展示，只需要在正文的相应文字或段落边标明供参考的附件名称即可。可以包括顾客、分销商和分包商的来信，用于计划制订的调研资料，租约、合同和已签订的其他协议，来自供应商和竞争对手的报价，资料专业术语等。

二、创业商业模式的选择

（一）商业模式的概念及特征

1. 商业模式的概念

商业模式，是指为实现客户价值最大化，把能使企业运行的内外各要素整合起来，形成一个完整的高效率的具有独特核心竞争力的运行系统，并通过最优实现形式满足客户需求、实现客户价值，同时使系统达成持续赢利目标的整体解决方案。

2. 商业模式的特征

与一般的管理活动不同，商业模式的基本特征主要包括整体性、动态性、相关性、层次性和依赖性，其中整体性和动态性是最为根本的属性。

（1）整体性。

商业模式系统通常都包含多个组成部分，如顾客、供应商、股东及利益相关者，而且每个基本的组成部分也包含大量的要素，如模式内供应商成员、企业资源要素、管理要素、能力要素等，在此将它们统称为商业模式的组分。商业模式的组分之间相互关联、相互作用，以某种特定的形式整合成一个具有某些特性的商业模式系统整体，其本身是一个复杂系统，客观上具有复杂系统的特性。商业模式的整体性和复杂性要求我们在研究中运用系统的观点和方法，关注商业系统中的各个要素的相互关系与相互适应。

（2）动态性。

商业模式不是静止的，而是一个动态演化的过程。它与企业所处的环境以及企业的成长阶段紧密联系在一起。当企业外部环境发生变化时，企业的商业模式也需要随之改变，否则就会被淘汰。此外，当企业处于不同的阶段时，也往往需要不同的商业模式与之相匹配。由于内部的运动和外界的变化，商业模式是一个不断创新变革的过程。相对来说，商业模式本身在一定条件下或时期内又具有一定的稳定状态，正是这些创新和变革使得商业模式具有了生命力，企业也是依赖于这种商业模式的变化实现其持续的发展。由此可知，任何商业模式都有其适合的环境和生存的土壤，都会有一个形成、成长、成熟和衰退的过程，这就是商业模式的生命周期性。

（3）相关性。

商业模式的不同组成部分之间是紧密相关的，即商业模式不是各要素的简单相加，而是各要素之间相互作用而构成的一个整体。商业模式是一个开放系统，它通过客户关系、伙伴关系等与外界商业环境进行物质、能量和信息的交换，构成了一个复杂的关系系统，商业模式系统在同外界环境的相互作用中自身才可能达到有序。因此，必须关注商业模式中每一个要素对于其他要素的作用及影响。

(4) 层次性。

商业模式的不同组成要素之间的关系不是并行的，有决定性要素和从属要素之分。商业模式包含大量组分，每个组分又都包含大量要素，各个要素都存在大量的要素形态，商业模式的形成分为两个层次：第一个层次是各组分要素形态的有意义组合，形成各组分的组分形态；第二个层次是由各组分的组分形态进行组合，形成商业模式系统的整体。因此，不论是从既成论还是从生成论的观点看，商业模式的组成和形成都具有层次性。

(5) 依赖性。

商业模式不可避免地要与环境、资源及企业成长路径相联系。一个商业模式的建立既要考虑与环境相适应（如先进的信息技术、产业政策等），又要与企业可以获得的资源相匹配，还要与企业选择的路径及未来规划相一致。

(二) 商业模式的设计内容

1. 价值发现

价值发现解决的是为谁生产的问题，包含客户细分渠道客户关系和价值主张。客户细分客户构成了任何商业模式的核心。客户细分构造模块用来描绘一个企业想要接触和服务的不同人群或组织。在这一模块，企业必须问自己：我们正在为谁创造价值，谁是我们最重要的客户。

(1) 客户细分。

一般而言，客户细分群体主要包含以下几种类型：①大众市场，价值主张渠道通路和客户关系全都聚焦于一个大范围的客户群组，在这个群组中客户具有大致相同的需求和问题；②利基市场，价值主张渠道通路和客户关系都针对于某一市场的特定需求定制；③区隔化市场，价格主张渠道通路和客户关系针对略有不同的客户需求及困扰；④多元化市场，以完全不同的价值主张迎合完全不同的客户细分群体；⑤多边平台或多边市场，服务于两个或更多的相互依存的客户细分群体。

(2) 渠道。

渠道是客户接触点。渠道构造模块用来描绘公司如何沟通接触其客户细分而传递其价值主张。在这一模块，企业必须问自己：通过哪些渠道可以接触我们的客户细分群体，我们现在如何接触他们，我们的渠道如何整合，哪些渠道最有效，哪些渠道成本效益最好，如何把我们的渠道与客户的例行程序进行结合。

渠道有五个不同的阶段，每个渠道都能经历部分或全部的阶段，我们可以区分直销渠道和非直销渠道，也可以区分自有渠道和合作伙伴渠道。

(3) 客户关系。

客户关系构造模块用来描述公司与特定客户细分群体建立的关系类型。在这一模块，企业必须问自己：我们每个客户细分群体希望我们与之建立和保持何种关系，哪些关系我们已经建立了，这些关系成本如何，如何把它们与商业模式的其余部分进行整合。

我们可以把客户关系分成以下几种类型：①个人助理。这种关系类型基于人与人之间的互动。②专用个人助理。这种关系类型包含了为单一客户安排的专门的客户代表。③自助服务。与客户之间不存在直接的关系，而是为客户提供自助服务所需的所有条件。④自动化服务。这种关系类型整合了更为精细的自动化过程，用于实现客户的自助服务。⑤社区。利用用户社区与客户或潜在客户建立更为深入的联系，并促进社区成员之间的互动。⑥共同创作。超越和客户之间传统的客户供应商关系。

（4）价值主张。

价值主张构造模块用来描绘为特定客户细分群体创造价值的系列产品和服务。它解决了客户困扰或者满足了客户需求。在这一模块，企业必须问我问自己：我们该向客户传递什么样的价值，我们正在帮助我们的客户解决哪一类难题，我们正在满足哪些客户需求，我们正在提供给客户细分群体哪些系列的产品和服务。

每个价值主张都包含可选系列产品或服务以迎合特定客户细分群体的需求。一般而言，有助于为客户创造价值的价值主张可能包含新颖、性能、定制化、质量、设计、品牌、价格、成本削减、风险控制、便利性和可达性等因素。

2. 价值生产

价值生产解决的是如何做的问题，包含核心资源，关键业务和关键伙伴。

（1）核心资源。

核心资源用来描绘让商业模式有效运作所必需的最重要因素，这些资源使得企业组织能够创造和提供价值主张，接触市场与客户细分群体建立关系并赚取收入。在这一模块，企业必须问自己：我们的价值主张需要什么样的核心资源，我们的渠道通路需要什么样的核心资源，我们的客户关系呢，收入来源呢。

核心资源可以分为实物资产、知识资产、人力资源和金融资产。

（2）关键业务。

关键业务构造模块用来描绘为了确保其商业模式可行，企业必须做的最重要的事情，这些业务是企业得以成功运营所必须实施的最重要的动作，在这一模块，企业必须问自己：我们的价值主张需要哪些关键业务，我们的渠道通路需要哪些关键业务，我们的客户关系呢？收入来源呢？

关键业务可以分为制造产品解决客户问题和平台网络服务。

（3）关键伙伴。

关键伙伴构造模块用来描述让商业模式有效运作所需的供应商和合作伙伴的网络。在这一模块，企业必须问自己；谁是我们的重要伙伴，谁是我们的重要供应商，我们正在从伙伴那里获取哪些核心资源，合作伙伴都执行哪些关键业务。

以下三种动机有助于创建合作关系：①商业模式的优化和规模经济的运用；②风险和不确定性的降低；③特定资源和业务的获取。

3. 价值占有

价值占有解决的是投入和收益的问题，包含成本结构和收入来源。

（1）成本结构。

成本结构用来描绘运营一个商业模式所引发的所有成本。在这一模块，企业必须问自己：什么是我们商业模式中最重要的固有成本，哪些核心资源花费最多，哪些关键业务花费最多。

商业模式成本结构包含两种类型：①成本驱动。成本驱动的商业模式侧重于在每个地方尽可能降低成本。②价值驱动。增值型的价值主张和高度个性化服务通常是以价值型商业模式为特征的。

（2）收入来源。

收入来源是商业模式的动脉，用于描绘公司同每个客户群体中获取的现金收入（扣除成本）。在这一模块，企业必须问自己：什么样的价值能让客户愿意付费，他们现在付费买什么，他们是如何支付费用的，他们更愿意如何支付费用，每个收入来源占总收入的比例是多少。

可以获取收入的方式包括资产销售、使用收费、订阅收费、租赁收费、授权收费、经纪收费和广告收费等。

将上述九个模块结合起来就构成商业模式“画布”，在这个“画布”上任意组合就能变化出各种各样的商业模式。

（三）商业模式的设计方法

商业模式设计方法主要包括参照法、相关分析法、关键因素法及价值创新法。

1. 参照法

参照法是商业模式设计的一种有效方法。该方法是以国内外商业模式作为参照，然后根据创业的有关商业权变因素，如环境、战略、技术、规模等不同特点进行调整来确定商业模式设计方向。采用参照法进行商业模式设计时，一定要根据创业者自身的情况加以调整和改进，创新地摸索出属于自己的商业模式。许多企业的商业模式设计都是通过参照法进行的。如门户网站的设计都是参考相似行业。

2. 相关分析法

相关分析法是在分析某个问题或因素时，将与该问题或因素相关的其他问题或因素进行对比，分析其相互关系或相关程度的一种方法，相关分析法需要根据影响企业商业模式的各种权变因素，运用有关商业模式设计的一般知识，采用影响因素与商业模式一一对应的方法，确定企业的商业模式。利用相关分析法可以找出相关因素之间规律性的联系，研究如何降低成本，以达到价值创造的目的。

3. 关键因素法

关键因素法是以关键因素为依据来确定商业模式设计的方法。商业模式中存在着多个变量影响设计目标的实现，其中若干个因素是关键和主要的。通过对关键成功因素的识别，找出实现目标所需的关键因素集合，确定商业模式设计的优先次序。

关键因素法主要有以下五个步骤：①确定商业模式设计的目标；②识别所有的关键因素，分析影响商业模式的各种因素及其子因素；③确定商业模式设计中不同阶段的关键因素；④明确各关键因素的性能指标和评估标准；⑤制订商业模式的实施计划。

4. 价值创新法

对一些从未出现过的商业模式设计往往需要进行创新，即通过价值要素的构建和组合等设计出新的商业模式。这一点在互联网企业中表现得尤为明显。

第三节　案例分析

本章案例主要讨论创业项目的构想，软银集团创始人孙正义给出了完美的阐释，他对创业项目进行缜密构思，然后分解，逐步落实，最终用了33年成就了一个信息技术帝国，被《商业周刊》评为Cyber Mogul。

大学期间的孙正义就展现出来了创业的天赋，通过推销赚得了第一桶金，但是还没有创业项目的构想。大学毕业后，孙正义开始创业项目的构思，先模拟自己想成立的事业，然后分别编制出未来十年的资产负债表、损益表，并根据时间的推移，编制出不同形态的公司组织架构图，并作为沙盘推演。正是对项目的深思熟虑，为其后来建立商业帝国奠定了基础。在成立Softbank后的半年里，由于经营不善陷入亏损，随后成立Unison World公司，以公司名义进行市场调研，耗时18个月，对40个行业进行调查，访谈了各行业人士，广泛阅读，在此基础上构思未来的事业，再次整理出未来十年的预估损益表、资产负债表等，依时序的不同制作组织形态图，将结果与检查项目表对照，通过这些构思判断是否是自己投入毕生追求的事业，据说调查报告足足34厘米高。

由于有充分的项目构思，后来和Borland、网威合作，都按照其构想推进，并大获成功，也为获得思科日本的代理权打下基础，两年后公司成功上市。至2000年，软银投资的美国和日本的企业约500家，软银在日本已经进入排名前十的会社，这让孙正义成为真正的“全球作手”，也成就其为日本首富。

案例参考：《信仰：孙正义传》，井上笃夫著，凤凰出版社，2012年。
《孙正义与软银帝国》，榊原康著，中国大百科全书出版社，2017年。

问题：

1. 根据孙正义对自己未来的项目构思，读者能否据此编制自己未来五年期的预估损益表？

2. 项目构思时，是否考虑过现实状况，未来推进时会碰到哪些难点及其解决思路。

◎ 思考题

1. 什么是创业机会？如何识别与评价创业机会？
2. 如何撰写创业商业计划书？
3. 简述商业模式的定义和特征。
4. 如何设计创业项目商业模式？

第三章　创业项目目标管理

第一节　创业目标策划

每个创业者都有自己的目标和理想，都在为自己的目标而努力奋斗，而创业目标恰当与否，直接决定着创业的成败。创业者的目标一般分为个人目标和企业目标。二者相互关联，个人目标在很大程度上影响着企业目标。

一、个人目标

创业就是为了实现创业者个人目标追求所期望的生活方式或资本收益。通常创业者的个人目标与企业目标是分不开的，因为创业本身就具有极为强烈的个人色彩，创业者行为与专业经理人的行为是不同的，后者凭借个人专长为股东创造利润以换取回报，但前者为实现个人的理想而奋斗。在确定企业的目标之前，创业者必须弄清自己的个人目标，而且必须经常反省自己的目标是否发生了变化，只有在创业者明确了自己想要从企业中得到什么之后，才能决定应当创建什么样的公司准备、冒多大的风险以及制定什么样的目标。个人目标的设立遵循以下几点原则。

（一）合理性原则

目标的大小取决于制定目标时所处的地位。一个合理的目标，不仅要远大，又让人兴奋，还要是可达到的。它不能只是一个遥远的梦想，根本无法实现，也不能是轻而易举就能达到的，这样就无法产生合理的激励作用。好的创业目标应该是要付出一定的努力才能达到，并且这个目标能让创业者振奋，有一定的挑战性，具有真正的意义，能使人生有所收获，可以促使创业者去实现它。

（二）深思熟虑原则

创业的目标应该是经过深思熟虑的，不是一时冲动而产生的。它可能是经过反复思考而决定的，也可能是创业者儿时的梦想，还可能是通过生活经验的积累或现实的需求而产生的。它应该是一个成熟的决定，因为一旦确定，创业者就要为实现它而拼搏奋斗了。成熟长远的目标可以促使创业者发挥出自身的最佳能力，激励创业者去努力工作，全力以赴，走向成功。

（三）个性化原则

创业的目标应该是符合自己的条件和个性化的。他人成功的路可以走，但并非人人都可以走。有些路对他人来说可能是铺满鲜花的大道，但对于某个创业者说也许就是充满了荆棘的陷阱。如果创业者和他人的成长、生存环境不同，创业者就和他人形成了差异。这种差异就决定着创业者不能随随便便地踏上任意的一条创业道路。确定创业目标也一样，创业者必须根据自己的条件，根据自身存在的环境来制定创业目标，待创业者确切地知道自己成功的绿洲在哪里后再开始行动，这样才能促进创业的成功。

二、企业目标

创业者的个人目标决定了其创业企业的类型及规模，生活方式型的创业者往往不需要企业规模很大。企业过大，可能会使自己陷入工作的泥潭之中，妨碍创业者享受人生。追求获得资本收益的创业者，往往想建立足够大的企业框架。因为只有使企业达到一定的规模，创业者才能获得所期望的资本收益。与此同时，创业者会更追求强烈的成就感。

创业者需要结合自身的资源情况，为企业设定合适的目标。因为目标的实现对企业的实施能力也是有严格要求的。大的创意，远大的目标，通常需要巨资及强大的组织才能实现。同时也对创业者本的身素质提出了更高的要求。例如，成功的创业者应当有能力吸引、维持、平衡投资者、客户、雇员及供应商的利益，应当具有迅速创建庞大、复杂的公司所需的组织能力和领导能力。此外创业者或许还必须在做交易、战略规划、管理行政方面具有相当的技术诀窍以及其他的商业技能。

创业绝不是一件简单轻松的事，在创业之前一定要经过反复的思考，确定自己的创业目标。看看自己愿意承担的风险有多少，愿意付出的努力有多少，期望的回报有多大，然后再作出创业的决定。只有在这一切都弄清楚之后，创业才可以开始，否则一切都是纸上谈兵。另外，创业目标会影响到未来事业的发展规划、永续经营的态度、风险承担的意愿和承受能力等。

因此，对投资家来说，创业目标可以用来判断这个新事业的投资目标在未来可能实现的价值。

三、目标与风险

创业者必须在目标和风险之间，权衡利弊，作出取舍。

创业过程中将面临种种意想不到的困难与风险。每个人的风险承受能力不完全一样。因此在确定创业目标时。尤其在考虑建立一个企业时，创业者需要将可能面临的困难与风险纳入创业目标的确定过程，协调好创业目标与创业者风险的承受能力问题。创办一家可持续发展的企业，往往需要冒着风险下长期的“赌注”。

与一开始就能赚钱的个人从事的咨询事务不同，那些持久经营的企业创业者可能为创建品牌而大做广告，为了支付广告费用，他们可能要将利润重新投资，接纳股权投资人或者个人担保债务。为了培养公司骨干力量，创业者可能必须授权经验不足的员工来作重大的决定。此外，也许要在创业很多年之后企业才能盈利，创业者也要承受长期冒风险带来的重重压力。

创业者必须协调好他们的目标与他们的风险承受力。1981 年，35 岁的艾尔索普创立了 Progress 软件公司时，已经有三个孩子。他回忆道，创业时，家庭使他具有一种责任感，因此他不敢冒险建立类似微软的几十亿美元规模的企业。于是，他选择了一个利基市场，它小的不足以吸引任何行业巨头的投资，但他足以建立一个可持续发展的企业。在没有任何报酬的情况下，艾尔索普与伙伴们倾囊而出，背负着债务苦干了两年，终于在竞争中站稳了脚跟。10 年后，公司的资产达 2 亿美元。

创业者如果能像艾尔索普那样明白自己愿意冒哪些风险，不愿意冒哪些风险，他们很可能会干得很出色。如果创业者认为他们的企业其实已经非常成功了，但并不能满足他们个人的需求，或者如果他们发现为了达到个人目标，他们将不得不承担更大的风险作出更大的牺牲，他们就要不断调整自己的目标。当充分考虑了风险，并将创业者个人目标与企业目标协调一致时，就有极大的可能实现创业"生存"的目标。

第二节　创业项目目标管理的定义与重要性

一、定义

有了目标之后，需要对创业项目进行目标管理。

目标管理（Management by Objective），也被称作"成果管理"，是以目标为导向，以人为中心，以成果为标准，而使组织和个人取得最佳业绩的现代管理方法。作为一个全面管理系统，目标管理的关键在三个"共同"——共同制订计划、共同反馈、共同控制，而其实施是一个企业上下"共建"的体系。

目标管理法是一种被项目实践证明行之有效的管理制度和方法。在发展过程中，经历了从感性体验的碎片式目标管理到理性建构的系统目标管理的过程。同样，目标管理法对创业项目的实施也具有十分重要的作用。对于创业项目来说，创业项目目标管理，指的是在项目成员的积极参与下，自上而下地确定创业目标及其层次体系和目标网络，并通过对目标完成情况的检查和奖惩的手段，自下而上地实现经营管理目标的一种管理方法。从这个定义可以看出，创业项目目标管理的实质在于重视人的因素和建立目标层次体系和目标网络，讲究动机、行为、目标的结合，也注重通过目标的层层分解和相互协调将责任、权力和利益也进行层层分解，来实现对人的管理。

要想实现创业项目的目标管理，必须要做到以下几个方面：

1. 重视人的因素

创业项目的目标管理是一种参与的、民主的、自我控制的管理制度，也是一种把个人需求与组织目标结合起来的管理制度。在这一制度下，各个成员的关系是相互平等、尊重、依赖、支持的，成员在承诺目标和被授权之后是自觉、自主和自治的。因此，目标管理对于激发创业者的积极性和创造性具有重要作用。各项目标的完成依赖创业者的态度、智慧与能力。目标管理法能够有效将创业项目目标与个体目标结合起来，从而激发创业团队成员的积极性与创造性。

2. 拥有明确的目标

作为一个以“生存”作为最终目标的创业项目，应该要意识到制定创业项目目标的重要性。从初创公司的成功实践可以看到，高概率的创业成功和明确的目标是密切相关的，目标制定明晰、准确，同时根据创业时段进行有效改善，能更好地推动创业的可持续发展。当然，明确的目标指的是一个目标网络体系，不仅仅指最大的生存目标，也包括根据这个生存目标逐层分解的各个小目标。

3. 共同参与决策

创业项目目标管理中，目标的制定方式与传统的设定方式有所区别，它不强调自上而下制定目标、落实目标到各个层面，相反，它鼓励成员共同参与选择各个层次及各个阶段对应的目标，即通过上下协调，逐步逐级制定出生存目标、整体创业目标、职能部门目标直至成员自身的目标。因此，创业项目目标管理过程中目标的制定与转化既是自上而下的，也是自下而上的。

4. 规定时限

对于创业项目的目标来说，时机最为重要，因此创业项目目标管理强调目标的时限性，制定的每一个目标都要规定明确的时间期限要求。大多数情况下，创业目标的制定可与创业各个关键节点一致，但是也可以根据具体情况进行调整和修改。因此，创业项目目标管理必须要界定各个目标的时限节点，以有效把控创业进程，有序推进项目的实施。

5. 评价绩效

无规矩不成方圆，对于目标管理来说也一样。对于创业项目而言，按时或提前完成目标固然是件好事，但是也要注重目标管理的有效性。因此，创业项目目标管理在满足时限性要求的前提下，也要注意对目标有效性等综合管理效能方面的评价与反馈，以更好地改进下一步创业工作。通过目标管理绩效评价，初创者可以将实现目标的进展情况持续反馈给团队，授权给团队成员管理目标的执行与优化，以便他们能够调整自己的行为，即成员不仅要承担个人绩效目标，做到自我控制和自我评价，也要与其他人共同承担控制、检查和评价目标的责任，能够营造一种共同参与、共同控制、共同反馈的创业环境，为创业项目目标的实现提供持续源动力。

二、原则

原则是观察问题、处理问题的准则，目标管理原则是指企业在目标管理过程中必须遵守的基本准则。特征是反映客体特性的心理表征，是人的认知与客体之间共同作用的结果。本书从目标管理的不同专业层面对创业项目目标管理的原则和特征进行分析，以期为创业项目建构独特的原则体系和特征系统。

创业项目目标管理的原则主要有：

1. 管理核心人本化

个体是管理的核心和动能，能否调动人的积极性、发挥人的能动性和创造性是管理活动成败的关键。目标是人制定的，也是由人来执行的，目标管理的整个过程都离不开人，人的工作态度、工作能力决定了工作效果。创业项目的人本化管理主要体现在以下几个方面：一是让高层管理者共同参与制定组织战略管理，德鲁克认为目标管理成功的先决条件就是制定目标使团队共同参与，并且把此作为激励员工的有效手段，因此创业项目总目标的制定和任务分解都应该经过创业项目团队成员共同参与、集思广益制定而成的；二是部门目标和岗位责任是各专业创业人员共同制定，确保了目标责任的可实现性、易操作性和执行目标的责任感；三是在强化人力资源管理，知人善用，专业人做专业事；四是采用多种形式不断学习充实自我、创造创业扩张机会；五是为营造良好的创业内外部工作环境。

2. 目标制定科学化

目标制定的科学化是指组织制定的目标符合组织外部形势和内部条件的实际情况，员工通过努力可以完成的目标。对于创业项目来说，其目标是否可行、科学与创业是否成功有一定关联，而目标的可行性和科学性与目标制定的依据、方法和内容密切相关。

首先，目标是一个系统，有各种层次的目标，总目标与分目标要层次清晰，长远目标与短期目标要环环相扣，组织目标与个体目标要有效统一。其次，目标体现在各个创业项目单元和领域，需要形成完整的目标链，创业项目的目标管理不仅要在人力资源、财力资源、物力资源、媒介资源和利润需求等方面形成目标管理链条，还需要形成具有创业项目特色的系统管理体制和方法。最后，制定目标的方法也很重要。为了确保公司目标制定的可行性和科学性，创业项目目标制定的方法应具备以下特点：一是具体性，尽可能体现在各项数据和指标中；二是可测量性，即能够通过量化标准检测程度和效果；三是可实现性，团队和个体能够通过积极地创造性劳动完成团队目标和个人责任；四是时效性，创业项目团队目标和个体目标必须按照预设的计划在规定的时间内完成目标任务；五是时间的设定也要符合创业过程的实际情况。

3. 督促执行常态化

创业项目目标管理虽然是以结果为导向进行管控的，但要想实现目标需要一个漫长的时间段，因此需要对目标执行过程进行常态化监控，以确保目标能够按时实现。对于创业不久且规模不大的团队或公司而言，结果与过程有效结合，会更好地实现组织的战略目标和个体的发展目标、业绩目标，并规避风险。因此，在创业项目目标执行过程中，设定汇报制度、问责制度、日志制度、风控制度等管理方式对日常管理和销售目标进行常态监督，对于及时发现、解决问题及避免出现松懈、拖沓、效率低下等情况具有重要意义，从而保证阶段性目标和总目标的顺利实现。

4. 成本控制严格化

成本控制不是节约成本，而是所付出的成本产生最大的收益。对于创业项目来说，资金是较为匮乏的，为了保证在创业过程中能够将资金运用得更有效，对每个项目目标进行成本控制是必然的举措。成本控制可以挤出成本泡沫，降低财务风险，增加利润率，同时在一定程度上可以堵住管理漏洞，降低软性损耗。创业项目无论是在培育期、成长期还是发展期，创业企业的主要收入都来源于政府的创业扶持补贴或者天使创投基金及部分运营收入等，使其经营难度加大。同时，创业企业的收入具有较大的弹性和可控性较难的特点，因此加强成本控制，将资金用在刀刃上，有利于创业项目的良性发展。

5. 考核评估刚性化

无论是在创业项目起步阶段还是稳定发展阶段，要想更好地实现目标，对个体或员工的专业能力和业绩评估是创业项目最重要的目标考核内容。目标完成的程度和质量，需要经过组织来进行测量、考核与认定，并将结果与利益相挂钩，以激发个体实现目标的积极性和原动力。而对于创业项目来说，目标的管理及控制极为重要，因此目标考核和评估需要采用比较严厉的态度和措施，确保工作努力、业绩优秀的员工能得到组织的认可，获得实质性利益；反之，则会受到相应处罚，同时，应从组织机构、团队文化、管理制度等方面来保证目标考核的严肃性和刚性。

三、特征

创业项目目标管理的特征是行业特点、项目现状、管理个性等方面在公司管理过程中的具体体现。各行各业都会出现创业项目，当创业项目属于某一产业范围内时，需要遵循产业运行基本原则，并在目标管理中将社会效益和经济效益有效统一。为了避免因单一管理方式造成创业过程中的开发及管理失效、低效、无效，进而造成企业损失，需要团队成员运用辩证管理思维方式，将目标管理过程中诸多环节、因素、诉求进行有机结合。

1. 目标期待与目标分解相结合

美国管理心理学家维克多·弗鲁姆（Victor Vroom）在《工作与激励》一书中提出的期望理论认为，人们在工作中的积极性或努力程度是效价和期望值的乘积，既重视体现工作结果给成员带来的满足程度的评价，也重视满足成员对创业项目战略目标和业绩目标可实现性的期待。创业项目初创者对不同成员采用极具针对性的职责和绩效考核原则，在共同遵守的绩效规制的基础上，根据个人特质、专长特点、创业时段、工作适度等设定了富有弹性的个性化考量标准，让每个成员感知到只要付出努力、充分发挥创造性，就可以实现创业战略目标。制定可接受和可实现的绩效目标以及相应的评价考核体系，在执行中尊重成员的实际表现和工作业绩，是初创者和团队成员的共同目标。

在实现战略目标和总目标时，既需要通过不同业务单元（业务中心）独自运作，又需要每个成员共同参与、协同作战。因此，只有通过建立绩效目标考核体系，将创业目标转变为个体或团队的目标，继而通过全员的共同努力才能达到创业项目的战略目标和总目标。为了更好实现这一总目标，战略管理绩效目标强化将创业项目战略目标和总目标分解至各个业务中心和成员，以确保在目标公开、评估公平、正向激励、反向约束的管理下实现个人、团队和组织的目标。

2. 组织目标与个人目标相结合

中国项目管理学专家、南开大学教授戚安邦认为“任何一个组织都是为完成一定的使命而建立和发展的，所以组织使命是一个组织存在和发展的根本动因和前提条件。组织的使命可以通过愿景来描述，而组织的愿景又可以用一系列的组织目标来予以规定”。组织使命、组织愿景和组织目标密切关联，组织目标是具象化、可执行的组织使命和组织愿景。对于创业项目来说，也不例外。

作为创业项目发展的基点，组织目标是个人目标实现的前提和基础，个人目标是组织目标实现的保证。正如社会协作系统学派的创始人巴纳德所阐释的那样，“组织成员协作意愿的强弱在很大程度上取决于组织成员接受和理解组织目标的程度”。只有通过目标集成与分解的方式，将打开具有广阔市场的创业目标市场，为每一个成员提供“卓越”机会的使命，让成员分享项目团队的成就，才能使精神和物质生活双丰收的愿景转化为战略目标和具体目标。

3. 结果评估与过程督查相结合

在德鲁克看来，目标管理的核心是结果导向和自我控制，这种管理思想强调相信员工，通过授权和参与方式发挥团队成员的积极性和主动性，从而创造效率。爱德华兹·戴明则认为，目标管理与全面质量管理在理念上是相抵触的。在创业项目的实践中，单纯地以结果论为导向或者以过程论为导向的管理都会使企业存在管理漏洞，贻误时机，带来风险，造成损失。目标任务分解到每一个成员，也分解到特定的时间内完成。如果没有阶段性的监督和督促，创业项目初创者无法发现创业的总目标、客户定位、市场份额、服务质量等在执行过程中存在的问题，错失指导员工及时找到解决方案并付诸行动的时机，会带来巨大的管理风险。如果只重视过程管理，又会造成创业项目成员之间的信任危机，不利于成员发挥主动性和创造性，还会造成责权利不明晰的现象。创业项目的要义是在把握市场需求的前提下建立人脉和业务联系，保持良好沟通，提供创意性的精准服务，人的主动性、创意性和积极性尤其重要，这就需要成员具有饱满的工作热情、创造性的想法和持续的创业动力。鉴于此，只有将结果评估与过程督查相结合才能避免单一管理思维和方法产生的负面效果。因此，只有在管理中形成绩效考核与过程监督相结合的系列细则和规制，才能更为高效率、程序化地管理创业项目。

四、重要性

对于创业项目来说，实施目标管理具有以下几个优势：

1. 有效管理

目标管理的实施持续强调了组织内为获得预期目标应该做哪些针对性工作，从而不断改善管理。实施项目管理能够使组织的运作有明确的方向，使每个人都明确努力的目标。

2. 控制有效

目标管理方式本身也是一种控制方式，即实现分解目标到创业终极目标的过程就是一种结果控制的方式。在目标管理中，并不是只要将目标分解、完成任务就行了，还要在创业过程中经常监督控制目标、对比评比目标、调整纠正目标，才能够推动目标网络体系的实现。而且通过对创业项目进行目标管理，对组织内易于度量和分解的目标会带来良好的绩效，而对于那些在技术上具有可分性的工作，由于责任、任务明确目标管理常常会起到立竿见影的效果。

3. *形成激励*

基于目标管理的创业项目结合了人性管理的思想，促使权力下放，强调员工自我控制，可以充分激发员工的积极性。目标管理启发了自觉，调动了成员的主动性、积极性、创造性。由于强调自我控制、自我调节以及组织沟通，因此改善了人际关系，并且提高了成员主动性和积极性，激发了成员对自身潜在知识和能力的持续挖掘和贡献。

目标管理被誉为是企业的导航系统，也是激发员工积极性和创造性的重要工具。当创业项目实施目标管理时，能够通过系统科学方法的运用，使许多关键管理活动结合起来，高效率地实现个体目标，进而逐步逐级实现创业生存目标。

第三节　创业项目目标管理的流程

一、创业项目目标设定

先有目标，才有工作。如果启动创业项目没有目标，这个领域的工作必然会被忽视。而制定的目标不仅只是单纯的创业目标，还应该包括制定企业的总目标、部门目标和个人目标，同时要制定完成目标的标准，以及达到目标的方法和完成这些目标所需要的条件等多方面的内容。

在目标管理过程中，目标设计是始点，是其他环节的逻辑基础。目标设计是否合理、科学直接会影响到目标的执行力度的强弱和效果的好坏。

通常来说，制定目标需要遵循目标管理原则——SMART 原则，即目标必须是具体的（specific）；目标必须是可以衡量的，可量化的（measurable）；设定的目标要高，要有挑战性，但必须是可以达到的（attainable）；目标必须和职责等其他目标具有相关性（relevant）；目标必须具有明确的截止期限（time-based）。

创业者可以利用这一科学的分析工具和分析方法，设计具有创业项目特色的独特的目标管理体系。

二、创业项目目标分解

建立创业项目的目标网络，形成目标体系，通过目标体系把各个目标信息显示出来，就像看地图一样，任何人一看目标网络图就知道，自己的位置在哪里，工作目标是什么，遇到问题时需要哪个部门来支持。

进行目标分解时要遵循四个基本要求。一是“整分一致”原则：分目标要保持与总体目标方向一致，内容上下贯通，保证总体目标的实现。二是“资源优配”原则：目标分解中，要注意各分目标所需要的条件及限制因素，如人力、物力、财力和协作条件等。三是“相互协调”原则：各分目标之间在内容与时间上要协调、平衡，同步发展，并且各分目标的表达要简明、扼要、明确，有具体的目标值和完成时限要求。四是“平等尊重”原则：在目标分解讨论中，上级要尊重下级，平等待人，耐心倾听下级意见。只要遵循这四个原则，才能够将公司使命、远景、战略目标与个人目标进行更加科学、合理的规划与分解，并进行自控、有力执行、监督与评估，才能更好、更快地实现创业终极目标。

目前创业目标的方法有剥洋葱法和多杈树法两种。

1. 剥洋葱法

剥洋葱法是像剥洋葱一样，将大目标分解成小目标，再将小目标分解成更小的目标，一直分解下去，直到知道现在该做些什么。如将目标分解为大目标—小目标—更小的目标—即时目标这一体系，或者规划为总目标—5~10 年长期目标—2~3 年的中期目标—六个月至一年的短期目标—月目标—周目标—日目标。

2. 多杈树法

多杈树法的树干代表总目标，树枝代表小目标，树叶代表即时目标。

三、创业项目目标实施

目标进行分解后，就进入实施阶段，为保证创业项目生存目标的顺利实现，管理者必须进行目标控制，随时了解目标实施情况，及时发现问题并协助解决。必要时也可以根据创业环境的变化对目标进行一定的修正。积极的自我控制与有利的领导控制相结合是实现目标动态控制的关键。

而在创业项目目标动态控制过程中，无论是哪种层次的目标，最终是否能完成或达到预期目标，与组织的过程管理水平和员工的执行力密不可分的。目标的执行需要遵循一定的原则和规律，即要解决三个 W 的问题（what、why、how）。

（一）执行什么内容，达到什么目标

目标设定确立了创业项目团队/创业公司和成员需要达到的目标任务，但是对于目标的理解程度是成员执行力完成质量的关键。让员工对创业项目的使命、远景和战略目标、部门责任与个人目标，以及它们之间的关系有深刻认知，是决定成员执行态度与动能的基础。为了让员工理解各种目标，首先需要在目标制定时，采用分级制定、全员参与的方法，才能确保创业小目标与成员的实际情况比较吻合。二是管理者帮助成员正确理解自己在创业项目中的岗位责任和目标，并建立沟通与问题解决机制与程序。

（二）为什么要执行目标

这是解决目标与成员关系的问题。作为一个以“生存”为核心的创业项目组织，需要极度重视创业项目进展、组织发展、创业成效和个人发展与利益的匹配关系，并将利益匹配关系体现在创业目标与绩效考核制度中。

（三）如何执行目标

1. 制定考核制度

建立专业化的作业系统和管理机制，制定详细的绩效目标考核机制，并随着产业的发展以及媒体的转型，进行流程再造与组织建设，以保证成员的诉求都能体现在目标管理的过程中。成员的自我发展、物质回报、价值体现都能通过绩效考核机制得到最真实的反映，并与创业项目的发展密切关联，因此极大促进成员提高工作效率、服务质量，创新工作方式和销售模式，自觉将自己的工作态度和工作绩效与创业项目的目标要求相结合。

2. 建立沟通机制

在创业项目目标实施中，要求各级主管有义务给下属提供必要的支持和指导，以便及时调整工作方向，确保创业目标的实现。尤其是当目标执行过程中出现问题时，要及时采取协作、会谈、个别谈话等形式了解真实情况，正确判断形势，采取必要的措施扭转局面，同时构建每周例会解决信息不对称问题的长效机制，更好促进创业项目目标的实现。

3. 团队建设

团队建设是创业项目乃至初创企业组织建设的重要任务。在创业项目中，不仅要建设并完善组织架构，组建创业运营中心，对创业进行分层、分块管理，使各分属组织组建自己的团队。同时，还要建立长期、多元的培训机制，一方面邀请专家培训员工，另一方面把优秀的员工派往培训机构、合作公司和市场调研公司进行培训和考察，采用多种形式对成员进行挖掘、指导和适合的创业技能培训。

4. 授权

为了发挥个体的积极性和创造性，实行自我管理，创业项目的主导者可以通过分级授权，将一定权利分解到团队的各个小组，由小组负责人签订创业目标责任书，使责、权、利相结合。其中，由团队负责人重点监控目标执行过程，与此同时，团队负责人也可以将一定部分权利分解到关键成员头上。

四、创业项目目标评估及反馈

创业项目最终关注的是创业成功与否，一旦失败，创业过程的价值也有所降低。因此创业项目的目标管理注重结果，对团队及成员目标的完成情况，必须要事先规定出期限，定期检查。检查的方法可灵活地采用自检、互检和责成专门的部门检查。检查的依据就是事先确定的目标。对于最终结果，应根据目标进行评价，根据评价结果实施奖罚。通过评价活动，及时总结目标执行过程中的成绩与不足，完善下一个目标管理过程。

而在考核之前，即在进行目标实施控制过程中，会出现一些不可预测的问题。如：目标是创业启动时期制定的，启动后项目发生了一些变故，则最初制定的目标就不能实现。因此在实行考核时，要根据创业过程的实际情况及出现的问题对目标进行调整和反馈。

对竞争者的竞争行为、消费者的偏好的把握不可能绝对准确；

（2）复杂性，即影响企业外部环境的各种因素的相互作用具有复杂性，竞争者之间基于对外部环境的不同感受而发生的互相作用具有复杂性；

（3）组织内部冲突，即决策制定者、执行者、相关利益者在目标上并不一致，各人都将从最大化自己的效用出发影响决策行为。这些特点决定了任何决策都具有较大范围的自由裁量，结果也会各不相同。因此，经过一段时间的运作，企业拥有的资源将会因为企业复杂的经历及难以计数的小决策的作用表现出巨大差异，企业一旦陷入偏差，就可能走入越来越难以纠正的境地。

资源基础理论认为企业在资源方面的差异是企业获利能力不同的重要原因，也是拥有优势资源的企业能够获取经济租金的原因。作为竞争优势源泉的资源应当具备以下 5 个条件：（1）有价值；（2）稀缺；（3）不能完全被仿制；（4）其他资源无法替代；（5）以低于价值的价格为企业所取得。

2. 竞争优势的持续性：资源的不可模仿性

企业竞争优势根源于企业的特殊资源，这种特殊资源能够给企业带来经济租金。在经济利益的驱动下，没有获得经济租金的企业肯定会模仿优势企业，其结果则是企业趋同，租金消散。因此，企业竞争优势及经济租金的存在说明优势企业的特殊资源肯定能被其他企业模仿。资源基础理论的研究者们对这一问题进行了广泛的探讨，他们认为至少有 3 大因素阻碍了企业之间的互相模仿：

（1）因果关系含糊。企业面临的环境变化具有不确定性，企业的日常活动具有高度的复杂性，而企业的租金是企业所有活动的综合结果，即使是专业的研究人员也很难说出各项活动与企业租金的关系，劣势企业更是不知该模仿什么，不该模仿什么。并且，劣势企业对优势企业的观察是有成本的，劣势企业观察得越全面、越仔细，观察成本就越高，劣势企业即使能够通过模仿获得少量租金，也可能被观察成本所抵消。

（2）路径依赖性。企业可能因为远见或者偶然拥有某种资源，占据某种优势，但这种资源或优势的价值在事前或当时并不被大家所认识，也没有人去模仿。后来环境发生变化，形势日渐明朗，资源或优势的价值日渐显露出来，成为企业追逐的对象。然而，由于时过境迁，其他企业再也不可能获得那种资源或优势，或者再也不可能以那么低的成本获得那种资源或优势，拥有那种资源或优势的企业则可稳定地获得租金。

（3）模仿成本。企业的模仿行为存在成本，模仿成本主要包括时间成本和资金成本。如果企业的模仿行为需要花费较长的时间才能达到预期的目标，在这段时间内完全可能因为环境的变化而使优势资源丧失价值，使企业的模仿行为毫无意义。在这样一种威慑下，很多企业选择放弃模仿。即使模仿时间较短，优势资源不会丧失价值，企业的模仿行为也会耗费大量的资金，且资金的消耗量具有不确定性，如果模仿行为带来的收益不足于补偿成本，企业也不会选择模仿行为。

3. 特殊资源的获取与管理组织学习

资源基础理论为企业的长远发展指明了方向，即培育、获取能给企业带来竞争优势的特殊资源。由于资源基础理论还处于发展之中，企业决策总是面临着诸多不确定性和复杂性，资源基础理论不可能给企业提供一套获取特殊资源的具体操作方法，仅能提供一些方向性的建议。具体来说，企业可从以下几方面着手发展企业独特的优势资源。

（1）组织学习。资源基础理论的研究人员几乎毫不例外地把企业特殊的资源指向了企业的知识和能力，而获取知识和能力的基本途径是学习。由于企业的知识和能力不是每一个员工知识和能力的简单加总，而是员工知识和能力的有机结合，通过有组织的学习不仅可以提高个人的知识和能力，而且可以促进个人的知识和能力向组织的知识和能力转化，使知识和能力聚焦，产生更大的合力。

（2）知识管理。知识只有被特定工作岗位上的人掌握才能发挥相应的作用，企业的知识最终只有通过员工的活动才能体现出来。企业在经营活动中需要不断地从外界吸收知识，需要不断地对员工创造的知识进行加工整理，需要将特定的知识传递给特定工作岗位的人，企业处置知识的效率和速度将影响企业的竞争优势。因此，企业对知识微观活动过程进行管理，有助于企业获取特殊的资源，增强竞争优势。

（3）建立外部网络。对于弱势企业来说，仅仅依靠自己的力量来发展它们需要的全部知识和能力是一件花费大、效果差的事情，通过建立战略联盟、知识联盟来学习优势企业的知识和技能则要便捷得多。来自不同公司的员工在一起工作、学习还可激发员工的创造力，促进知识的创造和能力的培养。

二、创业资源

创业资源当中最基本的资源是人员、资金和创业项目，除此之外还包含了诸如技术支持、销售渠道、咨询机构、潜在顾客甚至政府机构在内的各种各样的内容。从不同的角度对创业资源进行分类。

1. 从资源“归属权”的角度划分

从“归属权”的角度来看，可以把创业资源划分为内部资源和外部资源。内部资源是指创业企业或者创业团队自己所“拥有”的，能够自由配置和使用的各种资源，如企业的创业者、员工、土地、厂房、机器设备、材料、资金、技术等，甚至也可以包括创业者及其员工的时间。只要这种配置和使用不违反现行的法律法规，基本上就不会受到阻止和反对。外部资源是指创业者或者创业企业并不具有“归属权”的，但通过某些利益共同点而可能在一定程度上加以配置和利用的各种资源。常见的外部资源如原材料供应商、技术供给者、销售商、广告商以及相关政府部门等。在有些情况下，创业企业为了减少交易或者沟通的成本，可以考虑把某些外部资源转化为内部资源。

2. 从资源“认知度”的角度划分

对创业项目和创业企业的发展有所助益的要素是很多的，其中有些是创业者已经看到的，但还有更多的是创业者没有看到的，至少是没有完全看到的。因此，从创业资源的“认知度”角度来说，可以把创业资源户分为现实资源、潜力资源和潜在资源。现实资源就是指那些创业者已经完全认识到其作用的方面和程度的创业资源，如机器设备、原材料、厂房、资金等。潜力资源是指那些已经被创业者所关注，但创业者可能还没有完全认识其作用的方面和程度的创业资源。比如人员（无论内部还是外部）就是一种典型的潜力资源，往往一个平时不太被关注的人最终可能为创业作出重大贡献。潜在资源是指那些创业者可以利用但却还没有发现的创业资源。从某种意义上说，这种资源所占的比例可能是最大的，但其作用的不确定性往往也是很大的。

3. 从资源“支撑点”的角度划分

每一种创业资源都对创业企业有一定的“支撑”作用。如果把创业企业比喻成一座大厦，那么各种创业资源就是这个大厦的基础以及构成这个大厦的各种材料，没有这些创业资源的支持，大厦将倒塌而不复存在。而从这种支撑作用的着力点的不同，可以把创业资源划分为效益型资源、声誉型资源和决策型资源。效益型资源是指那些能够直接影响创业企业经济效益的资源，也就是说，通过配置和利用这些资源，就能够达到降低成本或者增加收入的目的。声誉型资源是指那些能够有助于提升创业企业的品牌知名度等无形资产的创业资源。决策型资源是指那些能够为创业者的各种决策提供相关信息的创业资源。由于决策型资源是通过创业者或者决策者来起作用的，所以我们也可以称之为间接性创业资源。

4. 从资源“有效性”的角度划分

前面所论述的创业资源都是指对创业有利的要素。而现实当中，还存在着很多对创业发展不利的要素，我们可以从资源“有效性”的角度把这些要素称为“负资源”。从某种角度来说，对“负资源”的有效处理也是非常重要的，因为损失的避免也可以看作是一种收益的方式。为了便于阐述，除了明确说明的“负资源”以外，后面论述中所说的创业资源都是指对创业发展有利的资源。

第二节　创业资源整合机制

一、资源整合概述

（一）资源整合的定义

资源整合就是要优化资源配置，理智筛选、取舍、管理，从而获得部分乃至整体的资源优化。资源是整个创业活动的主线，创业者创业成功与否的关键就是是否能有效地整合资源。资源整合是快速轻松达成目标的工具。将其定义为“工具”，是因为工具的特点是简单明了，一听就明，一学就会。就像飞机是快速轻松到达目的地的交通工具，手机是方便快捷的通信工具，一听一看就知道它是干什么的。资源整合是干什么的呢？是为达成目标服务的。它有什么特点呢？如果你在达成目标的过程中，用资源整合这个工具的话，它会让你比较快速轻松地达成目标。对于资源整合的认识有两大误区：

（1）资源整合就是收购和兼并：资源整合与收购和兼并相当于马与白马的关系，白马是马的一种，但不能说马是白马。收购和兼并只是资源整合的形式之一，除此之外，资源整合还涉及很多领域，比如，怎样整合资金、整合人才、整合人脉等。可以说，资源整合的理念涉及企业及人生的方方面面。

（2）资源整合只有大企业才能用，小企业用不着：资源整合是一个帮助我们快速、轻松达到目标的工具，它是无处不在的。不管是大企业还是小企业都可以运用这个工具。尤其是小企业正处于起步阶段、什么都缺的时候，就更需要资源整合的策略来帮助其生存和进一步发展。

（二）资源整合的特点

1. 资源整合的三个步骤

资源整合不是单一的整合，它本身有一个完整的体系，有一个必要的过程即：整合—融合—契合三步骤。

2. 资源整合的四个阶段：1+1=？

管理大师彼得·圣吉做过一个调查，得到的结果是：一个团队里面，如果团队成员的平均智商是120，组合在一起，团队的智商却只有62。这是一个很典型的1+1<2的案例。之所以会有这样的结果，是因为这个团队内部根本不是在算加法，也就是，团队内部的团队配合做得很差，以至于给每个人的能力都打了大大的折扣。资源整合做得好不好，你的整合水平处于哪个阶段，也可以从1+1=？来直观地判断。

初级阶段：1+1=2

中级阶段：1+1>2

高级阶段：1+1=11

顶级阶段：1+1=王

如何理解这四个阶段呢？就像两个人合伙做生意：初级阶段利用双方的资源，赚了点钱；中级阶段利用双方的资源，赚了点钱，还学会了对方采用的方法策略；高级阶段不仅赚了钱，学会了方法策略，同时还整合了对方背后的人脉资源，为自己以后做生意打通了路，双方一有机会还可以再合作；顶级阶段赚了钱，学会了方法策略，整合了对方的人脉资源，通过这次合作，彼此非常认可，还决定共同用毕生精力去做一件事业，共同实现各自的人生价值。

3. 资源整合的五大内涵

如果要更深刻地理解资源整合，还要知道它的五大内涵：

第一，资源整合是企业战略调整的手段，也是企业经营管理的日常工作。

第二，资源整合就是要优化资源配置。

第三，资源整合就是要有进有退、有取有舍、有合有分。

第四，在战略思维的层面上，资源整合是系统论的思维方式。

第五，战术上，资源整合是活用资源，获得整体的最优。

4. 资源整合六步走

成功者开始于自我分析，领导者诞生于自我反省。要想有效地进行资源整合，就要走好六大步。

第一步：明确目标。

第二步：必须具备的资源。

第三步：分析已有资源。

第四步：还缺哪些资源。

第五步：资源的收集与补充。

第六步：整合所有资源。

5. 资源整合的六大关键点

在资源共同利用的过程中，有六大关键点需要把握，即承担、定位、互补、信任、规则、法律。

关键点一：承担。我们知道了整合的各种好处，但任何事物都有两面性，通过整合我们获得了利益，也必须去承担它带来的弊端。因为任何事物有利便有弊，有弊便有利。这一次的整合可能是九分利一分弊，但我们必须去承担那一分弊；有的整合是八分利两分弊，七分利三分弊，六分利四分弊，还有的整合是弊大于利。所以，我们在享受利的同时，必须承担弊。但人们往往会认为利是应该的，而弊却难以接受，这也导致了很多整合失败。所以，在整合之前，要有承担弊的思想准备。

关键点二：定位。整合的诱惑很容易让人失去定位。定位是一个人、一个产品、一个企业、一个组织的关键，失去了定位你将什么都不是。今天一个人、一个产品、一个企业、一个组织甚至一个城市都需要营销、传播，而营销、传播最重要的目的就是要做到：你的潜在客户“在不需要你的时候知道你，需要你的时候来找你”。所以我们需要树立这样的观念：定位清晰，目标明确，“整合”这个快速轻松达成目标的工具是为你的目标服务的，投资可以多元化，但经营必须专业化。

关键点三：互补。互补的要义在于合理地取长补短，变劣势为优势，发挥整体的力量。可以说，互补是整合最重要的关键之一，因为互补就产生双方整合需求，互补会让整合变得比较容易，互补可能产生巨大的绩效，互补就会1+1=11，甚至1+1=王。

关键点四：信任。信任才会让整合成功。整合之前需要信任，整合过程中需要信任，整合成功后更需要信任，因为整合不是一时的，整合之后需要长久共事，如果没有信任，双方互相猜疑，这会让人感觉很不好。人是感性的动物，很多时候感性大于理性，如果没有信任，整合之前就不会给对方沟通的机会，整合过程中无法沟通，整合之后更沟通不了。另外，任何整合有利有弊，没有信任往往只会关注弊，没有信任就没有谁愿意先付出，而没有谁愿意先付出就无法整合。

关键点五：规则。规则的制定可以保证资源整合的顺利进行，保障多方的利益。当然，规则需要双方共同提出，经过双方协商，彼此认可，各取所需，然后按此规则执行。如果规则没有明确，没有获得双方认可，然后又不按规则执行，整合是会出问题的。

关键点六：法律。今天是法治社会，虽然可能有的法律还不健全，但一定要懂得用法律来保护各方的利益，约束合作者的行为。特别是整合出现问题的时候，法律是解决问题的一个重要工具。

二、资源整合的基本方法

（一）寻找式资源整合

创业者创业存在许多共性问题，比如管理经验不足、市场狭窄、创业资源匮乏。大学生创业之初，创业所需资源主要依靠自身的努力来获取，但是仅仅依靠从自己的身边获取的创业资源很难维持企业的发展，要想使企业继续发展，那就不得不从外界寻找创业资源。寻找式资源整合主要是结合自身创业团队的资源情况，分析资源储备存在的不足，提出整合外界资源的方案，进行积极地寻找和整合所能利用的创业资源。这就要求创业者具备较强的预见能力和洞察能力，预见能力可以让创业者准确地把握自己所在行业的发展热点和竞争焦点，洞察能力是一种从不同类型的信息中获得知识的能力，只有拥有较强的预见能力和洞察能力才能在诸多的资源中获得对自己创业有所帮助的资源。

（二）累积式资源整合

创业中期，企业得到了一定的发展，也积累了一些企业赖以生存、发展的创业资源。这段时期，企业正处于发展关键期，创业资源需要不断累积和增加。这需要创业者掌握累积式的资源整合方法。为了使已获得的创业资源发挥其最大的效能，创业者必须在初创企业的发展过程中，进一步了解创业资源的特征，以便于更好地整合利用。也就是说为了有效利用已获得的创业资源，对其进行分析、归类。只有对已有的资源进行准确的分析定位，才能在此基础上进行进一步的整合利用，才能发挥资源的最大效能，不断提高企业的核心竞争力。

（三）开拓式资源整合

企业取得初步发展之后，创业者要想使企业继续快速发展，那就必须采用开拓式资源整合。开拓式资源整合强调创新能力，当今社会的竞争，与其说是人才的竞争，不如说是人的创造力的竞争。创新是一个企业发展的动力和灵魂，没有创新的企业是很难成长和发展的。开拓式资源整合要求我们要不断地把创新式思维注入其中，用创新的视角去寻找具有创新点的创业资源。特别是继续寻找企业的新的增长点，在新的增长点上充分开拓和整合利用资源，这一点对创业基础较为薄弱的大学生创业者来说尤为重要。大学生创业资源的整合不是简单地将各方资源进行累加，而是立足于“联系”与“发展”的马克思主义哲学思想，建立起政府、高校、企业、社会公益组织等资源主体之间的非线性的整合机制。研究并明确各资源主体的优势所在，发挥各自的内在动力，盘活各类创业资源使其充分融合，全方位地整合调配，才能产生真正意义上的“联系”与“发展”，实现创业资源整合价值的最大化。

第三节　创业资源整合管理的主要内容

一、资源整合的流程

创业资源整合，就是指寻找并有效利用各种创业资源的过程，并且这一过程应当具备两个基本特点：尽量多地发现有利的创业资源；以效率最高的方式来配置、开发和使用这些创业资源。资源整合的流程如图 4-1 所示。

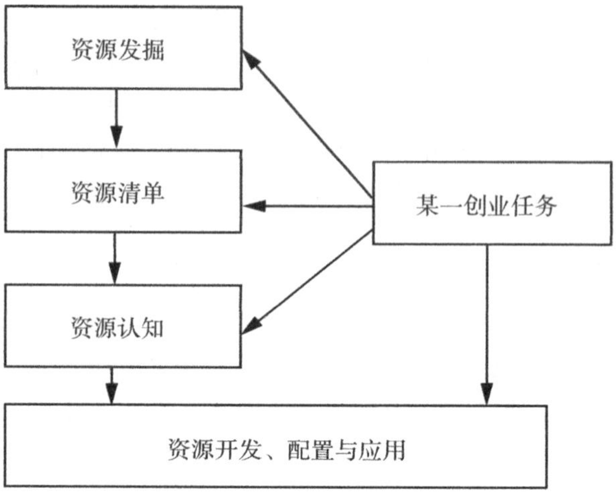

图 4-1　资源整合的流程

二、创业资源整合的层次

整合的层次不同，可以把创业资源整合分为宏观创业资源整合和微观创业资源整合。宏观创业资源整合是指与创业有关的政府部门或其他机构（如孵化器）所进行的资源整合工作，其目的是为所有（或者至少是一部分）创业企业的发展提供更加便利的条件。微观创业资源整合则是指某一个具体的创业企业或创业团队所进行的资源整合工作，其根本目的就是为了自身的发展。我们主要是对微观层次的创业资源整合进行阐述。

三、创业资源整合的原则

1. 渐进原则

对于任何一个创业企业或者创业团队来说，有利的创业资源都是难以完全发掘、配置和利用的。因此，就必须遵循渐进的原则，根据对资源的需求程度以及资源开发和利用的成本、收益和不确定性三者的综合考虑，逐步地寻找和利用各种创业资源。也就是说，对于每一种创业资源，都应当选择一个适当的整合时机，以降低资源的维护成本。

2. 双赢原则

基本上，我们所发掘和应用的每一种创业资源实际上也都是一个相对独立的利益体。因此，在开发和使用这些资源的时候，就不能仅仅从创业企业的自身利益出发，而必须坚持双赢的原则。尤其是需要长期使用的创业资源，更要重视对方的既得利益。

3. 量力原则

不仅对于不同的资源需要渐进开发和使用，即使对于同一种创业资源，也存在着逐步开发的问题。尤其是对于创业团队和创业企业来说，资源开发的能力和经验都相对较弱，因此就更需要采取量力而行的原则，按部就班地对某一种创业资源进行开发和使用。

比如，一个创业者一开始就想充分发掘员工们的敬业精神，在采取了多种有效措施之后，他确实做到了。员工们每天都以饱满的热情努力工作，希望能够在不久的将来取得好的效益（包括一定的股份）。1 年之后，就在大家感觉目标即将实现的时候，公司因遭遇了一次很大的挫折，员工们的士气一下子就低落下来。但他所能想到的激励员工的方法早已经让他用尽了，现在他才知道以前自己过早、过度地开发和利用了员工的敬业精神。

第四节　创业资源整合管理的主要工具

一、内部资源整合

（一）内部资源整合的目标和原则

与外部创业资源相比，内部创业资源具有很强的明确性，因此内部资源整合的最根本目标就是如何更有效地配置和使用这些资源，而不是像外部资源整合那样需要不断地发掘各种新的资源主体。因此可以把内部创业资源整合形象地比喻为“内部挖潜”。鉴于内部创业资源的特点，在内部资源整合的过程中应当注意如下一些基本原则。

1. 公平原则

创业资源的整合要体现双赢原则。因此，对于具有相对独立的利益主体特征的资源，在整合的过程中要体现不同资源主体之间的公平原则。尤其是对于内部的人的资源，由于创业者或者创业企业员工之间平时相互都有沟通，所以不公平的现象很容易就浮现出来，给资源整合带来负面的影响。

2. 当前利益与长远利益相结合的原则

创业资源整合的根本目的就是为了实现创业企业利益的最大化，但这个利益还有当前和长远之分。因此，在内部创业资源整合的时候就要充分协调好当前利益与长远利益之间的冲突。任何基于当前利益而对创业资源的过度开发，都会给企业的长远发展带来隐患。

3. 缓冲原则

遇到困难和挫折是创业企业常有的事情，而应对这些困难和挫折可能更多的是依靠创业企业的自有资源，因为任何一个利益主体都不会愿意冒太大的风险去帮助一个新创建的企业。因此，在对内部资源整合的过程中一定要留有余地，以满足不时之需。比如在资金方面，适当的储备资金是有一定必要性的，因为创业企业在处于困境情况下的二次融资是非常困难的。

（二）内部资源整合的基本思路和方法

1. 对内部人的资源的整合

在创业企业甚至创业团队当中，创业者和员工作为一个个的利益主体能够集合在一起是因为大家具有一些共同的目标和需求。但不可忽视的是，每个人又有着一些自身的独特需求和目标。这种独特的需求和目标既为整合提供了可能，同时也对整合提出了挑战。

基于人的趋利性，对人的整合就必须与激励机制结合起来，在适当成本的前提下使得所有内部人的利益（不一定是经济利益）总和最大化应当是对人的整合的根本目标。除了经济利益以外，企业及个人的发展前景和企业文化（或团队文化）的渲染也都是整合人的资源的有效措施。此外，给内部人以展示的机会和场合也是实现人的资源的有效整合的重要前提，因为只有这样才能了解每个人的素质和能力，才能更好地进行人员分工。

2. 资产性资源

资产性资源就是指创业企业内部的固定资产、流动资产和资金等。除了不具备利益主体的特性以外，资产性资源还具有很强的可度量性。因此，强化财务管理是实现对资产性资源有效整合的重要工具。具体来说，就是要建立起完善的财务管理和决策的相关体系和制度，对资产性资源的配置和使用进行财务核算，以经济效益作为选择整合手段和方法的重要标准。

3. 注重时间对资源整合的影响

时间也可以看作是创业企业的一种重要的内部资源。时间的效益主要是通过影响其他资源的配置来实现的。以机器设备为例，很多技术含量较高的生产设备，其报废可能不是因为物理磨损，而是技术磨损。也就是说，这些机器设备尽管还可以运转，但其技术水平已经落后了，已经被新的机器设备所取代了。这样，就可以通过这些机器设备的更多连续运转来尽量降低技术进步带来的风险，这也就体现了时间对资源整合的影响。

二、外部资源整合

（一）外部资源整合的目标和原则

由于创业者或者创业企业对外部资源缺乏控制权和支配权，所以外部创业资源整合无论在难度上还是在进展的缓慢程度上都高于对内部资源的整合。或者可以说，对内部资源进行整合的目的就是提高效率，不存在不可使用这些资源的问题。而在外部资源整合方面，基本的目标则是保证可以利用这些外部资源，然后才能谈到效率问题。在外部资源的整合上，应当遵循如下几个基本原则。

1. 比选原则

由于外部资源的多样性，所以有助于某一创业任务的外部资源可能会有多个，使用每个外部资源都具有不同的收益、成本和不确定性。因此，创业者要根据创业项目发展的需要、自身的实力以及这些资源的特点，选择最适合的外部资源。

2. 信用原则

与外部创业资源打交道，实际上就是在与人打交道。因此，在外部资源的整合过程中，信用和信誉将是决定能否长期利用某些资源的关键因素。

3. 提前原则

由于外部资源整合的难度较大、进展相对也较慢，并且外部资源的发现也需要一定的过程，所以不能等到需要的时候再去考虑外部资源的整合，而是应当具有一定的超前眼光，适当提前开始某些外部资源的整合。

（二）外部资源整合的基本思路和方法

1. 重视信息的作用

很多外部创业资源首先要去找，找到之后才谈得上应用问题。因此，信息就成为外部创业资源整合的基本要素。要想获得很好的外部资源整合效果，就必须找到尽量多的能够满足某一具体创业目标的资源要素，然后再去选择最适合的。

2. 适当的引入竞争

在某些情况下，有些外部资源可能会主动希望参与创业企业的资源整合。比如对于一个非常有前景的创业项目，可能会有很多机构愿意作为其产品的代理。此时，创业企业或创业者就可以通过进入竞争的方法，来获得对自己更为有利的代理条件。

3. 注重成本分析和不确定性分析

外部资源的整合不仅在效果上，甚至在成本上都存在着很强的不确定性。如何看待和处理这些不确定性将是影响外部资源整合的重要因素。

第五节 案例分析

本章案例讨论创业项目资源整合管理，Netscape 作为资源成功整合的典型，其整合了风投、Nasdaq 和软件技术，借助 Internet 的大好形势，几乎是在一夜之间成为市值 20 亿美元的企业明星，创造了硅谷史上企业发展的神话。

刚刚毕业的软件天才 Marc Andreessen 没有立即去工作，而是同几个志趣相投的朋友一起开发 Internet 浏览器，而伊利诺大学开发的 Mosaic 浏览器还相当不成熟，很不稳定。硅谷前辈 Jim Clark（SGI 公司的创始人）通过邮件邀请 Andreessen 及其朋友一起创业开发最新的浏览器。仅仅 2 个月，Andreessen 带领团队开发出来了 Mosaic 浏览器的升级版——Navigator，新开发的浏览器销售异常成功。Andreessen 不仅在软件编程上显示出了天赋，在商战策略、市场宣传和市场定位等方面也提出了独特的见解，不把自己限定在技术圈子。Clark 提出了免费赠送产品的举措，这体现了其作为商界高手的远见和胆识，浏览器免费使用，有偿使用公司的网络服务器软件，并且分档定价，这些举措都十分奏效，直接催生了庞大的软件服务市场。Clark 有着丰富的风投方面的资源，成功促成了硅谷的风投大佬们投资，Clark 当时又邀请管理经验十分丰富的 Jim Barksdale 加入，Barksdale 的加盟，组成了 Netscape 的三驾马车，他们组成了坚强的管理者阵营，Barksdale 很快让公司财务现实与华尔街的期望吻合。三驾马车强有力的资源整合，优势互补，领导着 Netscape 快速发展，开发出了一系列升级版本。

1995 年，刚刚上市的 Netscape 一夜之间市值突破 20 亿美元，到年底市值超过 60 亿美元，一度超越了苹果公司。随后的 4 年里，Netscape 遇到了微软等公司的挑战，但是仍然领先其他公司，总结起来，还是归于他们从创业之初有效的资源整合。Andreessen 专心致志地发挥其技术专长，致力于软件开发，Clark 更多是从战略上思考电脑以及网络未来的走向，Barksdale 作为总裁管理企业，并与华尔街对接，得到华尔街认可。正是他们资源的有效整合，顺应了网络时势的需求，最终获得了巨大成功。

案例参考：《Netscape（web browser）》，Wikipedia，The Free Encyclopedia。
《Netscape Navigator 金版 3.0》，Alan Simpson 著，电子工业出版社，1997 年。

问题：

1. 资源本身不会产生价值，只有整合资源让资源发挥作用，才能产生预期的效果，如何整合已经拥有的资源为创业目标服务呢?

2. 创业中，如何辨别哪些资源是有效的资源呢?

◎ 思考题

1. 简述资源整合的内涵与分类。
2. 创业资源的基本方法有哪些?
3. 简述创业资源整合的原则。
4. 简述外部资源整合和内部资源整合的思路与方法的区别。

第五章　创业项目融资管理

第一节　创业项目的融资特点

在当今的社会，“创业”具有相当丰富的含义，例如：创业可以是创企业、创事业，也可以是创家业。在本书中说的创业只是狭义上的含义，也就是仅仅指的创企业，所以，此处说的创业融资便是在企业发展的早期或者是在创业阶段的融资。资金就像是一个企业的血脉，是必不可少的，所以，对于一个新创的企业来讲，融资问题至关重要。创业者在发展的时候为了满足需要而进行的筹集资金并对其加以运用的活动就是创业融资。这一过程通过资金供求的形式来表现出资源的配置过程。创业企业融资的这一行为正是创业融资的研究对象。具体是指在面临融资风险的时候，要通过什么渠道取得资金，与此同时降低融资成本并使创业的企业实现价值最大化。若创业融资行为不同，则创业的融资结构也会有所不同，通过其融资结构便可看出创业的融资行为合理与否。

一、创业融资特性

1. 市场性

在一个企业创业的最初时期，通过自我积累所拥有的资金是有一定的限度的，而创业企业在技术创新的时候需要高昂的费用来投入，所以企业需要通过外部的市场来取得外源的融资。

2. 渠道多样性

一个新的创业企业在发展时会有着多方面的需求，为了满足这一需求，便要求创业的企业通过多种渠道、多种方式来进行资金的筹集。

3. 方式组合性

若采用不同的融资方式，便会有不同的融资风险；除此之外，在创业企业经历的不同阶段，技术创新方面会有不同的风险，而且投资者也会有不同的投资风险。在创新期间，难免会出现技术和投资方面的风险，最大的技术风险往往出现在创新过程的初期，而最大的投资风险则是出现在创新过程的中前期，在中后期两种类型的风险就会渐渐地变少了。关于技术创新，其风险收益具有阶段性的特征，在融资过程中，创业企业需要对融资进行组合化，如果拥有有效而且合理的融资组合，风险可以得到转移和分散，企业的债务负担和融资成本也会大大降低。

4. 外部性

众所周知，创业企业在融资的过程中需要社会中多方面的力量，尤其是政府的指导和帮助。创业企业在发展中的成长性相当强而且具有极高的效益性，在国家的经济发展方面也有着重要的战略意义，一个创业企业想要进行融资就必须有不同的个人、机构乃至国家参与。如果一个国家拥有高程度的经济社会，它的金融会更加发达，它的企业在融资方面就会有更强的社会性。

二、创业融资的特点

1. 融资渠道选择过于单一

在创业初期，一些低成本的资金支持无疑是雪中送炭，如果自己身边的亲朋好友在银行有定期的存款或者是购买的国债，可以去和他们进行协商并约定将按照存款的利率支付利息，必要的时候甚至可以将利率适当上浮，如此一来便可以很方便地筹集到创业的资金，而且亲朋好友的资金可以在你这里得到高于银行的利息，可以说是合作共赢，两全其美。可是，如果想采取这种方法，就要求借款人人品过硬，信誉良好，在必要的时候，可以找到担保人或者用股票、房产证和金银饰品作为抵押，进而使亲戚好友解除后顾之忧，更放心地把钱借给借款人。大学生在筹集资金的时候不应只拘泥于眼前，而是应该广开渠道，想办法集中银行、风投机构、企业和担保公司的注意力，并得到它们的支持。

2. 过分看重物质层面的创业条件

当前的很多大学生在创业的时候对创业条件的理解不够深入，他们只看到了物质层面的条件，却忽略了去充实自身、提高能力，这样的话，创业很容易就会失败。在创业前，大学生要理性又客观地认识到自身素质，再通过不断地学习来提高自己的经验值和技能，最终凭借自己的勇气和智慧成功创业。

3. 缺少创业融资计划

在创业方面，很多大学生都有着愿望和热情，但是一旦身临其境去面对激烈的市场，还是会心生胆怯并就此止步。我国大学生创业的融资环境和一些较发达的国家相比有着自己独有的特点。在创业资本方面，中美两国的大学生有所不同：在投资方式上，我国当代的大学生没有雄厚的物质基础，资金也有限，只有通过一些专业技术、专利或者属高新的技术成果之类的无形资产进行投资，有很多创业者的身份是从技术人员转化为经营和管理方面的人员，在这一方面，中美大学生是相同的。但是在面对风险投资商的时候，两国的大学生有着相当大的差异。在世界上的创业投资中，美国是个相当发达的国家，资本市场成熟，也有着充足的风险投资、发达的信息行业和各种齐全的咨询服务机构，这些都为美国大学生的创业计划提供了方便，因而他们会有较好的市场，公司将得到很好的发展。然而在我国，资本市场相对落后，创业投资目前还在起步阶段，二级市场尚未完成，因此在融资方面就会有一定的困难。大学生们空有创业的激情，却缺乏时间和资金，所以就流失了一个又一个优秀的创业计划。

第二节 创业融资难题

一、创业融资现状及难题

创业企业具有的融资劣势，使它们难以通过传统的融资方式如银行借款、发行债券等获得资金，图 5-1 是美国《有限公司》杂志调查的 500 强企业的创业资金主要来源。从图 5-1 中可以看出大部分资金来源是个人储蓄。为什么会出现这样的现象，或者说为什么创业融资那么困难，这正是本节所要探讨的问题。

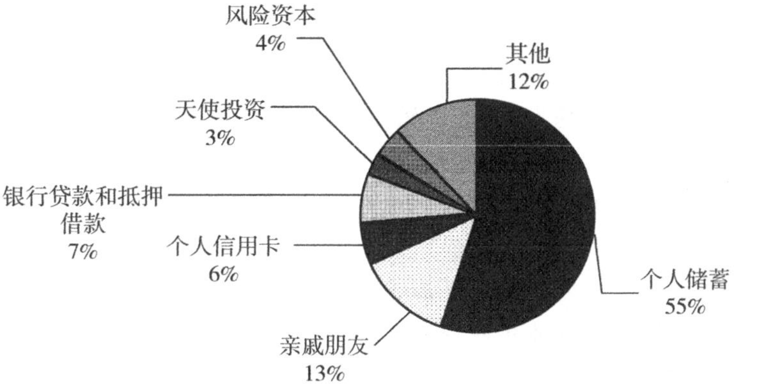

图 5-1 美国《有限公司》杂志调查的 500 强企业的创业资金主要来源

1. 政府支持力度不够

在我国，现在还没有全国性、针对性地发放创业基金进行创业支援。而创业者可以申请的资金主要在一些中小企业的发展资金和创业基金中。国家对中小企业的支持资助每年资金不到 20 亿元，再加上其他的项目资金，也不够百亿元。所以现在的政策资金与实际需要有很大差距，因此对于创业者来说，能够得到的资助资金更小。而且这些资助项目还只存在于发达地区比如深圳、杭州、上海，只有符合条件的当地创业者才能申请。因此，我们国家的创业者绝大多数就享受不到资金资助，这就降低了国家对企业的支持力度，就没有发挥财政资金的意义。2017 年政府针对专项资金资助，强调要求实施更加有效的就业政策。这对于创业者的创业以及创业所需资金方面给予了大力支持。

2. 创业者缺乏企业家职业素养

在资助资金的使用上，很多创业者有不负责任的行为，缺乏对风险的把控，不能有意识地去控制风险。实际上，每一批的创业投资者都会影响企业的将来价值评估和可行性。有能力的创业投资者能够创造价值获得更多的成长机会和资金支持。所以创业人员不仅需要使自己的技术能力增强，还要有企业家应具备的道德风范。如果创业者不负责任，对风险没有严加控制，在没有可行性的情况下盲目作决定，将导致创业效果不理想，没有回报，影响投资人继续投资的信心。

3. 盲目选择投资者

在目前国内创业环境当中，一些创业者在创业过程中急需得到周转资金或者启动资金，把创意和技术卖掉，用小钱来换大股份，导致最后的毁约，使自己在市场上丢掉信誉，得不偿失。如果真的需要这种让出股份的方法得到资金的话，一定要慎重选择投资人。有不少的创业人员拥有技术，但是用这种方式得到资金，在公司运营以后，发现对项目并不是很满意就提出毁约，这样就导致在市场上丢掉信誉。所以在制订计划时要正确评估自己的无形资产和有形资产的价值，不要低估自己的能力与价值。

因为在当前的创业环境下来说，大多数的创业者在创业初期很难找到合适的投资人，所以当一个投资者出现，就什么都不管，什么都不顾，盲目地投入技术，面对其他的业务以及投资者的能力是否能为项目提供指导和渠道的这些方面都没有考虑到。

就算以后投资者没有能力提供指导和增值性的业务，或者两者创业目标与理念都不一样，但是双方仍然被一起捆绑束缚。一些创业者在急需资金的情况下，盲目地相信给予资金的投资人，在得不到有力的支持下，仍然勉强地合作，使技术与创意不能得到有效地发挥，导致项目的发展受到禁锢。所以创业者一定要对市场的信息进行考察与整理，在有信心、有目的的情况下作出最好的选择。

4. 缺乏风险应对能力及竞争力

从创业活动本身来看，创业企业面临非常大的不确定性。创业企业的不确定性比即有企业的不确定性要高得多，创业企业缺少即有企业所具备的应付环境不确定性的经验，以及以组织形式显示出来的组织竞争力。

5. 投融资信息不对称

与创业者相比，投资者则处于相对信息劣势的地位。投资前的信息不对称可能导致逆向选择；投资后的不对称则可能存在道德风险。在这样信息不对称的情况下，投资者会对创业活动保持十分谨慎的态度。

二、创业融资困难的探究

（一）政府和银行层面

1. 创业资金申请周期长，创业支持政策落实不到位

一方面，创业者在进行创业时申请资金的周期过、手续太过繁琐是目前国家政策存在的一个严重问题，严重影响了创业者在初期创业的发展开端。所以现有的政策措施很难在一定程度上帮助大学生解决创业需要的小额贷款资金问题。

另一方面，在政策实施的过程中缺乏相应的力度，也是造成创业者在初期创业时的融资得不到解决的原因。因为这些政策执行部门没有制定相应的细节，缺乏监管，使很多的政策落不到实处。

2. 政府支持创业的融资渠道太少

政府帮助创业者创业的渠道缺乏多样化也是导致创业者创业融资难的另外一个原因。目前主要可以通过申请商业银行的小额贷款，申请创业基金。从纵向上分析，政策全部都属于小额贷款，涉及其他创业基金、民间基金、风险投资的都没有明确方案。从横向上分析，缺少创业实物的创业者融资政策。

虽然很多创业的场地孵化基地能够解决，但是在实际过程中缺乏资金等一系列问题也会给创业者造成困扰。所以从总体上来讲，创业者创业的融资渠道缺少多样化，也没有形成健全的融资帮助机构和帮扶网络。

3. 银行支持创业的积极性不高

一般银行开设的目的是盈利。因为对于刚毕业的创业者来说，创业风险很高，相比较其他的金融投资来说获得的利润小且风险又大，利润没有基本的保障，所以银行不会在这些项目中取得大的利润。

只以社会的责任感或者支持国家政策的理由很难让银行忽略风险，给创业者创业给予有力的支持。所以银行缺乏积极性跟创业者创业初期很难拿到资金有很大的关系。虽然在国家的政策下，很多银行也推出创业类的贷款项目，但是这些产品都是银行以盈利为目的的贷款，比一般的产品利率高出很多，而且还款的日期还很短，贷款的额度也不足给创业者提供相应的资金支持。所以这类银行的产品并没有实际的作用，使用的人少也是必然的。

（二）高校层面

1. 高校支持创业举措未落地

学校对大学生的创业项目的支持仅仅做了表面工作，并没有实际的行动，无论是前期创业的培训、项目指导还是融资指导以及后期的技术支持和企业场地的建设都没有相应的实施，尤其是指导融资这方面。

2. 缺乏创业教育和培训

从目前的各个学校对培训工作和创业教育的实施情况来看，整体的情况都不理想。从重点院校到普通高校的培训工作和创业的各个方面教育的力度都明显下降。所以大学生没有得到很好的融资培训，在毕业以后创业时面临资金问题时，没有良好的处理办法，只有再自己慢慢探索总结，在创业的道路路上走弯路吃尽苦头。

3. 缺乏创业指导

我们在对创业者的采访中，大多数的学生在创业时都遇到项目评估和法律等问题，但是校方并没有在这方面给大学生给予足够的创业知识，没有全套的创业融资技巧以及法律知识。学校也没有利用学校的专家资源和社会精英的技术交流为学生提供讲学以及经验的传导。

（三）社会层面

1. 社会创业风气不高

目前，虽然国家、学校、社会等各个方面都鼓励支持创业者的自主创业，但是整个社会没有形成以创业为优，推崇创新的风气。多数人都认为创业是走投无路了才选择创业，社会风气是觉得创业者走创业这条路并不是很好的选择。

2. 缺乏创业互助体系

学习和借鉴其他国家成功的例子与经验，再结合我国的实际情况，创建符合我国特有的创业者互助创业体系。从美国以及其他国家融资技巧的经验可以总结出来，完整全面的互助创业体系会给正在创业的创业者带来极大的帮助。创业的体系主要有包括以下三部分：第一，创业者之间的交流帮助，创业者可以互相进行信息和资源共享，互补互助，取长补短。第二，创业成功的人帮助初创业的人员，成功人士可以传授自己的经验以及相关知识与注意事项，以免新的创业者重蹈覆辙，有必要时给予一定的帮助。第三，社会上的人员对创业者的帮助，可以建立社会性服务组织、咨询组织等来帮助创业者了解正当的融资渠道与选择，积极地为创业者提供适当的创业环境。

（四）创业者层面

1. 缺乏创业融资能力

创业者本身缺乏创业的能力是导致创业融资难的主要原因。在创业初期会因为急需资金而利用自身的技术和股份来换取，导致最后对自身的信誉有不良的影响，加大了投资创业的风险。而且创业者对融人资金的使用风险控制能力非常弱，选择融资对象上面也缺乏判断力，这也是加大风险的原因。

2. 创业企业经营和管理能力不足

初创企业因规模小，容易出现忽视建设财政制度、不健全监管机制的问题。资金收支程序的杂乱、不匹配的资金计划与业务进度、忽视资金回收等问题都会使融资风险产生的几率增加。此外，对在优化资本结构、提升资金使用效益、缓解企业负债负担及加快周转资金的新创企业而言，缺少专业的理财人员、理财意识及技能，容易对新创企业产生消极的影响。

第三节 面向创业的融资渠道

从目前来说，进行创业融资最常见的方法有两种，分别是债务性融资和权益性融资。创业的个人或集团向拥有投资资金的个人或机构出售债券等来换取投资款项的方法就被称作债务性融资。而投资者可以获得企业的债券，以企业债权人的身份等待企业归还投资本息。这种融资的筹款对象主要包括银行、普通群众等，以债券、抵押、借贷等方式实现。这种筹款方式较简便，获得融资的可能性高，其主要特点有短时间、高利息、金额少这三点。除此之外还有一种融资方法，就是权益性融资。融资时投资人可以获得企业的权益或者企业净资产的方法就被称为权益性融资。如果投资人拥有该企业的权益性证券，例如股份等，那么该投资人就为这一企业的所有人之一，拥有管理权。风险投资等是其获取资金的重要途径，其最大的特点就是风险大，但随着高风险出现的就是高回报了，且其资金归还时间带有很强的不确定性。这种方式得到投资的可能性很小。它主要适用于创业型企业的初期阶段。以下是不同融资方法的主要区别：

（1）创业者自筹资金：主要适用于创业初期，可以通过向身边的亲朋好友寻求帮助。

（2）银行贷款：贷款多指银行贷款，其种类繁杂，适应于企业进行的主要有两种，即经营性和政策性贷款。若想进行经营性贷款，就要求企业必须具有很好的发展前景以及一定的市场认可度，但在创业的初期，企业是无法满足上述条件的，因此很难得到经营性贷款。所以大多数创业初期的银行贷款都是政策性贷款，书中所涉及的银行贷款也是指政策性贷款，其贷款金额都较小。随着大学生创业越来越受重视，政府也针对创业过程中筹资难的问题给予了支持，自 2003 年起，大学生就可在银行筹集到小额的创业贷款，各个地区的优惠政策也相继出现。就当前的情况看，创业特别是大学生创业，其融资的最好途径就是政策性贷款了。

（3）风险投资：我国的风险投资主要的萌芽、发展阶段在 20 世纪 90 年代。以投资的主体为分类依据，可以将其分为有限责任公司、国有的风险投资公司、中外合资的风险投资公司以及我国政府设立的科技创新基金四种。我国风险投资的发展并不完善，仍旧属于初级阶段，大多数风险投资公司中都能看到政府的身影，且现有的风险投资公司在进行投资时都非常小心。风险投资具有很强的局限性，所能进行投资的板块很小，只有发展到一定地步的企业才能得到风险投资的青睐。

（4）天使人投资：正在创业初期的企业更易得到天使投资的青睐。进行天使投资的人更加重视其未来的潜能，他们把这种投资当成一种对国家的奉献，具有一定的公益色彩，对社会经济的发展具有促进作用。我国目前的市场经济并不完善，天使投资在我国仍旧处于初期发展阶段，其若想在我国真正发展壮大，还必须经过漫长的过程。

（5）创业基金：创业基金就其本质而言属于风险投资。一些发达国家的高校大多都设有这一基金组织。其具有实现科学技术与生产、利润之间转换的功能。我国的创业基金仍旧处在初级阶段。其在上海等地建立了试验点，从这些试验点反馈的情况来看，这一基金所能发挥的效果不错。就眼前的情况来看，创业基金的资金来源主要还是由政府进行拨款，出现这一现象的主要原因就是我国不够完善的经济、法律体系建设，资金大多会被投入其他方面，对于创业的支持较少，使得创业资金短缺。规模小、效用低、速度慢、评估体系不完善等都是当前我国的创业基金有待解决的问题。所以，创业基金的投资与否与创业类型无关，只是被其自身的原因所制约着，最终造成从创业基金渠道得到融资极难的现象。

创业融资渠道分析如表 5-1 所示，创业公司成长过程融资渠道如图 5-2 所示。

表 5-1　　**创业融资渠道分析**

融资渠道	优点	缺点
自筹资金	初始资金的主要来源，自身投入，无债务负担	自筹资金有限
政策性贷款	在政府的辅助下，获得会更容易	限额低，程序复杂，还款有压力
经营性贷款	到款迅速	申请的门槛以及利率高

续表

融资渠道	优点	缺点
天使投资	适合种子期企业融资	体质尚不健全
风险投资 创业基金	权益融资的最好方式，资金供应足以支持创业企业发展	大多由政府出资，创业初期难申请

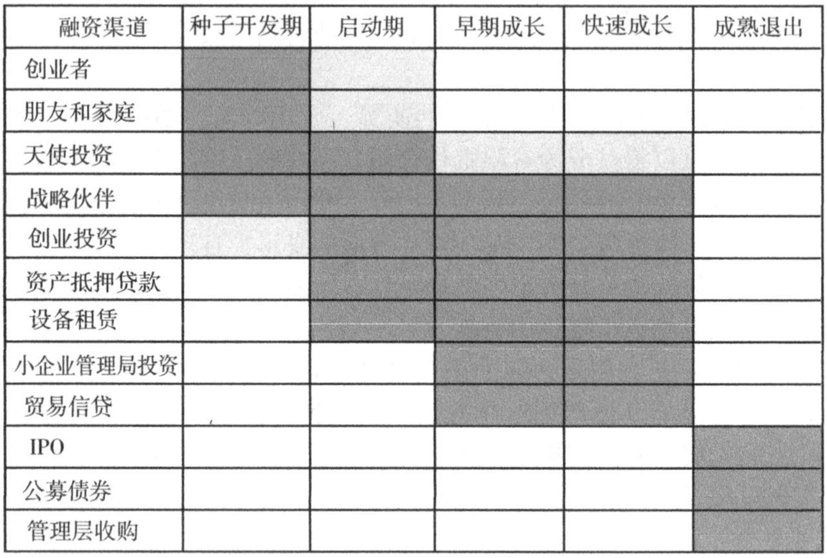

图 5-2　创业公司成长过程融资渠道

第四节　案 例 分 析

本章案例主要讨论创业项目的融资管理，中国移动出行平台滴滴出行是迄今为止融资管理最为成功的企业之一，截至 2017 年 5 月一共完成了 8 轮融资，最后一轮融资完成后，其估值超过了 500 亿美元。滴滴出行的创业目标是改变传统打车方式，利用移动互联网特点，将线上与线下相融合，从打车初始阶段到下车使用线上支付车费，最大限度优化乘客打车体验，节约司机与乘客沟通成本，降低空驶率，最大化节省司乘双方的资源与时间。滴滴出行的每一轮成功的融资达到了滴滴出行的既定目的，为实现其战略目标奠定了基础。

2012 年程维从支付宝离职，成立小桔科技，公司的创业项目是做智能出行的打车应用软件滴滴打车，并获得了数百万元的天使轮融资，用于启动项目以及给予出租车司机的流量补贴，同年 12 月获得了 A 轮融资，来自金沙江创投的 300 万美元的投资。2013 年 4

月，获得了腾讯领投的1500万美元的B轮融资。2014年1月，滴滴出行完成C轮1亿美元融资，由中信产业基金、腾讯以及其他机构分别投资6000万美元、3000万美元、1000万美元。2014年12月，滴滴出行完成D轮7亿美元融资，由淡马锡、DST、腾讯主导投资。在完成D轮融资仅仅两个多月后，滴滴打车和滴滴快的进行合并。2015年7月，滴滴出行完成E轮30亿美元融资，投资方为中国平安、阿里资本、腾讯、淡马锡、中投公司等。2016年6月，滴滴出行宣布，已经完成了新一轮45亿美元的股权融资，新的投资方包括苹果、中国人寿及蚂蚁金服等。腾讯、阿里巴巴、招商银行及软银等现有投资人也都参与了本轮融资。本轮除股权投资外，招商银行还将为滴滴出行牵头安排达25亿美元的银团贷款，中国人寿对滴滴出行进行了20亿元人民币（约3亿美元）的长期债权投资。这也意味着，滴滴本轮融资的实际总额高达73亿美元。2017年4月28日，滴滴出行宣布完成新一轮超过55亿美元融资以支持其全球化战略的推进和前沿技术领域的投资。本轮融资之后，无论从规模还是估值来看，滴滴已经成为中国互联网出行公司的“独角兽”，为用户的出行提供更加方便的体验。

案例参考：《盘点滴滴出行融资历史：刚拿40亿美元 已经超过8轮》，新浪财经，2017年12月21日。

问题：

1. 创业项目融资的种类很多，如何选择与公司当前发展阶段相适应的融资模式呢？

2. 项目融资后原股权会被稀释，创始人如何保证公司控股权的同时又能融到为达到目标所需的资金呢？

◎ 思考题

1. 简述创业融资的特性。

2. 创业融资困难的原因有哪些？

3. 简述创业者可以选择的融资渠道有哪些，以及各融资渠道的区别。

第六章　创业项目营销管理

第一节　创业项目目标市场定位

20 世纪 90 年代，美国营销大师菲利浦·科特勒在《营销管理》第九版系统地提出了 STP 战略：S（segmentation）即市场细分，T（targeting）即目标市场选择，P（position）即市场定位。其中市场细分是目标市场选择的前提条件，而目标市场选择又是市场定位的前提。

将市场营销的理论应用到创业项目中，则市场细分可以理解为创业者把市场按照客户需求上的差异划分为具有某种类似性质的若干个不同购买群体的过程。在市场细分的基础上，创业者进行目标市场选择，即创业者根据自身资源和实际情况，合理地进行取舍，选择一个或几个准备进入的细分市场。最后是市场定位，在明确营销目标的前提下确定企业要在未来市场上达到的位置，结合细分市场以及选择的目标市场的特征，对产品进行一个定位，通过这个定位告知消费者本公司产品的优质及独特性，从而增加公司产品的竞争力，占据消费者的心智。一个好的市场定位是创业项目成功的重要前提，因此，充分了解和熟练掌握市场细分、目标市场选择和市场定位的相关知识对于创业者来说尤其重要。

一、创业项目市场细分

（一）创业项目市场细分的内涵

第二次世界大战结束之后，美国众多产品市场由卖方市场转化为买方市场，企业开始转变和优化营销思想和营销战略，坚决贯彻以消费者为中心的现代市场营销观念，为了更好地向消费者提供产品和服务，企业将规模庞大的总体市场依据消费者欲望和需求划分成若干个具有共同特征的子市场，从而针对处于不同细分市场的消费群体提供不同的产品和服务，市场细分应运而生。1956 年，美国市场学家温德尔·史密斯（Wendell R. Smith）提出市场细分的概念。市场细分（market segmentation）就是指企业按照某种标准将市场上的顾客划分成若干个顾客群，每一个顾客群构成一个子市场，不同子市场之间，需求存在着明显差别。简而言之，市场细分是一个对市场因素重新归类、重新分割的过程。一个项目要有好的开始，就必须要进行好的市场细分，创业项目当然也不例外，创业者需要根据目前市场发展情况和自身资源条件来进行市场分析，从而选择出合适的细分市场。

合理的创业项目市场细分有利于创业者发掘和开拓新的市场机会，从而制定和调整营销策略，将各种资源合理利用到目标市场，最终提高创业项目乃至整个企业的经济效益。

（二）创业项目市场细分的类别

根据市场细分的程度，我们可以将市场细分划分为：完全市场细分与无市场细分；在该两极端之间存在一系列的过渡细分模式。其中，完全细分就是市场中的每一位消费者都单独构成一个独立的子市场，企业根据每位消费者的不同需求为其生产不同的产品。理论上说，只有一些小规模的、消费者数量极少的市场才能进行完全细分，而且这种做法对企业而言是不经济的。尽管如此，完全细分在某些行业，如飞机制造业等行业还是大有市场；又如最近常听说的"私人订制"就是完全细分市场的表现。和完全市场细分相对的是无市场细分，无市场细分是指市场中的每一位消费者的需求都是完全相同的，或者是企业有意忽略消费者彼此之间需求的差异性，默认将消费市场作为整体进行服务，而不对市场进行细分。

根据市场细分的参照标准即市场细分变量，我们可以将市场细分划分为地理市场细分、人口市场细分、消费心理市场细分、行为市场细分、消费受益市场细分、社会文化市场细分等。如果市场细分中只有一个参照标准即一个市场细分变量，那么我们就称之为单一标准细分，单一标准细分主要适用于通用性较大、挑选性不太强的产品和服务，如养老地产市场，影响此市场的主要因素是身体状况，根据老年人的身体状况，可以将市场分为自主居住市场、半护理型市场和完全护理型市场。如果运用多种标准进行市场细分，那么我们就称之为综合标准细分。很显然，大多产品是受消费者多种因素影响的，企业细分市场时一般都会选择两个以上标准，从而从多个层面对总体市场进行细分。例如建材市场可以选择年龄、追求的利益、使用动机和功能等进行细分。

另外，比较特殊的是多层细分，多层细分是指按一定顺序依据多个标准进行市场细分。举个例子，如果创业者看中的是住宅市场，那么创业者选取的细分依据主要集中在目标市场即顾客群方面，根据差异性原则和房地产商品类别，我们可以主要从 4 个方面进行住宅市场细分：第一个方面是人口市场细分，主要包括家庭结构、年龄、收入水平，其中收入水平是影响住宅市场细分的一个重要参数，住宅需求与收入水平具有相关性；第二个方面是地理市场细分，地理因素主要是反映潜在消费者的地理分布状况，是测定市场规模的主要因素，其主要包含自然地理环境、经济地理环境、人文环境；第三个方面是心理市场细分，主要是从消费者购买动机、生活方式以及个性等心理角度来划分住宅消费群，主要包括购买动机、生活方式、个性；第四个方面是行为市场细分，行为因素主要反映消费者对住宅产品的知识、态度、使用或反应，主要包括使用时机、追求利益、购买阶段。

（三）创业项目市场细分的步骤和方法

市场细分的步骤一般包括以下五步：

（1）选定市场范围，确定市场细分变量。

创业者根据市场需求尽可能全面地确定经营范围，即潜在的顾客群体，并从地理、人口、行为和心理等几个方面出发，列举、对比、分析潜在顾客的基本需求，总结潜在顾客的共同需求。

(2) 形成细分市场，分析细分市场特点。

创业者找到差异性需求，把差异性需求相对应的顾客细分变量和利益细分变量作为市场细分变量，选择合适的细分方法，将总体市场划分为具有不同特点的子市场。之后，创业者需要运用数据调查或者经验判断，将影响顾客购买行为的变量按照程度大小进行降序排列，从而找出最合适的变量。

(3) 排除重复细分市场，放弃较小或无利可图的细分市场。

通过分析细分市场的产品或服务的作用、用途和效益，以及细分市场的大小等，排除重复细分市场，放弃较小的或收益较少的细分市场。

(4) 合并较小且与其他需求相似的细分市场，拆分内部需求差异较大的细分市场。

创业者在综合考虑自身资源条件的基础上，决定是否需要进一步细分市场，或是合并较小市场等，从而实现资源的利用效率，提升项目经济效益。

(5) 初评细分市场规模。

总体而言，市场细分的工作程序一般来说可划分为调查、分析和细分阶段。创业者切记，创业项目市场细分要循环渐进，不断地去细分、去深化，只有通过不断的深化过程，才能对目标市场了解得更加透彻。

下面以房地产住宅市场为例，进行分析。房地产市场细分一般采用三轮细分的方法。第一轮市场细分主要是针对房地产市场总的供求关系而进行，以确定拟投资商品的类型及区位，主要需要调查的资料内容包括：本市各类商品房的供求信息，本市各种商品房价格及成本信息，本市各类商品房建造资源信息，其他的一些信息如环境、法规、产业政策、地块信息等。第二轮市场细分往往是针对消费者进行的，目的是确定拟投资商品房的市场定位，确定目标市场消费群以及其特殊需求。主要包含的内容是：潜在顾客的地域分布、家庭结构、文化层次、收入水平、职业特点、购买动机等。第三轮市场细分主要目的是为市场特质、市场卖点寻求进一步的证据，提供更为精确的资料，主要的内容有：消费偏好、消费行为、其他的个性特征。另外，细分市场决策的最后一步是市场细分评估，房地产细分市场的评估主要针对房地产市场的有效性和可行性来进行，其中房地产市场有效性的评估主要集中在对细分市场的变量以及由此而选择出来的细分市场的可衡量性、可获得性、可收益性和可行性上的评估；房地产市场可行性的评估主要集中在细分市场的规模和增长程度、细分市场结构的吸引力以及细分市场与公司资源的条件和公司战略目标的一致性方面。

二、创业项目目标市场选择

市场细分的最终目的是为了选择和确定目标市场。目标市场选择是目标市场营销的第二个步骤。企业的一切市场营销活动都是围绕目标市场进行的。确定目标市场，实施目标市场策略是目标市场选择的重要内容。

（一）创业项目目标市场的概念

目标市场是指在市场细分的基础上创业者想要进入的最佳细分市场。在市场营销活动中企业必须选择和确定目标市场。这是因为首先选择和确定的目标市场，明确企业的具体服务对象，关系到企业市场营销战略目标的落实，是企业制定市场营销战略的首要内容和基本出发点。其次，对于企业来说，并非所有的细分市场都具有同等吸引力，都有利可图，只有那些和企业资源条件相适应的细分市场对企业才具有较强的吸引力，是企业的最佳细分市场。

目标市场选择首先要求创业者选择目标市场，然后选择目标市场策略。

（二）创业项目目标市场选择的原则和步骤

选择目标市场是指创业者对有吸引力的、有可能成为企业目标市场的细分市场进行分析和评估，根据企业的市场营销战略目标和资源条件选择企业最佳的细分市场。影响创业者选择目标市场的因素主要有市场规模、资源条件、环境条件、盈利性因素、风险性因素、政策性因素等。因此，创业者在选择目标市场时，应遵循以下四个原则：

（1）产品、市场和技术三者密切关联。即企业所选择的目标市场，应能充分发挥企业的技术特长，生产符合目标市场需求的产品。

（2）遵循企业既定的发展方向。即目标市场的选择应根据企业市场营销战略目标的发展方向来确定。

（3）发挥企业的竞争优势。即创业者应选择能够突出和发挥企业特长的细分市场作为目标市场。这样才能利用企业相对竞争优势在竞争中处于有利的地位。

（4）取得相乘效果。即新确定的目标市场不能对企业原有的产品带来消极的影响。新、老产品要能互相促进，达到同时扩大销售量和提高市场占有率的目的，从而使企业所拥有的人才、技术、资金等资源都能有效地加以利用，使企业获得更好的经济效益。

基于以上原则，创业者在进行细分市场选择的时候，可以按照以下步骤展开：第一步，创业者系统地考察各个细分市场，了解全局，把握市场机会。第二步，创业者系统地考察一个项目，对特定的细分市场需要进行项目策划。第三步，创业者从技术、经济、管理的角度，对项目策划方案进行全面的论证和评估。第四步，创业者对项目投资及投资方案作出科学的决策。

（三）创业项目目标市场策略选择

创业者通过对不同细分市场的评估，确定一个或几个细分市场为其目标市场，并确定企业目标市场覆盖策略。创业者可以根据自身资源条件选择不同的目标市场策略，如无差异性营销策略、差异性营销策略、集中性营销策略。

1. 无差异性营销策略

无差异性营销策略就是企业不考虑细分市场的差异性，把整体市场作为目标市场，对所有的消费者只提供一种产品，采用单一市场营销组合的目标市场策略，如图 6-1 所示。

无差异性营销策略的特点是针对消费者的共同需求，而不是不同需求，具有成本较

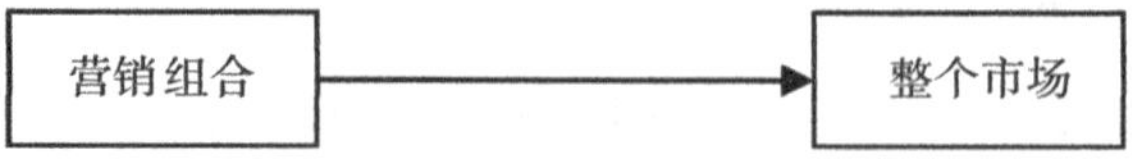

图 6-1　无差异性营销策略

低，有利于标准化和大规模生产，有利于降低单位产品的成本费用，获得较好的规模效益的优点；但在满足消费者的满意度方面比较欠缺，不利于吸引消费者。无差异市场营销策略适用于少数消费者需求同质的产品，消费者需求广泛、能够大量生产、大量销售的产品，以探求消费者购买情况的新产品、某些具有特殊专利的产品。采用无差异市场营销策略的企业一般具有大规模、单一、连续的生产线，拥有广泛或大众化的分销渠道，并能开展强有力的促销活动，投放大量的广告和进行统一的宣传。因此，在现代市场营销实践中，无差异市场营销策略只有少数企业才采用，而且对于一个企业来说，一般也不宜长期采用。

2. 差异性营销策略

差异性营销策略是在市场细分的基础上，企业以两个以上乃至全部细分市场为目标市场分别为之设计不同产品，采取不同的市场营销组合，满足不同消费者需求的目标市场策略，如图 6-2 所示。

图 6-2　差异性营销策略

差异性营销策略的特点是相较于无差异性营销策略，它能扩大销售，减少经营风险，提高市场占有率，一定程度上回避价格竞争，但这种差异性营销会引起成本的增加。差异性营销策略适用于大多数异质的产品。采用差异市场营销策略的企业一般是大企业，有一部分企业，尤其是小企业无力采用，因为采用差异市场营销策略必然受到企业资源和条件的限制。较为雄厚的财力、较强的技术力量和素质较高的管理人员，是实行差异市场营销策略的必要条件，而且随着产品品种的增加，分销渠道的多样化，以及市场调研和广告宣传活动的扩大与复杂化，生产成本和各种费用必然大幅度增加，需大量资源作为依托。

3. 集中性营销策略

集中性营销策略是企业以一个细分市场为目标市场，集中力量，实行专业化生产和经营的目标市场策略。集中性营销是指创业者放弃一个大市场的小份额，而去争取一个或几个亚市场的大份额，比较适合资源有限的创业者，有利于小企业和大企业的竞争，如图 6-3 所示。

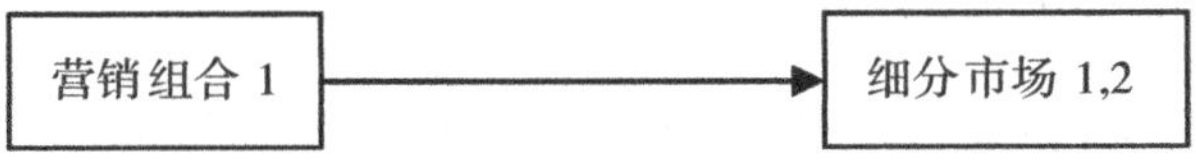

图 6-3　集中性营销策略

集中性营销策略的特点是目标市场集中，有助于企业更深入地注意、了解目标市场的消费者需求，使产品适销对路，有助于提高企业和产品在市场上的知名度。集中性营销策略还有利于企业集中资源，节约生产成本和各种费用，增加盈利，取得良好的经济效益。但是，由于目标市场集中，一旦市场出现诸如较强大的竞争者加入、消费者需求的突然变化等，企业就有可能因承受不了短时间的竞争压力，而立即陷入困境，存在较大的经营风险。集中性营销策略主适用资源有限的中小企业或是初次进入新市场的大企业。中小企业由于资源有限，无力在整体市场或多个细分市场上与大企业展开竞争，而在大企业未予以注意或不愿顾及而自己又力所能及的某个细分市场上全力以赴，则往往容易取得成功。实行集中性营销策略是中小企业变劣势为优势的最佳选择，但要随时密切关注市场动向，充分考虑企业对未来可能意外情况下的各种对策和应急措施。

综上可见，三种目标市场策略各有优缺点，创业者在确定了目标市场后，在选择目标市场覆盖策略时，可以从以下方面进行斟酌考量。首先要考虑的是创业者实力，如果创业者实力较强，可根据产品的不同特性选择采用差异性营销策略或无差异性营销策略；如果创业者实力较弱，无力顾及整体市场或多个细分市场，则可选择采用集中性营销策略。同时，要考虑产品性质差异大小，如产品性能、特点等方面差异性的大小。如果创业者生产同质产品，可选择采用无差异性营销策略；如果企业生产异质产品，则可选择采用差异性营销策略或集中性营销策略。此外，创业者应该考虑市场性质是否同质，即市场上消费者需求差异性的大小。如果市场是同质的，即消费者需求差异性不大，消费者购买行为基本相同，创业者则可选择采用无差异性营销策略。创业者也可以根据产品市场生命周期来进行目标市场策略决策，处在介绍期和成长期初期的新产品，市场营销的重点主要是探求市场需求和潜在消费者，企业可选择采用无差异性营销策略，当产品进入成长期后期和成熟期时，企业可选择采用差异性营销策略或集中性市场营销策略或保持原有市场，延长产品市场生命周期。

创业者所采用的目标市场策略应符合企业的市场营销战略目标和资源，且应当与竞争对手的目标市场策略不同，一般保持相对稳定，但当市场营销环境发生重大改变时，企业应当及时改变目标市场策略。

三、创业项目市场定位

企业选择和确定了目标市场及目标市场策略后，就进入了目标市场营销的第三个步骤——市场定位。它关系到企业及产品在激烈市场竞争中，占领消费者心理，树立企业及产品形象，实现企业市场营销战略目标等一系列至关重要的问题。

（一）创业项目市场定位的内涵

市场定位（marketing positioning）是指根据竞争者现有产品在市场上所处的位置，针对消费者或用户对该种产品的某种特征、属性和核心利益的重视程度，强有力地塑造出本企业产品与众不同的、给人印象深刻的、鲜明的个性或形象，并通过一套特定的市场营销组合把这种形象迅速、准确而又生动地传递给顾客，影响顾客对该产品的总体感觉。简而言之，创业项目市场定位是指创业者根据目标客户群体的特点，使产品在目标客户心中建立特定位置、公认形象的过程。

市场定位也称作营销定位，是创业者用来在目标市场（目标市场中的客户和潜在客户）的心目中塑造产品、品牌或组织的形象或个性（identity）的一种营销技术。市场定位的实质是使本企业与其他企业严格区分开来，突出企业及其产品的特色，使消费者明显感觉和认识到这种差别，给消费者留下良好的印象，从而使企业的产品和形象在目标顾客的心理上占据一个独特、有价值的位置，取得目标市场的竞争优势。市场定位，关键的不是对产品本身做些什么，而是在消费者心目中做些什么，单凭产品质量上乘或价格的低廉已难以获得竞争优势。现代市场营销理论认为，市场定位是指针对消费者对企业或产品属性的重视程度，确定企业相对于竞争者在目标市场上所处的市场位置，通过一定的信息传播途径，在消费者心目中树立企业与众不同的市场形象的过程。所以，市场定位的依据一是消费者的需求特征，二是该产品的主要竞争者的产品特征。

市场定位可以避免企业恶性竞争，有利于促进企业良性发展。市场定位是制定市场营销组合策略的基础，企业市场营销组合策略要受到企业市场定位的制约。

（二）创业项目市场定位步骤

创业项目市场定位的关键是创业者要设法在自己的产品上找出比竞争者更具有竞争优势的特性。竞争优势一般有两种基本类型：一是价格竞争优势，就是在同样的条件下比竞争者定出更低的价格。这就要求企业采取一切努力来降低单位成本。二是偏好竞争优势，即能提供特色产品来满足顾客的特定偏好，这就要求企业采取一切努力在产品特色上下工夫。

市场定位是创业者明确其潜在的竞争优势、选择相对的竞争优势和市场定位策略，以及准确地传播企业市场定位的过程。因此，创业项目市场定位可以从以下三大步骤展开：

1. 明确企业潜在的竞争优势

明确企业潜在的竞争优势，主要包括：调查研究影响定位的因素，了解竞争者的定位状况，竞争者向目标市场提供了何种产品及服务，在消费者心目中的形象如何，对其成本及经营情况做出评估，并了解目标消费者对产品的评价标准。消费者一般都会选择给他们带来最大价值的产品服务，创业者如何选择自己的竞争优势，而又不能被其他的竞争者轻而易举地模仿，即先要做到识别竞争优势，竞争优势包括的内容：选择竞争对手，分析竞争对手，分析自己的优势——现在比较多的是使用 SWOT 法分析企业优势、劣势、机会、对手。

2. 选择企业的相对竞争优势和市场定位策略

相对的竞争优势是企业能够胜过竞争者的能力。有的是现有的，有的是具备发展潜力的，还有的是可以通过努力创造的。简而言之，相对竞争优势是企业能够比竞争对手做得更好的工作。比较的指标应是一个完整的体系，只有这样，才能准确地选择相对竞争优势。通常的方法是分析、比较企业与竞争者在经营管理、技术开发、采购、生产、市场营销、财务和产品七个方面究竟哪些是强项，哪些是弱项。另外，创业者还可以从重要性、专有性、优越性、感知性、先占性、可支付性、可盈利性等方面评估所选择差异性市场的优势。创业者可以借此选出最适合自己企业的优势项目，以初步确定企业在目标市场上所处的位置，根据自己的资源配置制订差异化营销方案，突出自己的经营特色，使消费者感觉自己从中得到了价值最大的产品及服务。

3. 准确地传播企业的市场定位

一旦选择好市场定位，首先就需要采取必要的措施将市场定位有效地传达给目标消费者，同时创业者要注意根据消费者和竞争对手的改变，不断地采取相应的措施适应这种变化。这一步骤的主要任务是企业要通过一系列的宣传促销活动，使其独特的市场竞争优势准确传播给消费者，并在消费者心目中留下深刻印象。为此，企业首先应使目标消费者了解、知道、熟悉、认同、喜欢和偏爱企业的市场定位，要在消费者心日中建立与该定位相一致的形象。其次，企业通过一切努力，保持对目标消费者的了解，稳定目标消费者的态度和加深目标消费者的感情，来巩固企业市场形象。最后，企业应注意目标消费者对其市场定位理解出现的偏差或由于企业市场定位宣传上失误而造成目标消费者的模糊、混乱和误会，及时纠正与市场定位不一致的市场形象。此外，在为了改变消费者原有的认识，争取有利的市场地位的情况下，创业者应对企业产品或服务进行重新定位，以重新确定其在消费者心中的某种形象。如恒大在关注地产的同时，为了扩大产业面，便进行企业转型，其涉足了足球、快消品等多个行业，因此在企业进行市场定位时，恒大不仅仅是房地产企业，而是多元化发展的企业。

（三）创业项目市场定位策略

创业项目市场定位策略有以下三种：

1. 避强定位策略

避强定位策略是指创业者避免与强有力的竞争对手发生直接竞争，而将自己的产品和服务定位于另一市场的区域内，从而在市场“空白点”开发并销售目前市场上还没有的产品，使自己的产品在某些特征或属性方面与强势对手有明显的区别，重点专注开拓新的市场领域。这种策略可使自己迅速在市场上站稳脚跟，并在消费者心中树立起一定形象。且风险较小，成功率较高，常为多数企业所采用。

2. 迎头定位策略

迎头定位策略是指创业者根据自身的实力，为占据较佳的市场位置，选择靠近现有竞争者或与现有竞争者重合的市场位置，与市场上占支配地位、实力最强或较强的竞争对手发生正面竞争，争夺同样的消费者。由于竞争对手强大，这一竞争过程往往相当引人注目，企业及其产品能较快地为消费者了解，达到树立市场形象的目的。但是有可能引发激烈的市场竞争，具有较大的风险。因此，企业必须知己知彼，了解市场容量，正确判定凭自己的资源和能力是不是能比竞争者做得更好，或者能不能平分秋色。

3. 重新定位策略

重新定位策略是指创业者变动产品特色，对销路少、市场反应差的产品进行二次定位，改变目标消费者对其原有的印象，使目标消费者对其产品新形象有一个重新认识过程。如初次定位后，由于顾客的需求偏好发生转移，市场对本企业产品的需求减少，或者由于新的竞争者进入市场，选择与本企业相近的市场位置，这时，企业就需要对其产品进行重新定位。一般来说，重新定位是企业摆脱经营困境，寻求新的活力的有效途径。又或者竞争者推出的产品市场定位在本企业产品的附近，侵占了本企业品牌的部分市场，使本企业品牌的市场占有率有所下降，在这种情况下，创业者可以对产品进行重新定位。此外，企业如果发现新的产品市场范围，也可以进行重新定位。市场重新定位对于企业适应市场营销环境，调整市场营销战略是必不可少的。

（四）创业项目市场定位方法

1. 区域定位

区域定位是指企业在进行营销策略时，应当为产品确立要进入的市场区域，即确定该产品是进入国际市场、全国市场，还是在某市场、某地等。只有找准了自己的市场，才会使企业的营销计划成功。

2. 阶层定位

每个社会都包含有许多社会阶层，不同的阶层有不同的消费特点和消费需求，企业的产品究竟面向什么阶层，是企业在选择目标市场时应考虑的问题。根据不同的标准，可以对社会上的人进行不同的阶层划分，如按知识划分，就有高知阶层、中知阶层和低知阶层。进行阶层定位，就是要牢牢把握住某一阶层的需求特点，从营销的各个层面上满足他们的需求。

3. 职业定位

职业定位是指企业在制定营销策略时要考虑将产品或劳务销售给什么职业的人。将饲料销售给农民及养殖户，将文具销售给学生，这是非常明显的，而真正能产生营销效益的往往是那些不明显的、不易被察觉的定位。在进行市场定位时要有一双善于发现的眼睛，及时发现竞争者的视觉盲点，这样可以在定位领域内获得巨大的收获。

4. 个性定位

个性定位是考虑把企业的产品如何销售给那些具有特殊个性的人。这时，选择一部分具有相同个性的人作为自己的定位目标，针对他们的爱好实施营销策略，可以取得最佳的营销效果。

5. 年龄定位

在制定营销策略时，企业还要考虑销售对象的年龄问题。不同年龄段的人，有自己不同的需求特点，只有充分考虑到这些特点，满足不同消费者要求，才能够赢得消费者的青睐。如对于婴儿用品，营销策略应针对母亲而制定，因为婴儿用品多是由母亲来实施购买的。

此外还有情感定位、对手比较定位等。

第二节　创业项目产品开发模式

一、创新项目新产品开发管理的运行模式

企业新产品开发过程基本上可以由几个环节组成，各环节之间的关系也较为紧密，但各环节之间可根据企业的情况采取串行模式或者并行模式进行。

（1）评估、决策环节，是指企业要以市场为导向，以企业的能力和储备为基础，把科技进步与市场需求在企业行为中有机结合起来，通过对市场的分析与预测，寻找企业实际的发展目标和开发对象，充分考虑企业的发展战略和现实条件，作出恰当的决策。主要内容有市场分析、项目选择、可行性分析、项目决策等。

（2）策划、设计环节，是指根据企业的决策，结合市场的要求确定出新产品的性能、质量、进度、费用等项目要求，依据企业技术积累和特点进行开发设计。主要内容有项目制造方案的确定、项目计划、项目设计等。

（3）实施、控制环节，是指根据新产品及企业情况组织各种资源来实施项目以实现项目的预定目标。主要内容有对项目的进度、质量、成本等要素进行控制的手段和方法，及资源分配的方法。

（4）总结、评价环节，是指将项目的结果与目标进行比较，并对项目各环节工作进行总结分析和评价。同时对项目整个过程中的技术、管理经验等方面进行有组织的归纳总结。主要内容有项目总结、技术总结、相关数据的分析归档等。

新产品开发过程常常需要多个部门的密切配合，通过运行模式的流程可以较好地界定各部门在各个环节中的作用和任务，通过模型的整体及内部的动态运作，使企业整体处于不断改进的状态。因此可以通过该模式，对开发过程进行有效的控制，这是新产品开发成功的重要条件。

二、创新项目新产品开发管理的组织结构模式

企业应根据自身特点选择恰当的组织结构，如产品经理领导下的矩阵小组制，这种新产品开发组织结构，符合企业的总体发展战略和总体组织结构。

企业新产品开发组织结构具有以下优势：

（1）新产品开发工作和现有的程序化工作相分离，单独组织新技术开发小组，从各个部门选调优秀人员组建技术开发小组，把他们的创造性活动在结构上、业务上都与正常的生产经营活动分离。

（2）新产品开发组织具有充分的决策自主权。不同于程序化工作，新产品开发作为创新工作，它无章可循，每时每刻都可能碰到非程序化决策，因此需要掌握大量的信息。如果创新组织没有决策权，则很容易使创造性人才无法发挥其创造力，也不利于企业抓住

创新的机会。

（3）新产品开发不能很快给企业带来眼前的利益，因此，对创造性工作的人员评价基准不能是直接收益的多与少，相应地，报酬和奖励也不依据常见的办法分配。企业研发考评主要注重结果，产品创新组织实行的是一种柔性管理。

（4）产品开发的管理职权由组织的最高层级直接负责，不纳入一般管理组织的现有等级体系之中。这不仅是因为新产品开发关系到组织的未来，其意义重大，还因为创新事业与现有事业比较，其规模、经费、收入等低层级组织领导一般无法给予其应有的保障。

三、创新项目新产品开发管理的团队模式

1. 新产品开发团队类型选择

新产品开发团队的组织形式是由新产品开发项目的性质决定的。根据企业的不同需要，新产品的开发团队一般选用“跨部门临时团队”的组织形式。“跨部门临时团队”的组织形式是在消费品的新产品开发中最常见、最基本的难于管理的组织形式。说它“基本”，是因为在其他两种团队类型的早期，经常以“跨部门临时团队”的形式出现说它“难于管理”，是因为部门之间存在着观念和信息的“壁垒”，这些“壁垒”很难打破，而打破这些“壁垒”，恰恰是新产品开发管理的关键。在很多高技术企业，技术开发团队多采用独立的专职团队形式。开发人员被关在一个舒适的、“与世隔绝”的空间里，在特定的时间内展开“科研攻关”。

2. 建立研发团队良好的工作机制

建设开发团队的工作机制，其目的在于沟通信息、明确责任、协调进度。在很多消费品生产企业，新产品开发项目的主要责任者是市场部门和研发部门，因为它们是新产品的设计师、知识源和“专家”。开发团队的工作机制首先是这两个部门的协调机制，然后才是由这两个部门主导的团队工作机制。

3. 新产品开发团队文化模式

新产品开发团队文化是企业整体文化的组成部分，因此新产品开发团队文化既有企业文化共有特性，又有它的独特性和自身要求。

新产品开发团队文化与新产品开发所需要的专业知识和技能无关，但是它却深刻地影响着新产品开发工作的质量，甚至可以说是团队文化塑造了新产品。在很多美国公司，高级的研发领导人甚至没有技术背景，但他们依然可以卓有成效地领导产品研发，其中一个重要原因就是他们有能力塑造一个优秀的研发团队文化。塑造团队文化的最好方法是企业高层管理者的率先垂范和团结一致，而不是期待基层开发人员的自觉。

四、创新项目新产品开发模式及管理体系

根据产品开发决策中心，一般小公司成长过程，可以划分为三个阶段的划分。第一阶段：以领导为中心的产品开发模式。在这一阶段，刚创业不久的小公司客户单一、订单来源特殊；人员缺少、职能划分不清；产品开发快速；主要决策全由老板一人决定，有很大

的运营风险。第二阶段：以产品管理团队为中心的产品开发模式。在这一阶段，由于意识到存在问题，如产品开发开始出现败笔，定义错误导致市场、销售的意见很大等，于是由一两个熟悉市场营销，有比较全面的产品技术，具有战略规划能力又有计划执行天分的人作为领导者，带领产品开发部、市场营销部、技术支持部、生产部等各个部门的骨干人员组成产品管理团队，对产品的规划进行群体决策的团队。第三阶段：以用户为中心的产品开发模式。在这一阶段，小公司很难耗时、耗资去广泛搜集市场、销售、客户一线的信息资料，对可能的产品机会、产品概念进行广泛的市场调研，做市场细分分析、技术可行性论证、产品盈利曲线分析、同行竞品调研，从而论证某产品开发的可行性；在产品开发过程中广泛征求用户的意见，让客户参与到产品开发过程等，因此，产品经理会负责处理产品相关事务，这是产品开发模式发展的重要一步，但产品经理也会因为与顾客没有直接联系而丧失产品判断的客观性。

当然，并不是所有的创业公司都会遇到以上问题，但是作为创业者，清晰地了解产品开发模式相关理论知识，把握当今社会前卫的开发管理理念，对于创业企业快速认识企业所存在的产品开发模式问题，创业者及时调整营销策略是极其重要的。

根据创新理论，新产品的研发管理体系已经经历了以下的五个主要阶段：20 世纪 50 年代的创新理论分析研究及技术创新理论的创立阶段；20 世纪 70 年代的技术创新理论系统开发阶段；20 世纪 80 年代的技术创新理论综合化、专门化研究阶段；20 世纪 90 年代的商业价值的集成产品开发阶段；21 世纪以来的基于盈利模式、顾客价值与竞争价值导向的产品管理阶段。下面将介绍 6 种主要的新产品开发模式。

（一）以项目管理的职能式开发

以项目管理的职能式开发是企业通常采用的产品开发模式，总经理或市场部门确定新产品创意和决定是否立项，研发或技术部门负责设计开发、测试，形成产品样机或服务方案，再转由生产制造部门批量制造，市场部分负责销售，客户服务部门提供售后服务。各职能部门只负责新产品开发的某一阶段内容，并且制定本部门的业务操作流程，虽然有项目经理或形式上的项目经理和产品经理，但他们并不对产品的最终市场成功负责。

在这样的管理体系下，关注的是各个部门的纵向管理，对盈利模式，产品概念，研、产、供、销一条龙的横向关系缺乏管理，使得产品的开发过程缺乏关注，很少有人全面地看待产品的市场价值、产品战略、开发方式和营销组合，往往在不窥全貌的情况下作出新产品开发的决策，职能部门负责人只关心如何顺利地把产品交给下一个环节，经常抱怨上一个环节的工作质量，公司高层要大量地协调、沟通和决策工作。在企业发展到一定规模，特别是有多个产品在同时开发时，总经理往往会顾此失彼忙于“救火”，在产品设计和内部管理的细节上决策。

（二）PACE（产品及周期优化法）

PACE（Product And Cycle-time Excellence，产品及周期优化法）是美国管理咨询公司 PRTM 于 1986 年提出的，并由 PRTM 应用于指导企业产品开发流程的改进，它提供了一个完整的通用框架、要素和标准的术语。

PACE 的基本思想是：

（1）产品开发是由决策流程来推动的，是一个可以管理、可以改善的流程，并非只有靠天才和运气。

（2）产品开发过程需加以定义和实施，以保证企业相关人员都能有共同的认识，知道如何协调和配合。

（3）产品开发是一个分四个层次和三级进度表的结构化流程，需纳入一个逻辑流程框架中，问题必须通过综合的方法来解决，孤立而零散的改进方式是不可取的。

（4）在 4 个流程演进的每个阶段都需要按部就班，将下一阶段的某一要素过早地引入现阶段毫无意义，反而会增加负担。

（5）产品开发需在一个公共决策流程中予以管理，高层管理者的管理重心就是决策和均衡开发进程的关键点。

（6）产品开发项目小组与管理高层需建立新的组织模型（核心小组法），产品开发团队应有一位经授权的产品经理和若干跨职能的成员，管理高层转为产品审批/管理委员会。

（7）强调设计手段及自动化开发工具必须有起支持作用的基础设施才能发挥效力，产品开发流程的改进，不能依赖被誉为“银弹”的设计手段和自动化开发工具。

PACE 认为产品开发要关注七个核心要素，包括阶段评审决策、建立跨职能的核心小组、采用结构化的开发流程、运用各种开发工具和技术，此外还要建立产品战略、进行技术管理、对多个产品及资源的投入进行渠道管理。

（三）IPD（集成产品开发）

IPD（Integrated Product Development，集成产品开发），其思想来源于 PACE，在此基础上，Motorola、杜邦、波音等公司在实践中继续加以改进和完善，由 IBM 在学习、实践中创建，并成功地协助华为实施了该体系。IPD 的流程概括起来就是“一个结构化流程、二类跨部门团队、三个系统框架集、四个主要决策评审点、五项核心理念、六个重要阶段、七个关联要素和八项定位工具”，其核心思想是流程重整和产品重整。

IPD 的基本思想是：

（1）新产品开发是一项投资决策。IPD 强调要对产品开发进行有效的投资组合分析，并在开发过程设置检查点，通过阶段性评审来决定项目是继续、暂停还是改变方向。

（2）基于市场的开发。IPD 强调产品创新一定是基于市场需求和竞争分析的创新。为此，IPD 把正确定义产品概念、市场需求作为流程的第一步，开始就把事情做正确。

（3）跨部门、跨系统的协同。采用跨部门的产品开发团队（Product Development Team，PDT），通过有效的沟通、协调以及决策，达到尽快将产品推向市场的目的。

（4）异步开发模式，也称并行工程。就是通过严密的计划、准确的接口设计，把原来的许多后续活动提前进行，这样可以缩短产品上市时间。

（5）重用性。采用公用构建模块（Common Building Block，CBB）提高产品开发的效率和产品质量，降低产品成本。

（6）结构化的流程。产品开发项目的相对不确定性，要求开发流程在非结构化（随意性、无标准）与过于结构化（官僚主义、缓慢）之间找到平衡。

IPD认为产品开发要关注七个要素，包括异步开发与共用基础模块、跨部门团队、结构化流程、项目和管道管理、客户需求分析、优化投资组合、管理的衡量指标。此外IPD还认为产品开发需要重视业务决策评审、技术评审、发布阶段和生命周期阶段的工作，以及产品开发团队（PDT）中各角色职责的定义这几个关键点。

（四）SGS（门径管理系统）

SGS（Stage-Gate System，门径管理系统），由Robert G. Cooper于20世纪80年代创立，并应用于美国、欧洲、日本的企业指导新产品开发。Cooper长期致力于产品创新（研发）管理研究，尤其是实证研究，他认为通过广泛调查和统计分析，可以发现产品创新（研发）规律，他的许多实证研究报告成为理论界和企业界进行新产品成败分析的重要依据。

SGS的基本思想是：

（1）把项目做正确。听取消费者的意见，做好必要的前期准备工作，采用跨职能的工作团队。

（2）做正确的项目。进行严格的项目筛选和组合管理。

SGS重视寻求突破性的新产品构思和产品概念，认为一个良好的新产品创意将有助于企业获得更好的市场表现从而获得竞争优势，在立项前做仔细的分析和研究，多花功夫是非常有价值的，所以把研究重心从具体的产品开发层面提升到产品价值层面。

SGS非常关注有效的入口决策和组合化管理，在产品开发的每个阶段都要进行生/杀决策，以杜绝没有价值的产品浪费更多资源，此外还需要进行多个产品的优先级排序，发挥企业资源的组合优势。SGS同时强调投放市场前的营销工作，产品的价值最终通过市场营销来实现，因此从开发的最初阶段就应该考虑如何营销，在开发完成前完成市场分析、制定产品目标、定位核心战略和完善营销方案。SGS建议企业制定产品创新战略，对企业而言，持续竞争力表现在不断推出成功的新产品，制定有远见的产品创新战略和产品规划将有助于每个新产品的开发和决策。

（五）PVM（产品价值管理模式）

PVM是基于盈利模式、D. Lehmann和Crawford的《*Product Management*》、IPD以及SGS门径管理系统，于2002年被创立的最新产品开发和产品管理模式。在欧洲、美国、日本被许多中小企业及全球知名品牌企业所采用，PVM详细介绍了盈利模式及其设计方法，以顾客、需求和市场为焦点，以竞争和利润为导向，从企业愿景、战略落实到产品规划，围绕产品管理和产品生命周期轴线，讨论了新产品从概念构思到商业化的整个过程，强调基于商业模式的价值链和价值流分析，合理的战略与严密的评价程序是产品创新（开发）的可靠保证。

PVM的基本思想是：

（1）做正确的事。战略决定方向，模式决定绩效，强调产品规划和产品管理。

（2）正确地做事。流程决定方法，关注产品需求分析、产品策划、技术开发和营销组合管理。

（3）正确地做成正确的事。能力决定成败，认为项目管理是成功的保证。

PVM十分重视盈利模式和价值链分析，认为“成功基于优秀的组织，卓越源于非凡的盈利模式”。强调产品规划和产品管理，把研究重心从具体的产品开发层面提升到产品价值和战略层面。PVM也认为需要有效的产品开发流程入口管理和决策评审，把产品开发流程和市场管理流程有机地融合在一起，以减少没有价值的产品浪费有限的企业资源。PVM突出产品需求分析、产品概念和营销组合的协调，以实现顾客价值，发挥企业资源的组合优势。PVM强调项目管理对于产品研发的核心作用，主张产品管理实行产品经理制。PVM关注技术开发平台建设、核心技术开发和成本价值工程，认为系统化的思维方式是改善研发绩效的正确途径而非KPI+BSC。PVM同时认为企业就是经营核心竞争力，倡导R&D策略联盟，企业间的竞争将转向产品管理的竞争。

各新产品开发模式特征如表6-1所示。

表6-1 **各新产品开发模式特性**

	PACE	IPD	SGS	PVM
产品战略	产品组合战略	产品平台战略	产品创新战略	产品战略规划
技术管理	技术开发的管理	开发共用技术	—	开发核心技术
投资分析	—	优化投资组合	筛选有价值的项目	盈利模式与价值链分析
对创意的筛选	—	—	寻求突破性的新产品构思	核心要素组合构思的可行性分析和项目风险评估
市场导向	—	客户需求分析	开发各阶段均需测试顾客反应，且与营销计划相结合	顾客价值定位、精准需求分析与产品概念相结合
结构化开发活动	分层定义活动	异步开发	—	R&D策略联盟异步开发
开发工具与技术	设计手段、自动化工具（关注实施）	—	—	—
多产品开发的共用性	—	共用基础模块	—	技术开发平台建设
体系衡量标准	—	决策、管理指标	—	三级衡量和系统诊断指标
实施风险	中等	较大	较小	较小
执行难度	难度中等	难度大	难度中等	难度小
执行实效	有项目管理基础的企业效果显著	基于战略管理的企业容易见效	企业自主摸索	中小企业很快见效
适用范围	新产品市场需求比较明确的企业	技术复杂度较高、管理能力相对成熟的企业	新产品技术相对简单、市场风险较大、产品更新较快的企业	较难实现差异化、行业竞争激烈的中小型企业和创新型科技企业

（六）LEANPD（精益版企业加速新产品开发流程）

LEANPD是泰科电子的新产品开发流程，是在美国知名管理顾问咨询公司PRTM公司的协助下开发的，与集成产品开发流程（Integrated Product Development，IPD）是一脉相承的。LEANPD新产品开发流程分为定义、概念、设计、确认、产业化、量产六个阶段，G0、G1、G2、G3、G4、G5、G6七个节点和五个要素。这五个要素也是新产品开发制胜的关键要素，它们分别是：产品审批委员会（PAC）、核心小组（CT）、阶段评审机制、结构化活动和需求管理。

LEANPD的核心思想是：

（1）做正确的项目。

（2）将项目做正确。

（3）加速TTM（Time to Market，上市时间），提高TTV（Time To Value，时间价值）。

（4）改善新产品利润率。

第三节　创业项目营销策略

营销策略是创业企业以顾客需要为出发点，根据经验获得顾客需求量以及购买力的信息、商业界的期望值，有计划地组织各项经营活动，通过相互协调一致的产品策略、价格策略、渠道策略和促销策略，为顾客提供满意的商品和服务而实现企业目标的过程。

企业的发展，除了依靠其良好的管理外，更是依靠公司优质的产品。衡量产品是否成功主要表现在产品的销量因素上，那么如何打好产品销量战？如何提高企业市场份额呢？显然，采取完善的市场营销策略是实现企业营销目标的重要手段，而且在制定营销策略时采用的技巧也会影响企业目标的实现。

一、创业项目营销策略技巧

（一）开拓新市场

企业应该意识到市场的重要性，应该成立专门的市场部。专门进行市场分析和市场调研。搜集产品及时数据，想办法将产品打入相关市场，先区域市场，再到国内市场，最后进入国际市场，有效进行产品的销售。

企业应该学会在新市场中寻找更多的潜在客户，很久之前，计算机一般是销售给一些科研机构和学校等，根本不会考虑进入个人家庭，而随着科技的发展，计算机的普及率也越来越高，普通人家中也开始使用计算机了，潜在客户变成了实际客户。

（二）多渠道销售模式

企业对产品的销售不应该是单一渠道销售，建议企业应该通过多渠道对产品进行销售，在之前，葡萄酒厂都会把生产的葡萄酒交给经销商去销售，而后来发现，这种单一渠道并不能很好解决产品的销售问题，于是葡萄酒商就开始寻找新的销售渠道，直接成立葡萄酒直销店，直接把葡萄酒卖了消费者，另外还把葡萄酒直接卖给一些饭店、酒店。这就是种很明显的采取多渠道销售模式的例子。

（三）良好的产品开发战略

企业的产品开发战略需要基于一定的技术、资金、成本的基础，但是在产品开发时，首先必须透彻地了解市场的需求，了解顾客的需要，开发的应该是满足客户需要的产品。而一种产品开发战略需要一定的创新性，要求企业有一定的创新能力，企业能够很好地对新事物进行探索，有创新能力的企业才是有发展潜力的企业，新产品开发战略能很好地提高企业的竞争力和适应力，特别是那些正在成长的新市场对于企业来说是更有利的，但这也需要企业花费较大的成本去寻找新市场。

（四）营销技巧

企业需要发展，那必然需要好的营销方式，尤其是产品方面，打好产品战，能让企业在市场竞争中站稳脚跟，提升企业的竞争力，让企业在众多的竞争者中立于不败之地。营销要点技巧如下：

1. 市场环境分析

进行市场环境分析的主要目的是了解产品的潜在市场和销售量，以及竞争对手的产品信息。只有对掌握了市场需求，才能做到有的放矢，减少失误，从而将风险降到最低。以凉茶为例，凉茶一直以来为南方人所热衷，这其中有气候、饮食上的差异，因此应该将主要的营销力量集中在南方城市，如果进行错误的定位，将力量转移到北方，无论投入多大的人力、财力，都不会取得好的营销效果。

2. 消费心理分析

只有在掌握了消费者购买产品的原因和目的，才能制定出针对性的营销创意。营销大多是以消费者为导向的，根据消费者的需求来制定产品，但仅仅如此是不够的，对消费能力、消费环境的分析才能使整个营销活动获得成功。

脑白金能够畅销数十年，从它间断的广告和广告语中就能看出端倪：过节不收礼正是利用了国人在过节时爱送礼的特性，而作为保健品，两个活泼老人的形象在无形中驱使晚辈在过节时选择脑白金，相信如果换成两个年轻人在说广告语，影响力就下降很多。

3. 产品优势分析

这里的产品优势分析包括本品分析和竞品分析。只有做到知己知彼，才能战无不胜。在营销活动中，本品难免会被拿来与其他产品进行对比，如果无法了解本品和竞品各自的优势和劣势，就无法打动消费者。在某次营销类课程中就发生过这样的情况，课程中的实践模拟中，两位学员进行销售情景模拟，其中一位扮演销售人员的学员在整个过程中对本品和竞品都缺乏足够的了解，导致另一位学员只能通过直观的感觉来交接产品特性，最终导致整个销售过程以失败告终。营销的目的也是如此，通过营销手段，让消费者了解到本品的优势，进而产生购买欲望是营销活动中重要的环节。

4. 营销方式和平台的选择

营销方式和平台的选择既要了解企业自身情况和战略，同时还要兼顾目标群体的喜好。例如针对全国儿童的产品，可以根据儿童的特点，在央视的儿童频道以动画短片的形式展现出来，这样不仅符合企业战略，将产品传达给全国儿童，同时还能够吸引儿童的目光。

对于一些快消品，则可以选择和产品切合度较高的方式，例如SNS平台中十分流行的争车位、开心农场等游戏，就吸引了很多汽车企业和饮料企业的加入，并且取得了非常好的效果。营销是一个较复杂的体系，但所有的营销活动都应基于以上四点进行，当明确了以上四点之后，想要做出好的营销创意也不再是难事。

二、创业项目营销基本原则

（一）诚实守信的原则

诚实守信是基本层的道德要求的最基础部分，它是企业经商道德的最重要的品德标准，是其他标准的基础。在我国传统经商实践中，它被奉为至上的律条。

诚实守信当今仍应是企业市场营销活动中把握道德界限的重要基础规则，具体应当包括产品质量上的诚实，不假冒；广告中要诚实相告；价格上明码实价，童叟无欺；交易中履行合同责任，信守承诺，以及市场调查数据真实等许多方面。

（二）义利兼顾的原则

义利兼顾的思想既是西方伦理学在道德评价中主张道义与功利相结合的思想体现，同时与我国传统的义利并重的思想也是一致的。义利兼顾的思想是处理好利己和利他的关系的基本原则。

义利兼顾是指企业获利，要同时考虑是否符合消费者的利益，是否符合社会整体和长远的利益。利是目标，义是要遵守达到这一目标的合理规则。二者应该同时加以重视，达到兼顾的目标。

（三）互惠互利原则

互惠互利是进一步针对企业的营销活动的性质，提出的交易中的基本信条。互惠互利原则要求在市场营销行为中，正确地分析、评价自身的利益，评价利益相关者的利益。对自己有利而对利益相关者不利的活动，由于不能得到对方的响应，而无法进行下去。而对他人有利，对自己无利的，又使经济活动成为无源之水，无本之木。

企业本身是独立的经济实体，获利应是理所应当的行为，只要不损害他人的利益，有效的经济活动本身就具有伦理性，只有繁荣的企业，才能生产出有意义的产品，创造新的就业机会。

的产品。独家分销的特点是竞争程度低。一般情况下，只有当公司想要与中间商建立长久而密切的关系时才会使用独家分销。因为它比其他任何形式的分销更需要企业与经销商之间更多的联合与合作，其成功是相互依存的，它比较适用于服务要求较高的专业产品。

4. 促销策略

促销策略是指企业运用各种交通方式、手段，向消费者传递商品或服务与企业的信息，实行双向沟通，使得消费者对企业及其产品或服务产生兴趣、好感和信任，进而作出购买的决策。促销策略包括人员推销、广告、营业推广、公共关系等因素组合运用。

1986年美国著名市场营销学家菲利浦·科特勒教授提出了大市场营销策略，在原4P组合的基础上增加两个P，即权力（power）和公共关系（public relations），简称6P。1986年6月，美国著名市场营销学家菲利浦·科特勒教授又提出了11P营销理念，即在大营销6P之外加上探查、分割、优先、定位和人，并将产品、价格、渠道、促销称为“战术4P”，将探查、分割、优先、定位称为“战略4P”。该理论认为，企业在“战术4P”和“战略4P”的支撑下，运用“权力”和“公共关系”这2P，可以排除通往目标市场的各种障碍。

（二）4R营销策略组合

艾略特·艾登伯格（Elliott Ettenberg）于2001年在其《4R营销》一书中提出4R营销理论。唐·舒尔茨（Don E. Schuhz）在4C营销理论的基础上提出了4R营销理论。

4R理论的营销四要素：

第一，关联（relevancy），即认为企业与顾客是一个命运共同体。建立并发展与顾客之间的长期关系是企业经营的核心理念和最重要的内容。

第二，反应（reaction），在相互影响的市场中，对经营者来说最难实现的问题不在于如何控制、制订和实施计划，而在于如何站在顾客的角度及时地倾听顾客的需求和如何使推测性商业模式转移成为高度回应需求的商业模式。

第三，关系（relationship），在企业与客户的关系发生了本质性变化的市场环境中，抢占市场的关键已转变为与顾客建立长期而稳固的关系。与此相适应产生了5个转向：从一次性交易转向强调建立长期友好合作关系；从着眼于短期利益转向重视长期利益；从顾客被动适应企业单一销售转向顾客主动参与到生产过程中来；从相互的利益冲突转向共同的和谐发展；从管理营销组合转向管理企业与顾客的互动关系。

第四，报酬（reward），任何交易与合作关系的巩固和发展，都是经济利益问题。因此，一定的合理回报既是正确处理营销活动中各种矛盾的出发点，也是营销的落脚点。

根据市场日趋激烈的竞争形势，4R营销着眼于企业与顾客建立互动与双赢的关系，不仅积极地满足顾客的需求，而且主动地创造需求，通过关联、关系、反应等形式建立与它独特的关系，把企业与顾客联系在一起，形成了独特竞争优势。

（三）4C营销策略组合

4C分别指代顾客（customer）、成本（cost）、便利（convenience）和沟通（communication）。四要素基本内容如下：

顾客（customer）主要指顾客的需求。企业必须首先了解和研究顾客，根据顾客的需求来提供产品。同时，企业提供的不仅仅是产品和服务，更重要的是由此产生的客户价值（customer value）。

成本（cost）不单是企业的生产成本，或者说是4P中的价格（price），它还包括顾客的购买成本，同时也意味着产品定价的理想情况，应该是既低于顾客的心理价格，亦能够让企业有所盈利。此外，这中间的顾客购买成本不仅包括其货币支出，还包括其为此耗费的时间、体力和精力，以及购买风险。

便利（convenience），即为顾客提供最大的购物和使用便利。便利是客户价值不可或缺的一部分。4C营销理论强调企业在制定分销策略时，要更多地考虑顾客的方便，而不是企业自己方便。要通过好的售前、售中和售后服务来让顾客在购物的同时，也享受到了便利。

沟通（communication）则被用以取代4P中对应的促销（promotion）。4C营销理论认为，企业应通过同顾客进行积极有效的双向沟通，建立基于共同利益的新型企业/顾客关系。这不再是企业单向地促销和劝导顾客，而是在双方的沟通中找到能同时实现各自目标的途径。

四、创业项目营销策划的步骤

1. 了解现状

（1）市场形势。包括市场规模与增长、过去几年的总量、不同地区的销量、顾客消费变化的趋势等。

（2）产品情况。包括过去几年产品的价格、销量、利润等。

（3）竞争情况。包括竞争对手的市场规模、目标消费者、产品质量、价格、渠道等。

（4）分销渠道。本企业各渠道的销售情况，各渠道的相对重要性及变化情况，各经销商经营能力的变化和激励措施的投入等。

（5）宏观环境的变化。

2. 运用SWOT分析法分析优劣势

（1）通过机会、威胁分析，找出外部影响企业未来的因素。

（2）通过优势、劣势分析，说明企业内部情况。

（3）通过以上分析，确定营销计划中必须强调、突出的部分。

3. 明确目标

企业想要通过此次营销活动达到什么样的目标或目的。

4. 制定发展战略

发展战略主要包括以下三个方面：

（1）目标市场战略。即企业准备进入的细分市场，考虑运用多少资源、力量。

（2）市场营销组合策略。针对目标市场，采取什么样的价格、产品、渠道、促销。

（3）营销预算。

5. 制订行动方案

包括任务时间、地点、人员安排、经费、物资、负责人等，最好用表格形式列出来，使人一目了然。

6. 预测效果

以上步骤均完成后，应对其进行经济效果的预测（如编制损益报告等）。

7. 制定监管措施和应急预案

8. 编制营销活动策划书

营销活动策划书内容主要包括：

（1）前言。

（2）纲要（目录）。

（3）正文。包括市场现状描述、市场分析、营销组合及策略、预算费用、效果预估、应急预案等。

（4）附件。包括各种文稿、活动策划书等。

另外，创业者需要分析市场趋势，制定宏观市场策略，即从整体上分析所处的市场发展趋势，找到自己生存和发展的机会和方向，从而为制定宏观发展策略奠定基础；应当了解顾客需求，制定顾客开发策略，对于一个新兴市场，顾客开发是头等大事，认真分析顾客需求，拿出切实可行的顾客开发计划是市场成功的核心工作；必须建立良好的服务体系，销售行业本质上也是一种服务，在售前、售中和售后如果能实施差异化服务，对销售成交率和回头率都会有较大帮助，并且通过服务品质提升带来的“口碑效应”促进后期的销售；建立与完善标准化管理。

第四节　案例分析

本章讨论的案例为项目目标的市场定位问题，百事可乐作为市场的追随者，挑战当时的饮料的巨头可口可乐，其市场竞争策略至关重要，百事可乐很好地做到了这一点，并与可口可乐平分秋色，甚至超过可口可乐。

百事可乐的诞生，比可口可乐晚了整整 12 年，而当时的可口可乐已经垄断了美国饮料市场，可口可乐甚至成了可乐的代名词。百事可乐经营了很多年，公司仍然没有起色，可口可乐依然是一统天下的局面。尽管百事可乐做出了很多努力，包括降价到只有可口可乐的一半，仍然收效甚微。

可口可乐是市场的领导者，百事可乐只是追随者，作为市场的追随者，有两个选择，一是向领导者发起挑战夺取市场份额；二是守住既有的市场份额。百事可乐当时的管理层深刻地意识到在公司多年的实践中，第二种策略的结果是公司连生存下去都无法保证，所以必须主动发起进攻。19 世纪 60 年代，美国新生代的出现，并逐渐成为了社会的中坚力量，他们身上有着与父辈们不同的特质——追求新事物，百事可乐的管理层注意到了社会的转变，并将公司的市场目标定位在年轻人身上。百事可乐和聘请的广告公司在市场定位的指导下，详细地分析了消费者的构成和消费者的心理，向可口可乐发起了进攻，主要针对可口可乐的“传统”形象，努力把百事可乐打造成年轻人的饮料。“百事可乐新一代”的广告深入年轻人的心，并一直沿用了20年，当可口可乐反应过来准备做出应对时，百事可乐的市场份额已由以前的17%扩大到了33%，几乎翻了一倍。百事可乐乘胜追击，聘请了当时的流行歌手迈克尔·杰克逊作为公司形象代言人，俘获了年轻人狂热的心，百事可乐的销量直线上升。在百事可乐发起进攻的3年里，《商业周刊》就质疑可口可乐是否有足够的防卫技巧和销售手段来抵御百事可乐的进攻。1978年，《商业周刊》的封面写着“百事可乐赢得了冠军”，百事可乐第一次战胜了可口可乐。

在国际市场的开拓上，百事可乐还是采取避其锋芒，选择可口可乐没有进入的市场入手，逐步蚕食可口可乐的市场。比如俄罗斯、印度和中东市场，百事可乐都很有技巧地进入了该国，并占据了垄断地位。

在多元化经营时，百事可乐的市场定位也是十分准确，进入与饮料相关行业，如快餐业，先后收购了肯德基、必胜客等，相反可口可乐的市场定位模糊不准确，如在影视、酿酒、水果生产等行业投下巨资，结果收益率相当差，最后不得不忍痛退出。

案例参考：《可口可乐帝国：一部资源掠夺史》，巴托·J. 埃尔莫尔著，格致出版社，2018年。

问题：

1. 可口可乐作为市场领导者，其应如何进行市场定位以巩固并进一步扩大市场份额呢？

2. 百事可乐是如何根据市场定位来指导其营销策略的呢？

◎ 思考题

1. 简述创业项目市场细分的内涵、步骤与方法。
2. 简述创业项目市场定位的内涵、步骤、策略与方法。
3. 新产品开发模式有哪些？
4. 简述创业项目营销技巧。
5. 创业项目营销策划的步骤有哪些？

第七章　创业项目干系人管理

第一节　创业项目干系人概述

干系人，也称项目利益相关者，管理学意义上的干系人是组织外部环境中受组织决策和行动影响的任何相关者。对项目来说，干系人是指积极参与项目，或其行为能影响项目的计划与实施，或其利益会受到项目执行或完成情况影响的个人或组织。项目干系人对项目的目的和结果施加影响。项目管理团队必须识别项目干系人，确定他们的需求和期望，尽最大可能地管理与需求相关的影响，以获得项目的成功。而对企业来说，利益相关者是指与企业生产经营行为和后果具有利害关系的群体或个人。对企业而言，其利益相关者一般可以分为三类：资本市场利益相关者（股东和公司资本的主要供应者），产品市场利益相关者（公司主要顾客、供应商、当地社团和工会），以及组织中的利益相关者（所有公司员工，包括管理人员和一般员工）。

干系人根据不同的分类标准有多种分类方法，例如：

(1) 按项目形成关系划分：出资人、决策者、辅助决策者、采购者、业务负责人、业务人员、技术负责人、技术人员、使用者等；

(2) 按支持度划分：首倡者、内部支持者、较积极者、参与者、无所谓者、不积极者、反对者；

(3) 按名利划分：要名者、要利者、名利双收者。

由于创业项目的干系人往往不止一个，因此，对干系人之间应进行区分，根据他们不同的特点和性质进行针对性管理，可以事半功倍。项目的干系人具备以下特点：

(1) 不同的项目干系人的责权差别很大，其参与项目情形对项目进程也产生不同的影响。他们的责任和权利从偶尔参与调查和形成项目的重要小组，到对整个项目的发起或投资提供经济和政治上的支持。忽略这些职责的项目干系人会对项目目标造成毁灭性的影响；同样的，忽略项目干系人的项目经理会严重影响项目成果。

辨识项目干系人有时候比较困难。例如，一个装配线上的工人，因为他将来的雇佣机会有赖于某新产品设计项目的成果，就可能被认为是该项目的干系人。

未能识别关键项目干系人会给项目造成大问题。例如，在一个软件千年虫升级项目中，过晚地意识到法律部门是一个项目关键干系人，会引起项目需求增加，带来额外的文档工作量。

（2）不同干系人对项目的影响可能积极，也可能消极。所谓积极的项目干系人，指那些会从项目成功中获益的利害相关人，而消极的项目干系人是指那些在项目成功中看到负面结果的利害相关人。比如社区工业发展项目，该社区的商业领袖认为项目对社区有积极的经济效益，他们就被看成项目的积极干系人。而环境保护组织如果看到该项目会对社区环境有危害，他们就是该项目的消极干系人。

对于项目的积极干系人，他们的利益会因为项目的成功而更好地达成，因此他们会提供支持，例如帮助项目获得许可证。

项目的消极干系人则会通过提出更多的、更大范围的环境检查来阻止项目顺利推进。而项目的消极干系人经常被项目团队忽略，这会增加项目失败的风险。

（3）项目的各方干系人通常有不同的，甚至互相冲突的需求，项目管理要作出权衡，整合他们的需求，使项目目标被所有的干系人赞同或接受。

（4）有时，项目的干系人因为缺乏专业知识，无法提出完整准确的隐含的或潜在的需求。但若这些需求不能满足将导致用户的不满。因此项目管理人员应善于想用户所想，不但要确定明确的需求，还要善于用启发的方式与用户探讨隐含的或潜在的需求。干系人需求的明确，会为项目的顺利进行打下坚实的集础。

（5）不同干系人对项目的影响力是不同的，需要对主要干系人的重要性进行排序，以便给予不同力度的关注。用80%的精力花在20%的主要干系人身上。

第二节 识别干系人

项目干系人对项目目标和可交付成果能够产生非常重要的影响。因此识别项目干系人是项目管理中一项极为重要的工作。识别干系人是指对受项目决策、活动或活动结果影响及影响项目决策、活动或活动结果的所有个人、群体或组织进行辨识，并且将其利益、参与项目程度、与其他项目干系人之间的关系以及对项目的影响程度等信息整理归档的过程。项目经理和其团队应在项目或阶段的早期识别干系人，并分析他们的利益层次、期望、重要性和影响。同时，还应随着项目的开展定期对识别出的项目干系人进行审查和及时更新。

有效识别干系人可以帮助项目经理建立对各个干系人或干系人群体的适度关注。项目干系人是积极参与项目，或其利益可能受项目实施或完成的积极或消极影响的个人和组织，如客户、发起人、执行组织和有关公众（积极参与项目或可能从项目的执行或完成中受益或受害的公众）。他们也可能对项目及其可交付成果施加影响。

通常，会有多种不同类型的项目干系人，有些干系人可能对项目及其结果有重大影响，有些干系人影响项目的能力则非常有限。针对不同类别的项目干系人，可以按照不同的划分标准对干系人进行分类，以便制定干系人管理策略。

首先，按照干系人所处的环境可将其分为内部干系人和外部干系人。内部干系人一般以合同为联系纽带，一般包括项目发起人、客户、消费者、项目团队成员、承包商或供应商、业主等；外部干系人包括政府、项目周边组织、媒体、竞争对手、项目支撑部门、公共部门等。在外部干系人中，还有那些影响项目或被项目影响的群体和个人，但他们不参与项目实施，并对项目的成败没有决定性的影响。

其次，按照项目干系人会从项目中获得或失去某些利益可将其分为积极的项目干系人和消极的项目干系人。积极的项目干系人希望项目成功，而如果项目拖延或取消，消极的项目干系人的利益将会得到更好的保护。消极的项目干系人常常会被项目经理和项目团队忽视，这样就会增加项目的风险。

最后，按照干系人影响力和参与项目的程度分为支持型项目干系人、非支持型项目干系人、混合型项目干系人和边缘型项目干系人。

（1）支持型项目干系人（一般包括供应商、承包商、金融机构）具有较低的影响力而有较高的协作力，是理想的支持项目目标和行为的项目干系人。

（2）非支持型项目干系人（一般包括周边组织、竞争公司、公共部门、媒体等）具有较高的影响力而不具备协作力。

（3）混合型项目干系人（包括顾客、业主、最终使用者、项目团队成员）在项目中扮演着重要角色，他们有能力参与项目的合作，也有能力对项目的成功产生不利影响。

（4）边缘型项目干系人（可能包括第三方，如邻居），此类项目干系人与项目的合作能力和影响力都较弱，他们对项目的行为没有太大兴趣，对项目的大多数问题都不太关心。

一、识别干系人的依据

识别干系人的依据主要包括项目章程、采购文件、项目制约因素、组织积累的相关资源。识别干系人的主要工作如表 7-1 所示。

表 7-1 **识别干系人的主要工作**

依据	工具和方法	结果
项目章程	分析方式	干系人登记册
采购文件	分析方法	—
项目制约因素	—	—
组织积累的相关资源	—	—

（1）项目章程。项目章程可以提供与项目相关的、受项目结果或项目执行影响的相关方的信息，如发起人、客户、项目团队成员。

（2）采购文件。如果项目是某个采购活动的结果或涉及物资采购，那么采购文件中得到相关方都是关键的项目干系人。采购文件中通常会记载与项目相关的供应商的信息。

（3）项目制约因素。组织结构和文化，国家或行业标准，全球、区域或当地的发展趋势、理念或习惯可能会影响干系人识别。

（4）组织积累的相关资源。干系人登记册的模板、以往项目的经验教训以及以往的项目干系人登记册可能会影响干系人识别。

二、识别干系人的工具或方法

干系人分析是指系统地搜集和分析各种相关信息，从而确定在整个项目中应该考虑的干系人范围。通过干系人分析，可以识别出干系人在项目中的利益、对项目的期望和影响，并将其与项目目标联系起来。干系人分析也有助于了解干系人之间的关系（包括干系人与项目的关系，干系人相互之间的关系），以便利用这些关系建立联盟或合作，从而提高项目成功的可能性。

项目干系人分析通常按照以下步骤来进行：

（1）识别项目干系人及其相关信息。识别干系人时不仅要识别关键项目干系人，还应该充分考虑非关键项目干系人及其相关信息，建立项目干系人信息库。

项目干系人信息库中一般包括下列参数：干系人所属的机构、组织或所代表的利益团体；干系人所属的类别（内部或外部干系人）；干系人在项目中的利益关系；干系人所拥有资源的数量以及调用资源的能力等，如他们在项目中的角色、所处的部门、利益、知识水平、期望、对项目的影响程度等。

此时需要说明的是，关键干系人通常比较容易被识别，主要是受项目结果影响的组织或个人，他们一般有权制定决策或处于管理位置，如客户、项目发起人、项目经理等；除关键干系人之外，其他干系人的识别经常是通过分析其与已识别干系人之间的关系来进行的，他们也应列入干系人登记册中。

（2）分析每个项目干系人可能带来的影响，便于项目经理高效地制定项目干系人管理策略。可以通过对项目干系人信息参数的比较分析，得出干系人影响力和利益相关度矩阵，如表 7-2 所示。具体干系人分析的方式方法将在下一节进行介绍。

表 7-2　**干系人影响力和利益相关度矩阵**

相关度	低影响力	高影响力
低利益相关度	可以忽略的项目干系人	在决策形成和协调中有参考价值的项目干系人
高利益相关度	很重要的项目干系人，需要通过会议和咨询等方式来提高其参与度，或通过专门的手段来保护其利益	最关键的项目干系人

在表 7-2 中，影响力是指某一项目干系人影响（推动或阻碍）项目进行的能力。一个项目干系人所具有的影响力是其所拥有的资源数量以及调用资源的能力大小的综合体现。利益相关度指的是项目干系人对项目结果的关注（利益）程度。

三、识别干系人的结果

识别干系人工作的一项重要成果是得到了干系人登记册。干系人登记册是一份随干系人归档与分类的表格，干系人登记册主要包括以下五个部分：

（1）干系人的基本信息和评估信息。干系人的基本信息包括干系人的姓名、职位、所在地和联系方式。评估信息则包括主要需求、主要期望、对项目的潜在影响、与生命周期的哪个阶段最密切相关。

（2）干系人分类。干系人分类是依据权力、利益、影响等分类标准对干系人进行分类。项目经理依据干系人分类的结果，对项目干系人的优先级次排序。如内部/外部，支持者/中立者/反对者等。

（3）干系人的项目角色。干系人的项目角色主要包括干系人在所属组织中的角色、与项目干系人最相关的项目阶段、干系人承担的重要项目任务。

（4）干系人的状态。干系人的状态主要描述干系人对项目的支持程度。

（5）干系人的优先级。干系人的优先级显示项目干系人在项目或阶段的相对重要性顺序。

定期查看、更新干系人登记册非常重要，因为随着项目的推移，项目干系人的角色可能会发生相应的变动。

第三节　分析干系人的需求

一、干系人分析

干系人分析是系统地搜集和分析各种定量与定性信息，以便确定在项目中应该考虑哪些人的利益。通过干系人分析，识别出干系人的利益、期望和影响，并把它们与项目的目的联系起来。干系人分析也有助于了解干系人之间的关系（包括干系人与项目的关系，干系人相互之间的关系），以便利用这些关系建立联盟或者合作，从而提高项目成功的可能性。干系人分析通常应遵循以下步骤进行：

1. 第一步

识别全部潜在项目干系人及其相关信息，如他们的角色、部门、利益、知识、期望和影响力。关键干系人通常很容易识别，包括所有受项目结果影响的决策者和管理者，如项目发起人、项目经理和主要客户。通常可对已识别的干系人进行访谈，来识别其他干系人，扩充干系人名单，直至列出全部潜在干系人。

2. 第二步

分析每个干系人可能的影响或支持，并把他们分类，以便制定管理策略。在干系人很多的情况下，就必须对关键干系人进行排序，以便有效分配精力，来了解和管理关键干系人的期望。

3. 第三步

评估关键干系人对不同情况可能作出的反应或应对，以便策划如何对他们施加影响，提高他们的支持，减轻他们的潜在负面影响。不同干系人对项目的影响力是不同的，需要对主要干系人的重要性进行排序，以便给予不同力度的关注。用80%的精力花在20%的主要干系人身上。

二、分析方式

（一）专家判断法的含义

专家判断法，是将具备专业知识或者受过专门培训的人组成一个专家小组，由该小组的成员凭借其专业知识和经验，依据所获得的信息进行分析和判断，决定是否批准某项决议或采取某种措施的方法。该方法被广泛应用于项目整体管理过程中的各个阶段。如在制定项目章程这一过程时，专家判断法就是将专家的判断和意见应用于制定项目章程过程中的各技术和管理细节，对制定项目章程所需的各种依据进行评价。这些判断和意见可能来自组织内部或外部的其他单位、顾问公司，包括客户和发起人在内的项目干系人、专业和技术协会、行业组织、项目管理办公室等。

专家判断法的一个最为突出的特点是，参加的人员必须是项目的某些方面的专家。运用专家判断法，可以将某些难以用数学模型定量化的因素考虑在内，在缺乏足够的统计数据和原始资料的情况下作出专业判断。

（二）专家判断法的优缺点

专家判断法的优点如下：

（1）判断过程迅速，成本较低。

（2）预测过程中，可以综合各种不同的观点。

（3）如果缺乏基本数据，可以运用这种方法加以弥补。

专家判断法的缺点如下：

（1）专家意见未必能反映客观现实。

（2）责任较为分散。

（3）一般仅适用于总体情况的估计和判断。

（三）专家判断法的具体形式

专家判断法的具体形式主要包括专家会议法、头脑风暴法、德尔菲法、个人判断法和集体判断法。

1. 专家会议法

专家会议法又称专家会议调查法，是根据项目的目的和要求，向一组经过挑选的专家提供一定的背景资料，通过会议的形式对议题进行评价，在综合专家的分析判断的基础上，对项目作出定量估计。

2. 头脑风暴法

头脑风暴法又称畅谈法、集思法。它通过组织各类专家相互交流意见，自由阐述观点、发表意见，刺激头脑中的智力碰撞，产生新的思想火花，使预测观点不断集中和深化，从而提炼出符合实际的方案。

头脑风暴法的开会形式与普通会议的根本区别在于：

（1）不批评别人的意见；

（2）提倡自由奔放地思考；

（3）鼓励提出更多的方案；

（4）提倡在别人方案的基础上改进完善。

依据头脑风暴法会议主题归集的不同，头脑风暴法又可分为直接头脑风暴法和质疑头脑风暴法。

直接头脑风暴法。这种方法是按照头脑风暴法的规则，通过一组专家会议，对所预测的问题进行创造性思维活动，从而得出满意方案的一种方法。

质疑头脑风暴法。这种方法是同时召开由两组专家参加的两个会议进行集体讨论，其中一个专家组会议直接按头脑风暴法提出设想，另一个专家组会议则是对第一个专家组会议所提出的各种设想进行质疑，从而形成一个更科学、更可行的预测方案。

3. 德尔菲法

德尔菲法本质上是一种反馈匿名函询法。它是按一定的程序，采用背对背的反复函询的方式，征询专家小组成员的意见，经过几轮的征询与反馈，使各种不同的意见渐趋一致，经汇总和用数理统计方法进行收敛，得出一个比较合理的结果供决策者参考。其工作过程大致为：匿名征求专家意见—归纳、统计—匿名反馈—归纳、统计，若干轮后停止。

德尔菲法具有匿名性、反馈性、收敛性这三个最为突出的特点。

4. 个人判断法

个人判断法是用规定程序对专家个人进行调查的方法。这种方法要依靠个别专家的专业知识和特殊才能进行判断。

个人判断法能利用专家个人的创造能力，不受外界影响，简单易行，成本不高。但是，依靠专家个人的判断，容易受专家个人因素的影响。专家的个人意见往往容易忽略或贬低相邻部门、相邻学科的研究成果，专家之间当面讨论又可能产生不和谐。因此，这种方法最好与其他方法结合使用，避免被调查专家之间的直接联系，并给出时间让专家能够反复修正个人见解。

5. 集体判断法

集体判断法是在个人判断法的基础上，通过会议进行集体分析判断，将专家个人的见解综合起来，寻求较为一致的结论的预测方法。这种方法能够集思广益，避免个人判断法的一些不足，在一些重大问题的预测方面较为可行和可信。但是，集体判断的参与人员也可能受到个人因素的影响，不能充分或真实地表明自己的判断。

使用集体判断法时，会议主持人要尊重每一位与会者，鼓励与会者各抒己见，确保与会者在积极发言的同时保持谦虚恭敬的态度，对任何意见都不应发表具有倾向性的意见。同时，会议主持人也应当掌握好会议的时间和节奏，当话题分散或意见相持不下时，能适当提醒或调节会议的进程等。

三、分析方法

（一）力场分析

力场分析通过找出各种有利于解决问题的力量和因素，加强积极因素，排除消极因素，解决问题，达到期望的目标。它是一种策略分析工具，它可以直观地显示出赞成和反对改变的因素，当两者强度相当，就会保持现状。如果要改变，就必须打破当前的平衡状态。不论是组织或个人都如此，任何变革或目标实现，都会有两种作用力。赞成改变的作用力即驱动力（driving forces），对变革或目标实现起推动作用；反对变革或目标实现的反作用力即制约力（restraining forces），对变革或目标实现起阻碍作用。因此，力场分析其实是建立在作用力与反作用力基础上的一个图表分析模型。

力场分析的核心优势是明辨利（驱动力）弊（制约力），它可以帮助我们看清在实现期待的未来状态时，或达成目标的过程中，存在着哪些有利的推动因素即“驱动力”，同时存在哪些不利的阻碍因素即“制约力”。

力场分析的流程步骤：

（1）描述当前状态。

（2）描述期望状态。

（3）辨认如果不采取任何行动的后果。

（4）列出朝向期望状态发展的所有驱动力。

（5）列出朝向期望状态发展的所有制约力。

（6）对所有力量进行逐一讨论与研究：它们是否真实有效？它们能否被改变？它们中的哪一些又是最为关键的？

（7）用1~10的数字对每一力量的强度进行判分，其中1代表力量最弱，10代表力量最强。

（8）在图表上按比例标出力量箭头，其中驱动力位于左侧，制约力位于右侧。

（9）通过力量分析，对变革或目标实现的可能及其过程进行判断。

（10）分析讨论如果减弱制约力或加强驱动力，对变革或目标实现又会产生怎样的影响。

首先列出所有项目干系人的名单，作为其利益分析和沟通协调的基础。其次对所有干系人的利益关切点进行分析，以提取最大公约数的方法求同存异。归纳干系人的利益共同点，作为确立项目目标的基础。筛出干系人的利益分歧点，进行沟通协调。目标确定之后，须对不同干系人的合力和分力进行力道分析，通过协调，尽量增加合力减少分力，使力场重心向目标方向偏移。通过表7-3可以看出积极因素与消极因素之间的力量对比。

（二）矩阵分析法

1. 权力/利益矩阵

权力/利益矩阵是根据干系人权力的大小以及利益进行分类。这个矩阵指明了项目需要建立的与各干系人之间的关系的种类。权力/利益矩阵如图 7-1 所示。

表 7-3　　力场分析

	消极力量/因素						积极力量/因素					
领导支持力度												
技术人员态度												
传媒反映												
团队成员反映												
客户评价												
投资者态度												
	−6	−5	−4	−3	−2	−1	1	2	3	4	5	6

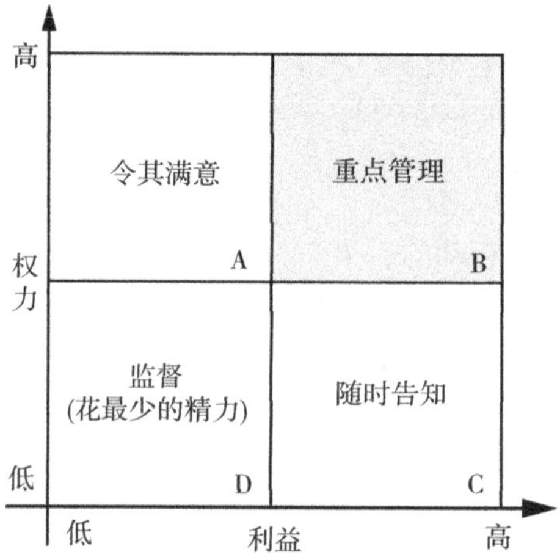

图 7-1　权力/利益矩阵

首先关注处于 B 区的干系人，他们对项目有很高的权力，也很关注项目的结果，项目经理应该“重点管理，及时报告”，应采取有力行动让 B 区干系人满意。项目的客户和项目经理的主管领导，就是这样的项目干系人。其余的 A、C、D 区应分别按图示的方法去管理。

2. 权力/影响矩阵

权力/影响矩阵是根据干系人权利的大小及其对项目的影响进行分类。权力/影响矩阵如图 7-2 所示。图 7-2 中已在各方格为项目经理指出了打交道的策略。例如对 B 区的干系人，项目经理打交道的策略是“重点管理、争取支持”，客户、主管领导就是典型的这类干系人。

3. 作用/影响矩阵

作用/影响矩阵，类似于“权力/利益”矩阵，如图 7-3 所示。改变项目计划或执行的

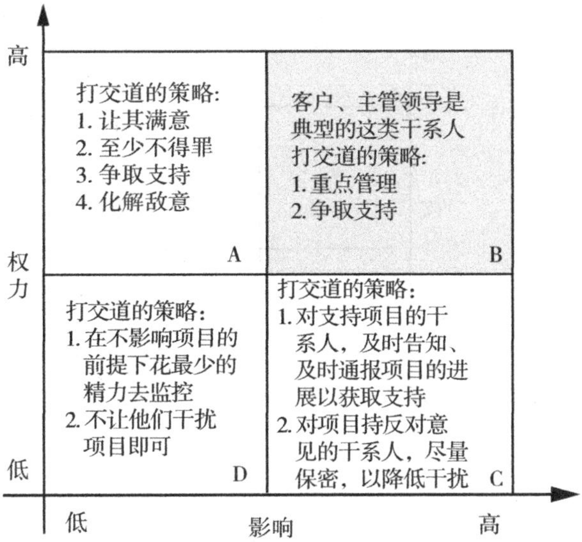

图 7-2　权力/影响矩阵

能力（作用）就是权力的一种。干系人主动参与（影响）项目的程度类似于对项目结果的关注（利益）程度。干系人主动参与项目的过程，也可能主动参与项目的结果。因此，项目经理可以借用类似的策略来管理干系人。

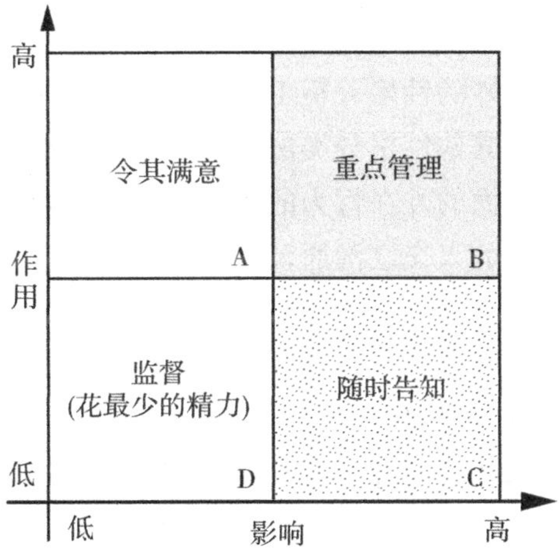

图 7-3　作用/影响矩阵

4. 凹凸模型

凹凸模型是根据干系人的权力（施加自己意愿的能力）的高低、紧急程度（需要立即关注）的高低和合法性（有权参与）的高低划分，如图 7-4 所示，分别被分为 A1、B1、C1、D1、A2、B2、C2、D2 等 8 种情况。

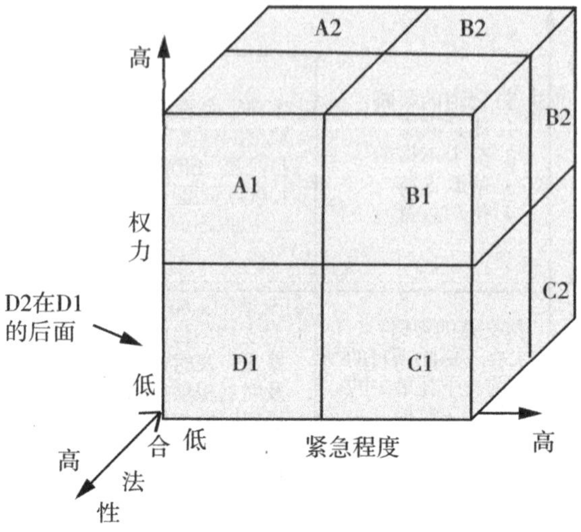

图 7-4　凹凸模型

(三) 九型人格

九型人格（enneagram），又名性格形态学、九种性格，是一种性格分类，基本上把人的性格分成九类。是近年来备受美国斯坦福等国际著名大学 MBA 学员推崇并成为现今最热门的课程之一，风行欧美学术界及工商界。全球 500 强企业的管理阶层均有研习九型人格，并以此培训员工，建立团队，提高执行力。

九型人格不仅仅是一种精妙的性格分析工具，更主要的是为个人修养与自我提升、历练提供深入的洞察力，与当今其他性格分类法不同，九型人格揭示了人们内在最深层的价值观和注意力焦点，它不受表面的外在行为的变化所影响。可以让人明白其他不同人的个性类型，从而懂得如何与不同的人交往沟通及融洽相处，与别人建立更真挚、和谐的合作伙伴关系。

1. 九型人格的三个中心

(1) 思想中心——“以脑部为中心”的人，永远依赖思想来回应事件，喜欢搜集资料、讲道理，靠思考与反省运作，平常不是感到安全就是感到焦虑，他们很容易活在过去。“脑中心”又分为第五型“思想型”、第六型“忠诚型”及第七型“活泼型”。

(2) 情感中心——“以心部为中心”的人，反应来源于情绪、感觉和感情，喜欢人及感受上的运作，对人不是认同就是敌意，容易活在现在。“心中心”又分为第二型“助人型”、第三型“成就型”及第四型“感觉型”。

(3) 本能中心——“以腹部为中心”的人，脚踏实地，最在乎生存问题，喜欢解决问题，看重事实、靠本能和习惯运作，平常不是压抑就是攻击，容易活在未来。“腹中心”又分为第八型“领袖型”、第九型“和平型”及第一型“完美型”。

2. 九型人格的简单描述（见表 7-4）

表 7-4 九型人格

完美型（perfectionist）	重原则，不易妥协，黑白分明，对自己和别人均要求高，追求完美
助人型（helper/giver）	渴望与别人建立良好关系，以人为本，乐于迁就他人
成就型（achiever/motivator）	好胜心强，以成就去衡量自己价值的高低，是一名工作狂
感觉型（artist/individualist）	情绪化，惧怕被人拒绝，觉得别人不明白自己，我行我素
思想型（thinker/observer）	喜欢思考分析，求知欲强，但缺乏行动，对物质生活要求不高
忠诚型（teamplayer/loyalist）	做事小心谨慎，不易相信别人，多疑虑，喜欢群体生活，尽心尽力工作
活跃型（enthusiast）	乐观，喜新鲜感，爱赶潮流，不喜承受压力
领袖型（leader）	追求权力，讲求实力，不靠他人，有正义感
和平型（peace-maker）	需花长时间作决策，怕纷争，难以拒绝他人，祈求和谐相处

3. 九型人格具体性格分析

（1）完美型。

①性格特征。

第一型的人爱批判自己，也爱批判别人，他们内心拥有一张列满应该与不应该的清单。他们认真尽责，希望所做的每件事都绝对正确。他们很难为了自己而轻松玩乐，因为他们以超高标准来审查自己的行为，而且老是觉得做得还不够。他们有可能因为害怕无法臻于完美而耽搁了事情。第一型的人有种道德优越感，很可能厌恶那些不守规矩的人，特别是当这些人越矩得逞时。他们是优秀的组织人才，能够紧追错误和必须完成的事项，把任务完成。

②行为特点。

完美型人格行为特点如下：完美主义、自律、公正、爱憎分明；很多应该和不应该，黑白分明，害怕中间地带；正义感强，原则性强，有责任感、使命感，对自己要求高；遵守规则，工作严谨，高效，一丝不苟，善于统筹和安排；以我为标准，自以为是，喜欢批评和责备自己与他人；感情压抑，外冷内热。

（2）助人型。

①性格特征。

第二型的人不管在时间、精力和事物三方面都表现出主动、乐于助人、普遍乐观，以及慷慨大方。由于他们不容易承认自己的需要，也难以向别人寻求帮助，所以总是无意识地通过人际关系来满足自己的需要，而且在自己最为人所需的时候感到最快乐。他们对别人的需要感觉非常敏锐，能够刚好表现出吸引别人的那部分人格。他们善于付出更胜于接受，有时候会操控别人，为得到而付出，有时候是天生的照顾者和主持者。为了使别人成功、美满，第二型的人能运用他们天生的同情心，给予对方真正需要的事物。

②行为特点。

助人型人格行为特点如下：喜欢别人喜爱他们；容易感受他人的需要和感觉，常看别人好的一面；乐于助人，重视他人的需要更甚与自己的需要；非常重视友情，乐于赞赏他人，很会用心聆听；感性推动行动多于理性；富于同情心，善为他人考虑。

（3）成就型。

①性格特征。

第三型的人是精力超强的工作狂，他们奋力追求成功，以获得地位和赞赏。他们具有竞争性，尽管他们自认为这是一种爱的挑战，而非击败他人的欲望。无论他们处在何种竞争场合，总是把目标锁定在成功之上。他们会是成功的父母、配偶、商人、玩伴、嬉皮、治疗师，能够顺应身边的人们而变换形象。尽管他们和自己真实的感觉毫不相干，因为这些都会影响其成就，可是一旦受到要求，他们却可以表现出合宜的感觉。第三型的人会全心全意追求一个目标，而且永不厌倦。他们会成为杰出的团队领袖，鼓舞他人相信“天下没有不可能的事”。

②行为特点。

成就型人格行为特点有：喜欢参与，喜欢成为行动中的重要人物；好胜心强，重视名誉地位；刻意打扮自己，表现成功形象，出众的社交能手；善于表达，善于激励他人；对自己过去的成就引以为荣；善于目标设定和决策，积极进取，完成工作。

（4）感觉型。

①性格特征。

第四型的人具有艺术气质、多情，他们寻求理想伴侣或一生的志向，活在生命中某项重要事物的感觉中。他们觉得必须找到真实的伙伴，自己才完美。他们倾向于找到疏离理想化的现行事物和世俗的错误。他们被高深的情绪性经验所吸引，表达出与众不同的一面。无论在任何领域，他们的生命反映出对事物重要性和意义的追求。他们很容易陷入自己的情绪，但却能表现出高度的同情心，去支持处在情绪痛苦中的人。

②行为特点。

感觉型人格行为特点如下：他们觉得自己与众不同，常认为自己很独特；容易对别人的批评反应过敏，容易对事情误解；想象力丰富，富创意及艺术气质；细腻和拥有敏锐的审美观；占有欲强，需要情感上的依靠；行为自我，很容易掉到自己的情绪中。

（5）思想型。

①性格特征。

第五型的人带着距离来体验生命，避免牵扯任何情绪，认为观察更胜于参与。他们是需要高度隐私的人，如果得不到属于自己的充分时间，会感到枯竭、焦虑，因为他们用这种方式来回顾事情，并体验在日常事物中难以感觉到的安定情绪。心智生活对他们而言相当重要，他们具有对知识和资讯的热爱，通常是某个专门领域的研究者。第五型的人把生活规划成许多区块，虽然他们不喜欢预定的例行公事，却希望事先知道在工作与休闲时他们被期望的是什么。他们是杰出的决策者和具有创意的知识分子。

②行为特点。

思想型人格行为特点有：善于把情感抽离，喜欢做旁观者多于参与；喜爱搜集信息和知识，喜欢成为专家；喜欢逻辑思维和分析，需要了解事情全部而不是部分；非常重视个人空间，对社交应酬感到浑身不自在；不随波逐流，拥有知识渊博及丰富的精神生活；不喜欢求助别人，生活在自己的思想世界。

（6）忠诚型。

①性格特征。

第六型的人把世界看作是威胁，虽然他们可能觉察不到自己处在恐惧中。他们对威胁的来源明察秋毫，为了先行武装，他们会预想最糟的可能的结果。他们这种怀疑的心智结构会产生对做事的拖延及对他人动机的猜疑。他们不喜欢权威，也可说是害怕权威，参与弱势团体运动，而且在权威中难以自处，或难以维持成功。某些第六型的人具有退缩并保护自己免受威胁的倾向；某些则先发制人，迎向前去克服它，因而表现出极大的攻击性。一旦愿意信任时，第六型的人会是忠诚而具承诺的朋友和团队伙伴。

②行为特点。

忠诚型人格行为特点有：警惕性强，很有危机意思，有时会杞人忧天；勤奋，吃得苦，尽忠职守，做事认真负责；服从指挥，需要清晰指引，必须有明显的证据来作决策；忠诚可靠的朋友；不喜欢环境多变，不轻易尝试新奇的东西或事物；容易因不稳定而感到压力。

（7）活跃型。

①性格特征。

第七型的人乐观、精力充沛、迷人，而且难以捉摸。他们痛恨被束缚或控制，而且尽可能保留许多愉快的选择。在不愉快的情况下，他们会从心理上逃脱到愉快的幻想中。第七型的人是未来导向者，具有涵盖每件想要完成的事情的内在计划，而且当新的选择出现时，他们还会适时更新内容。那份想保持生命愉悦的需要，导引他们重新架构现实世界，以排除有损自我形象的负面情绪和潜在打击。他们容易接受新的经验、新的人群和新的点子，是富有创意的电脑网络工作者、综合家及理论家。

②行为特点。

活跃型人格行为特点有：喜欢不断探索新奇有趣的事物；勇于尝试新鲜刺激的事，富于冒险精神；乐天知命，精力充沛，善于逃避不快乐的事情；讨厌闷，享受交际应酬，相识满天下；喜欢有多样的选择，对将来有很多计划；多才多艺，知识广阔。

（8）领袖型。

①性格特征。

第八型的人独断，有时具攻击性，对生命抱持“一不做二不休”的态度。他们通常是领袖或极端孤立者，善于关心和保护朋友，他们知道朋友在想什么。他们关心正义和公平，并且乐意为此而战。第八型的人格外追求享乐，从和朋友喝酒作乐到理性的讨论都有。他们能觉察权力所在之处，使自己免受他人的控制，他们具有支配力。第八型的人会忠诚地运用自己的力量，并毫无倦怠地支持有价值的事件。

②行为特点。

领袖型人格行为特点有：态度直接，讨厌转弯抹角，有话直说；识英雄重英雄，遇强愈强，喜爱接受挑战；任何时候都要以领导者姿态出现，冲动派，勇者无惧；顽强的谈判专家，喜欢支配他人，喜欢控制；硬朗，对自己的信念充满自信。

（9）和平型。

①性格特征。

第九型的人是和平使者。他们善于了解每个人的观点，却不知道自己所想、所要的是什么。他们喜欢和谐而舒适的生活，宁愿配合他人的安排，也不要制造冲突。然而，如果被人施压，他们会变得很顽固，有时甚至会动怒。他们通常兴趣很多，但是却将自己的优先事项拖到最后一分钟才做。他们还具有自我麻醉的倾向，让自己去做一些次要的活动，如看书、和朋友闲逛、看录影带等。第九型的人是很好的仲裁者，磋商对象，而且能专心执行一项团体计划。

②行为特点。

和平型人格行为特点有：适应能力强，最佳的聆听者；慢条斯理，温和的和平使者；对很多事物都有兴趣，容易接受不同事物；待人处世圆滑，懂得逃避压力，善于避免冲突；不轻易批评，善于调解，令关系融洽和谐；喜欢自己的工作速度，不喜欢性急。

第四节　规划干系人管理

规划干系人管理是基于对干系人需要、利益及对项目成功的潜在影响的分析，制定合适的管理策略，以有效调动干系人参与整个项目生命周期的过程。它可以为与项目干系人的互动提供清晰且可操作的计划，以支持项目利益。规划干系人的需求可以分为三个方面：功能需求、组织需求和心理需求。在项目干系人分类的基础上，结合项目干系人的需求，通过规划干系人管理可以帮助项目团队制定相应的策略，调动项目干系人积极参与项目，管理干系人的期望，从而实现项目目标。

在规划干系人管理时应注意：

（1）干系人管理的内容比改善沟通更多，也比管理团队更多。

（2）干系人管理是在项目团队和关系人之间建立并维护良好关系，以期在项目边界内满足干系人的各种需要和需求。

（3）随着项目的进展，干系人及其参与项目的程度可能发生，因此，规划干系人管理是一个反复的过程，应由项目经理定期开展。

一、规划干系人管理的工具与方法

规划干系人管理的工具和方法主要有专家判断法、干系人需求分析技术。这些内容均已在上一节介绍过，此处仅结合规划干系人管理对分析技术做以下补充。

项目经理可以借助干系人参与评估矩阵记录、分析和比较所有干系人目前的参与程度以及计划参与程度的差异情况。

干系人参与评估矩阵按不了解、抵制、中立、支持、领导五种类状态对干系人的参与程度进行分类，其中：“不了解”表示对项目和潜在影响不知情；“抵制”表示知晓项目和潜在影响，但持反对意见；“中立”表示知晓项目和潜在影响，既不支持也不反对项目；“支持”表示知晓项目和潜在影响，支持项目；“领导”表示知晓项目和潜在影响，主动参与全力促成项目。

表 7-5 即为一个干系人参与评估矩阵示例。其中 C 代表该干系人目前参与的程度，D 代表项目团队对干系人期望参与的程度。

表 7-5　　干系人参与评估矩阵

干系人	不了解	抵制	中立	支持	领导
干系人 X	C			D	
干系人 Y			C	D	
干系人 Z				C D	

从表 7-5 可以看出，只有干系人 Z 的实际参与程度与期望参与程度相吻合，其余两个干系人的实际参与程度与期望参与程度还是有差距，尤其干系人 X 的差距还是相当大。项目经理在识别出项目干系人的当前参与程度与期望参与程度之间的差距后，可以据此制订相应的干系人管理计划。

二、规划干系人的结果

干系人管理计划是项目管理计划的组成部分，其中包含为有效调动干系人参与而需要采取的管理策略。干系人管理计划的形式和内容没有统一要求，可以是正式的或非正式的，非常详细的或高度概括的。除了包括干系人登记册中的信息外，干系人管理计划通常还包括：

（1）关键干系人的需要的参与程度和当前的参与程度。

（2）干系人变更的范围和影响。

（3）干系人之间的相互关系。

（4）项目现阶段的干系人沟通需求。

（5）需要分发给干系人的信息，包括这些信息的格式、内容和详细程度。

（6）分发相关信息的理由，以及可能对于干系人参与的影响。

（7）向干系人分发的信息时限和频率。

（8）随着项目的开展，更新和优化干系人管理计划的方法。

由于干系人管理计划的敏感性。采取恰当预防措施，避免干系人管理计划信息泄露的风险。比如，干系人管理计划可能会记载抵制项目的干系人信息。一旦这些信息被自认为是项目支持者实际被归为抵制项目的干系人发现，这就可能造成非常严重的后果。因此对于干系人管理计划的分发以及保存需要谨慎。更新干系人管理计划时，应审查所依据的假设条件的有效性，以确保计划的准确性和相关性。

第五节　案例分析

本章案例主要讨论创业项目的干系人管理，苹果公司的成功经验值得借鉴，苹果公司创始人为三人，到后来其中一人退出，再到引进风险投资者，然后还在成长的苹果公司内部出现分歧，创始人乔布斯被开除，公司一度濒临破产，最后再度邀请乔布斯回归，几起几落，都与创业项目的干系人管理有关。在如今投资分析师的预测中，苹果公司最有可能成为市值突破万亿美元的公司，几乎是富可敌国。

乔布斯在技术、管理及文化方面堪称天才。技术方面，他是独居慧眼的产品方面的专家，个人电脑、手机及平板电脑系列几乎都是出自其手；管理方面，他是能随机应变的企业家；文化方面，他革新了人们的消费及生活的方式。正是由于这些天赋，造就了他的偏执，使其与其他干系人产生分歧埋下了隐患。乔布斯一起创业的伙伴沃兹尼亚克，是一位技术天才，对个人电脑痴狂，但是对公司管理一窍不通。他们在一起的创业项目很简单——组装个人电脑后出售。在取得了一些小小的成功后，他们引进了风险投资家马古拉，马古拉从 Intel 退休并已是百万富翁。在马古拉的帮助下，公司整理了经营思路，并制订了公司发展计划。马古拉把公司推荐给了硅谷的一众风险投资家，让公司获得了充裕的资本，用于生产。由于超常规发展，公司引进了职业总经理，很快苹果公司在风险投资家们的催生下上市，众多干系人之间的合作管理基本能相安无事。到了 1985 年，由于乔布斯对于技术的过分追求，前期投入巨额的研发费用而大大超出了项目预算，公司赤字几乎令人窒息，而乔布斯固执的态度引起了董事会的不信任，乔布斯没有及时处理同干系人的关系而被解除一切管理职务，最后不得不离开公司，但基于对苹果公司的深情，仍保留一股以了解财务状况。

乔布斯离开后，公司的经营仍然举步维艰，由于成本过高造成持续亏损，总裁辞职，公司接近破产的边缘。此时乔布斯应召回公司，通过一系列大胆改革及推出一些有力举措，力挽狂澜，让苹果扭亏为盈。干系人之间重新开始合作，直至乔布斯离世，他都取得了干系人的充分信任。

案例参考：《史蒂夫·乔布斯传》，沃尔特．艾萨克森著，中信出版社，2011 年。

问题：

1. 在不同阶段，干系人及其期望都不一样，如何随时间推移，协调好干系人？
2. 苹果在不同发展阶段，其干系人发生了哪些变化？

◎ 思考题

1. 创业项目的干系人具备哪些特点？
2. 简述识别干系人的依据与步骤。
3. 简述分析干系人的步骤。
4. 简述九型人格的具体性格及其三个中心。

第八章　创业项目人力资源管理

第一节　创业项目人力资源管理规划

人力资源管理是指根据企业发展战略的要求，有计划地对人力资源进行合理配置，通过对企业中员工的招聘、培训、使用、考核、激励、调整等一系列过程，调动员工的积极性，发挥员工的潜能，为企业创造价值，确保企业战略目标的实现，是企业的一系列人力资源政策以及相应的管理活动的总称。人力资源规划是指根据企业的发展规划，通过企业未来的人力资源的需要和供给状况的分析及估计、对职务编制、人员配置、教育培训、人力资源管理政策、招聘和选择等内容进行的人力资源部门的职能性计划。

一般来说，企业人力资源管理可根据其涉及的工作内容关联程度不同界定为六大模块，即人力资源规划、招聘与配置、培训与开发、绩效管理、薪酬福利管理、职业规划管理，成熟企业往往将企业文化界定为人力资源管理的一个模块。企业在其不同的发展阶段，因其阶段性战略目标与人力资源管理的基础存在差异，又须在确保人力资源管理各个环节不存在大漏洞的情况下对某些模块略有侧重。

创业项目由于受规模、人员、资金等方面的制约，无法面面俱到，保证细节上的完美，因此其在人力资源管理上的主要侧重点是人力资源的战略管理。创业项目人力资源管理指的是创业者对创业项目团队开展的有关人力资源的科学计划、员工的适当培训、人力资本的科学配置、绩效的准确评估以及有效激励等方面的一系列管理工作。创业项目人力资源管理旨在充分发挥创业项目团队成员的主观能动性，激励他们发挥所长以保证创业项目目标的顺利完成。

一般认为，人力资源管理的起点是职位分析，只有做好了职位分析与设计工作，才能据此有效地完成后续具体的现代人力资源管理工作。在知识经济时代，随着组织结构的扁平化、网络化、柔性化、组织信息共享普遍化，企业中知识员工所占比例越来越大，创业型企业中具备创新、冒险意识的员工越来越多，创新的不确定性、不连续性使得企业根本无法确定创业型员工的具体专职岗位并为其制定职位说明书。对内部创业型企业来讲，人力资源管理工作的起点不应该是职位分析，而是基于公司战略的人力资源规划。麦肯锡的研究发现："虽然 62%的首席执行官和高级管理人员非常赞同战略应该与人才规划联系起来，但是仅有 7%的首席执行官和高级管理人员承认他们是这么做的。"因此，那些将战略规划与人才规划紧密结合的公司必将获得独特的竞争优势。人力资源规划可以分为战略计划和战术计划。战略计划主要是根据企业内部的经营方向和经营目标，以及企业外部的社会和法律环境对人力资源的影响，来制订出一套几年计划。其中，人力资源的预测是重要的一个环节。企业应该根据战略规划以及内外部环境的分析，对未来发展所需的人才作适当预测。在快速变化的市场和技术面前，人力资源的战略计划应该迅速、及时地反映市场和技术变化对人力资源的需求。一般而言，作为战略计划，时间范围是3~5年，计划的制订也是滚动的，即每年做一个3~5年的计划。现在看来，这种频率已经显得太慢了，对技术型公司来讲更是如此。在快速的技术更新和替代面前，战略计划的制订频率应该更短些。

创业项目人力资源规划，是指根据创业项目目标预测未来人力资源的需求，制定人力资源管理的一些具体目标，确定所需的人力资源的数量和质量、团队成员的工作任务，以及团队成员的相互关系，确保在适当的时候，为相应的职位配备合适的数量和类型的工作人员，使得他们能够有效完成总体任务、达到预期目标。人力资源规划的内容包括两个方面，即总体规划和具体计划。人力资源总体规划是计划期间内人力资源开发与管理的总目标、总政策、总实施步骤和总预算的安排。具体计划是总规划的展开和时空具体化，每一项具体计划也都是由目标、任务、政策、步骤和预算等部分构成，从不同方面保证人力资源总体规划的实现。这些人力资源管理规划的内容可以总结为以下几个方面。

一、创业项目人力资源管理规划的程序

具有一定规模的企业有足够的人力和资金去进行企业的人力资源规划，因此其人力资源规划是复杂而又综合全面的。从规划的内容来说，包括战略规划、制度规划、人员规划、组织规划、费用规划。从程序而言，则一般可以分为以下几个步骤：搜集有关信息资料、人力资源需求预测、人力资源供给预测、确定人力资源净需求、编制人力资源规划、实施人力资源规划、人力资源规划评估、人力资源规划反馈与修正。对创业项目而言，由于资金、时间和成本人力等条件限制，因此其人力资源规划应侧重人力资源规划的核心部分：包括人力资源需求预测、人力资源供给预测和人力资源供需综合平衡三项工作。因此，我们可以总结出创业项目人力资源管理规划通常有以下四个步骤：

（一）调查现有人力资源情况

调查现有人力资源情况是指通过调查研究来获取现有人力资源状况的相关信息，并对其进行评价。由于创业项目团队前期规模小，人力资源往往比较匮乏，调查相对简单，但正是基于此，更应对现有人力资源情况进行一个详尽调查，包括团队中各成员所具备的各项技能与特长，以更好地进行职岗匹配，最大限度地发挥现有人力资源的优势，从而更好完成创业项目前期的工作。

（二）预测未来所需的人力资源构成

预测未来所需的人力资源构成是创业项目人力资源规划中非常重要的一步。创业团队在这一步要完成未来人力资源的需求预测和供给预测，并进行供需综合平衡。创业团队应

结合项目的目标及未来的市场环境进行项目前景预想，并据此预测项目未来所需的人力资源管理构成，包括人力资源的数量和质量。需要注意的是，尽管项目的目标可能是确定不变的，但由于市场环境的变幻莫测，因此在进行未来所需人力资源构成的时候要尽可能具有弹性，同时还要结合项目属性考虑。如一个以智能机器人为创业项目的团队，在考虑未来人力资源构成时可能就需要更多计算机方面的技术人才，而如果一个创业项目团队选择进入技术壁垒较低的行业，则其未来预期需要的可能更多是营销或者其他方面的人才。

（三）制定人力资源总规划

结合现有人力资源状况及对自身未来所需人力资源的构成，根据团队目标，创业项目团队应制定相应的人力资源总规划，即未来较长时期总体的人力资源开发管理的总目标、总政策、总实施步骤和总预算的安排。进行人力资源总规划属于战略层面的操作，因此应从全面、长远的角度制定规划，要对创业团队未来发展有明确的掌握。

（四）细分人力资源规划

细分人力资源规划是指在创业项目目标的指导下，对人力资源管理的总体规划在时间和空间上进行具体细分，从而确保人力资源管理总体规划的实现，包括对总体规划的总目标、总政策、总实施步骤和总预算的详细安排。在细分人力资源总规划时应结合项目的具体发展进行。一个典型的人力资源规划应包括：

1. 规划的时间段

创业团队需要确定人力资源规划时间的长短，需要具体列出规划从何时开始，到何时结束。若是长期的人力资源规划，则规划时间可以长达 5 年以上；若是短期的人力资源规划，如年度人力资源规划，则为 1 年。

2. 规划达到的目标

任何规划都需要有明确的目标，人力资源规划也是如此。创业团队的人力资源规划需要确保达到的目标要与组织的战略目标紧密联系起来，最好有具体的数据，同时要简明扼要，以确保目标的准确性。

3. 情景分析

情景分析包括目前情景分析和未来情景分析两个部分。目前情景分析是指在搜集信息的基础上，分析组织目前人力资源的供需状况，进一步指出制订该计划的依据。而未来情景分析则指在搜集信息的基础上，在计划的时间段内，预测组织未来的人力资源供需状况，进一步指出制订该计划的依据。

4. 具体内容

这是人力资源规划的核心部分，需要对创业项目的人力资源规划作一个具体的阐述。阐述的内容包括人力资源规划的具体项目内容、每个项目具体的执行时间、项目的负责人和检查人、检查日期以及每个项目的预算。

5. 规划制定者

对企业来说，人力资源规划的制定者可以是一个人，也可以是一个部门。但是创业项目由于其本身的特性，企业在前期一般不会有特殊的人力资源部门。因此创业项目的人力资源的制定者通常是创业项目的创建者或者创业团队里具备人力资源知识技能的人所组成的团体。

二、制定人力资源管理规划的重要性

人力资源规划是人力资源管理的重要职能之一。对创业项目而言，人力资源规划实质上就是在预测未来创业团队任务和环境对创业团队的要求以及为完成这些任务和满足这些要求而提供人员的管理过程。由此我们也可以得到创业项目中人力资源管理规划的定义，即指根据创业项目目标预测未来人力资源的需求，制定人力资源管理的一些具体目标，确定所需的人力资源的数量和质量、团队成员的工作任务，以及团队成员间的相互关系，确保在适当的时候，为相应的职位配备合适的数量和类型的工作人员，使得他们能够有效完成总体任务、达到预期目标。在创业项目中，人力资源规划的主要功能和目的在于预测创业项目的人力资源需求和可能的供给，确保创业项目在需要的时间和岗位上获得所需的合格人员。实际上人力资源规划是一项系统的战略工程，它以创业项目发展战略为指导，以全面核查现有人力资源、分析创业项目内外部条件为基础，以预测创业团队未来对人员的供需为切入点，内容包括晋升规划、补充规划、培训开发规划、人员调配规划、工资规划等，基本涵盖了人力资源的各项管理工作，人力资源规划还通过人事政策的制定对人力资源管理活动产生持续和重要的影响。

在人力资源管理职能中，人力资源规划具有战略性和应变性。创业团队发展战略及目标、任务、计划的制定与人力资源战略及计划的制定紧密相连。人力资源规划规定了招聘和挑选人才的目的、要求及原则；人员的培训和发展、人员的余缺都得依据人力资源规划进行实施和调整；员工的报酬、福利等也是依据人力资源规划中规定的政策实施的。在创业项目人力资源管理活动中，人力资源规划不仅具有先导性和战略性，而且在实施创业项目目标和规划过程中，它还能不断调整人力资源管理的政策和措施，指导人力资源管理活动。因此，人力资源规划处于整个人力资源管理活动的统筹阶段，它为下一步整个人力资源管理活动制定了目标、原则和方法。人力资源规划的可靠性直接关系着人力资源管理工作整体的成败。所以，制定好人力资源规划是创业项目人力资源管理部门的一项非常重要和有意义的工作。

创业项目的生存和发展离不开创业项目规划。创业项目规划的目的是使创业项目的各种资源（人、财、物等）彼此协调并实现内部供求平衡。人力资源是创业项目内最活跃的因素，人力资源规划是创业项目规划中起决定性作用的规划。

（一）规划人力发展

人力发展包括人力预测、人力增补及人员培训，这三者紧密联系，不可分割。人力资源规划一方面对人力现状予以分析，以了解人事动态；另一方面，对未来人力需求作一些预测，以便对创业项目人力的增减进行通盘考虑，再据以制订人员增补和培训计划。所以，人力资源规划是人力发展的基础。创业项目尽管规模小、人数少，但是做好人力发展，可以避免发展后期人才短缺或者人员冗余造成的损失。

（二）人力资源的合理运用

只有少数创业项目其人力的配置完全符合理想的状况。在相当多的创业项目中，受创业团队的资金和规模限制，部分人的工作负荷过重，特别是创业团队的创建者，往往需要花费巨大的心血和精力；但是创业团队中可能有一些人的能力有限，或感到能力有余却未能充分利用。人力资源规划可改善人力分配的不平衡状况，进而谋求合理化，以使人力资源能配合创业团队的发展需要。

（三）配合创业团队发展的需要

任何创业团队的特性，都是不断地追求生存和发展，而生存和发展的主要因素是人力资源的获得与运用。也就是如何适时、适量及适质地使创业团队获得所需的各类人力资源。由于现代科学技术日新月异，社会环境变化多端，如何针对这些多变的因素，配合创业团队发展目标，对人力资源恰当规划甚为重要。

（四）降低用人成本

对具备一定规模的企业来说，通过制定人力资源规划来降低用人成本的效果非常显著。因为它们往往需要较多的员工来支持企业的运作。影响企业结构用人数目的因素很多，如业务、技术革新、机器设备、企业工作制度、工作人员的能力等。而人力资源规划可对现有的人力结构作一些分析，并找出影响人力资源有效运用的瓶颈，使人力资源效能充分发挥，降低人力资源在成本中所占的比率。对创业项目来说，创业前期在抓主营业务的同时兼顾人力资源规划是一件耗时耗力、吃力不讨好的事情，甚至会增加创业项目前期的运行成本，但是如果能坚持人力资源规划，对创业项目的后续发展将大有裨益。

三、创业团队制定人力资源规划的作用

（一）满足创业团队总体战略发展的要求

人力资源规划是创业团队发展战略的重要组成部分，同时也是实现创业团队战略目标的重要保证。有效的人力资源规划是需要建立在创业者对市场环境、创业项目、创业团队有一个清晰准确的认识的基础上，同时创业项目的人力资源规划应该在创业团队的战略目标指导下进行。

（二）确保创业团队生存发展过程中对人力资源的需求

创业项目在不同时间段的规模不同，其表现出来的特点和需求也不相同。创业团队必须分析自身在不同阶段对人力资源的需求和供给，并分析二者之间的差距，并制定相应的规划来满足对人力资源的需求。

（三）有利于创业项目人力资源管理活动的有序化

创业项目人力资源规划是创业项目人力资源管理工作的基础，它是由创业项目的人力资源总体规划和在总规划指导下的各种业务计划构成。创业项目的人力资源规划可以为创业项目的人员管理活动（如人员需求量和供给量的确定、创业团队成员职务和任务的调整、培训等）提供相应的依据和信息，以进一步保证创业团队人力资源管理活动的有序化。

（四）有利于调动团队成员的积极性和创造性

创业项目人力资源管理要求在实现创业项目目标的同时，也要满足创业团队的个人需要（既包括物质需要，也包括精神需要），将团队成员的个人需要同创业项目目标相结合，在人力资源规划的条件下，将团队成员的发展前景和成长空间具体化，使得团队成员可以感知自己在未来的时间段可被满足的东西和满足的水平，可以激发员工潜在的创造性和持久的工作积极性。

（五）有利于控制创业项目的人力资源成本

创业项目的人力资源规划有助于检查和测算出人力资源规划方案的实施成本及其带来的效益，避免创业项目发展过程中因人力资源浪费而造成的人工成本过高的问题。要通过人力资源规划预测创业团队人员的变化，调整创业团队的人员结构，把人工成本控制在合理的水平上，这是创业团队不断发展壮大中不可缺少的环节。

四、制定人力资源管理规划的原则

创业项目人力资源规划要通过一系列科学的预测和分析（包括人员的流入预测、人员的流出预测、人员的内部流动预测、社会人力资源供给状况分析、人员流动的损益分析等），确保创业项目对所需要的人力资源的满足。创业项目中人力资源管理规划中的核心问题是确保人力资源的供给，人力资源的供给不仅要求有人员能上岗，更要求人岗匹配，确保合适的人做合适的事。只有在创业项目的人力资源供给能得到有效保障的前提下，才有可能去进一步更深层次地进行人力资源管理与开发行动。由于人力资源规划是为了使创业团队能更好地进行人岗匹配，因此，创业项目的人力资源管理规划必须遵守以下原则：

（一）与内外环境相适应的原则

由于创业项目的内外部环境相对来说均不稳定，因此创业项目的人力资源规划必须充分地考虑了内、外环境的变化，才能适应创业项目的需要，真正地做到为创业项目发展目标服务。其中，内部变化主要指团队成员的流动变化、销售方式或渠道的变化，或者说创业项目发展战略的变化，还有开发的变化等；外部变化则指社会消费市场的变化、政府有关人力资源政策的变化、人才市场的变化等。为了更好地适应这些变化，创业团队在人力资源规划中应该对可能出现的情况作出预测和风险变化预测，最好能有面对风险的应对策略。

（二）与战略目标相适应的原则

创业项目人力资源规划的制定必须依据创业团队的发展战略、目标，因为人员规划是创业项目整个发展规划中的重要组成部分，其首要前提就是服从创业项目整体发展战略的需要，只有这样才能保证创业项目目标与创业项目人力资源的协调发展。

人力资源的总体规划是建立在创业项目总体战略的基础上，总体规划需要明确人力资源管理的职能战略目标、规划的周期、规划的范围，在明确为创业项目总体规划的同时建立与之相适应的人力资源文化，从而吸纳、消化、开发人员。

（三）双方都得到长期利益的原则

人力资源规划不仅是面向创业项目的计划，也是面向员工的计划。创业项目的发展和员工的发展是互相依托、互相促进的关系。如果只考虑创业项目的发展需要，而忽视了员工的发展，则会影响创业项目发展目标的达成。优秀的人力资源规划，一定是能够使创业项日和员工都得到长期利益的计划，一定是能够使创业项日和员工共同发展的计划。要确保充分了解团队成员的需求和期望，结合团队成员的需求和期望制订创业项目的人力资源规划，才能使团队成员都能朝着创业团队的目标共同前进。

（四）保持适度流动性的原则

团队成员的合理流动对创业项目的稳定健康发展有着不言而喻的作用。对创业项目而言，项目前期，因为成本的限制，团队成员的流动性较低在一定程度上代表着项目对团队成员的凝聚力。但当创业团队发展到一定规模时，团队成员应保持一个合理的流动性。团队成员流动性过低，不利于发挥员工的积极性和创造性；流动性过高，会造成人力成本的损耗，使创业项目生产经营成本增加。

第二节 创业团队

团队可以使组织更加有效地完成任务并提高绩效。那么，什么是团队？从关注团队成员的角度来讲，团队是一个小型的群体，群体成员不仅在技术上互补，而且拥有一致目的、绩效目标和工作方法并负有责任。从协作的角度来讲，团队是由人组成的充满能量的群体，人们努力完成共同的目标，热爱自己的工作并彼此很好地协作从而实现高质量成果的获得。而创业团队是指在创业初期（包括创业项目成立前和成立早期），由一群才能互补、责任共担、愿为共同的创业目标而奋斗的人所组成的特殊群体。创业团队和一般团队的区别可以从目的、职位层级、权益分享等方面进行比较，如表 8-1 所示。

表 8-1　　　　　　　　　　　　　　**一般团队与创业团队的比较**

比较项目	一般团队	创业团队
目的	解决某类或者某个具体问题	开创新企业或者拓展新事业
职位层级	成员并不局限于高层管理者职位	成员处在高层管理者职位
权益分享	并不必然拥有股份	一般情况下在企业中拥有股份
组织依据	基于解决特定问题而临时组建在一起	基于工作原因而经常性地共事
影响范围	只是影响局部性的、任务性问题	影响组织决策的各个层面，涉及范围较宽
关注视角	战术性的、执行性的问题	战略性的决策问题
领导方式	受公司最高层的直接领导和指挥	以高管层的自主管理为主
成员对团队的组织承诺	较低	高
成员与团队间的心理契约	心理契约关系不正式，且影响力小	心理契约关系特别重要，直接影响到公司决策

资料来源：陈忠卫．创业团队企业家精神的动态性研究［M］．北京：人民出版社，2007：83-85.

一般团队是为了解决某类或者某个具体问题进行组建的，因此，一般团队成员往往是一些对这类或者这个问题深有研究的专家，并不一定是企业的高层管理者，也并不一定拥有企业的股份。一般团队只是为了解决特定问题而临时组建在一起，关注的通常是为了解决该问题的战术性和执行层面的问题，因此影响范围是局部性的、任务性的问题。由于一般团队是为了解决某个问题临时组建的，因此团队成员对团队的组织承诺较低，与团队的心理契约关系不正式，且影响力小。

创业者最初组建创业团队的目的是为了创建新企业。但是，随着创业项目的不断扩大，企业也在不断成长，团队成员随之发生变动。最初的创业团队成为创业项目企业中的领导人物，带领新成员发展企业并开拓新疆土。创业团队成员在企业中一般处于高层管理者，拥有企业股份，对企业重大问题决策产生影响，甚至关系到企业的生死存亡。创业团队出于对企业投入的情感及自身利益的原因，往往比一般团队的成员更加关心企业的发展和成长。此外，团队成员为了工作的原因而经常性地共事，对团队的组织承诺（包括连续性承诺、情感性承诺、规范性承诺）更高且心理契约关系更强。

一、创业团队的组成要素

自改革开放以来，中国经济制度发生重大变化。活跃的市场经济掀起了一波创业热潮。李克强总理在政府工作报告中提出：“创业既可以扩大就业、增加居民收入，又有利于促进社会纵向流动和公平正义。”创业离不开创业团队。创业团队常常被视为组织取得成功和创造知识的基本单位，可以有效突破单个创业者在能力、经验、资源等方面所受到的限制，通过多个创业者之间的优势互补，为创业成功奠定基础。一流的创业团队能够带来大量的知识、经验、技能，并提升对公司的承诺，进而促进团队创业的成功。但团队成员能否做到优势互补，这在很大程度上取决于创业团队成员的选择和组合。创业团队之间的团结和合作状况往往是决定创业成功的关键。

优秀的创业团队一般包括以下几个类型的人才：具有创新意识的决策者，可以作为企业的战略决策者，决定企业未来的发展方向；具有整体意识的策划者，能全面考虑企业融资渠道，收益、成本、利润的来源，并分析企业潜在的风险和机遇，制定企业管理规范章程和长远规划设计等工作；具有沟通能力的执行者，可以将企业的绩效任务很好地执行，包括联系客户、与终端消费者沟通从而拓展市场；此外，还包括专业技术人才，如研发人员、财会人员、法律人员等。

优秀的创业团队不仅需要各方面的专业人才，还需要有一个具有魄力的领导人物，即创业项目的创建者。优秀的创建者是创业团队的灵魂，应该具备敏锐的市场触觉、杰出的领导能力、全面长远的战略目光。创建者是创业团队的核心人物，必须得到所有团队成员的认可，可以凝聚创业团队的力量，使项目顺利实施。除了创建者之外，创业团队还需要有经验的领导者加入董事会以及专业的咨询理事会为创业项目提供专业的咨询意见。

因此，创业团队一般包括创建者、董事会、核心员工和专业顾问。

（一）创建者

企业创建者特征及其早期决策，会对企业的被接受方式和创业团队形成的风格产生重要的影响。其中，创建者团队的规模和素质是两个最重要的方面。

大多数创业者面对的首要决策是，自己单独创办企业还是组建初始创建者团队（founding team）去创办企业。研究表明，50%～70%的新企业是由一个以上的创业者创建。人们普遍认为，由团队创业要比由个人创业更具有优势，因为团队为新创企业带来的才能、创意和专业联系，要远远多于个体创业者所能做到的。除此之外，新企业的共同创建者之间彼此给予的心理支持也是企业成功的重要因素。有些因素会影响创业团队的价值。首先，从前共过事的团队，要优于首次合作的团队。如果人们以前曾在一起工作过并计划合作创建一家企业，那么他们通常会亲密相处并彼此信任。他们比那些相互陌生的团队成员能更有效地进行沟通和互动。其次，如果团队成员是异质性（heterogeneous）的，意味着他们在能力和经营方面彼此各不相同；而如果是同质性（homogeneous）的，则意味着他们的专业技能领域非常类似。异质性团队更可能对技术、雇用决策、竞争策略和其他重要活产生不同观点。这些差异性的观点很可能引发争论和成员间的建设性冲突，从而减少了匆忙决策或缺乏对其他观点公开讨论的可能性。创建者团队有可能因为规模太大，从而带来沟通问题和逐渐增多的潜在冲突。超过四人的创建者团队，明显太大而不可行。

与企业创建者有关的第二个关键问题是，创建者具备的素质。创建者之所以重要的一个原因是，在企业创建初期，创建者的知识、技术和经验是企业所具有的最有价值的资源。正是由于这一点，人们对新企业的评判主要依据企业的“潜力”而非当前的资产或绩效。在大多数情况下，这就导致人们通过评估企业创建者和最初管理团队来判断企业未来发展的前景。以下几个因素对企业创建者取得成功至关重要。创建者的受教育水平非常关键，因为人们相信通过大学教育可以提高包括研究能力、洞察力、创造力和计算机技术在内的创业能力。前期创业经验（entrepreneurial experience）、相关产业经验（relevant experience）和网络关系也是企业创建者取得成功的重要保证。对企业创建者或者团队来说，具有成熟的社会和职业关系网络也是一项尤为重要的能力。创建者必须经常与他们的社会、与个人网络“打交道”，以企业名义筹集资本或获取其他关键资源。对于一些创业者而言，关系网络化是一件轻而易举的事情，已经成为他们日常例行工作的一部分，而对于另一些人来说，关系网络化还是一种需要学习的技能。

由此可知，由具备这类特征的创建者或创建者团队创办的新企业，最可能获得迅速的成功。创建者特征如表 8-2 所示。

表 8-2　**创建者特征**

特征	说　明
由团队创建企业	与个人创建企业相比，团队创办新企业能为企业提供更多的资料、更多的观点和更广泛的项目选择
受教育水平较高	事实证明，高水平的教育能够提升重要的创业技能
前期创业经验	具有前期创业经验的创业者要比刚刚接触创业过程的创业者，更熟悉创业过程、更有可能避免犯重大错误
相关产业经验	与没有相关产业经验的创业者相比而言，具有新企业所在行业经验的创业者更有可能拥有良好的职业网络关系以及实用的营销和管理经验
广泛的社会和职业网络关系	具有广泛的社会和职业网络关系的创业者，很有可能获取额外的技能、资金和消费者认同

资料来源：布鲁斯·R. 巴格林，等. 创业管理：成功创建新企业（第 3 版）[M]. 杨俊，等，译. 北京：机械工业出版社，2010.

（二）董事会

当创业团队组建一家公司时，就要依法成立董事会，它是由公司股东选举产生以监督企业管理的个人小组。董事会一般由内部董事和外部董事构成，内部董事在企业中任职，而外部董事则不在企业中工作。董事有三项基本职责：任命企业的高级职员（核心管理者）、公布红利、监督公司重大事件。安然（Enron）公司和世通（WorldCom）丑闻进一步强调了董事会中增加更多的外部董事的重要性。这一事件所带来的结果之一是，企业开始在董事会中增加更多的外部董事。这种趋势产生的原因是，不在企业供职的外部人员要比供职于企业的内部人员更有动力去仔细检查企业的管理行为。大多数董事会一年召开 3~4 次会议。大企业为董事们的服务提供报酬。在新创企业中，企业很可能给董事们发放公司股票，或对其工作不支付直接报酬（至少在公司盈利以前如此）。法律要求，上市公司的董事会必须要有审计和薪酬委员会。许多董事会也有提名委员会，以选择股东填补空缺的董事岗位。

如果处理得当，公司董事会能够成为新创企业团队的重要组成部分。董事会为了帮助新企业拥有一个良好开端并形成持久竞争优势，可通过提供指导和提高资信两种方式。例如，如果两名计算机软件程序员想要创办一家软件企业，而他俩又都没有市场营销经验，这时候在董事会中配备一位营销管理者就十分必要。又如，假设某个企业，思科系统公司的约翰·钱伯斯或甲骨文公司的拉里·埃里森已经同意加入企业董事会，那么这种传言对该企业将会产生积极效果。这种现象被称为发信号，若没有可信赖的信号，潜在消费者、投资者或员工就很难识别出高质量的新创企业。

（三）核心员工

新创企业需要认识的首要问题就是“用错人要付出高昂的代价”。与成熟的大企业不同，新创企业的用人不能以“善意的”或“态度好但行动差”为标准，而是要重视一个人能否实现价值增值。创业团队中的每一个人都十分重要，每一名团队成员的工作都必须直接影响企业的价值创造，否则，这个人就应该离开创业团队。

创业者所面临的一项紧迫的任务就是要设法招募到成功经营企业所需要的核心员工，这项任务不一定要等到正式注册成立了新企业之后才开展。创业团队往往不是一开始就彻底组建起来的，而是随着企业的成长，需要不断地物色和招募优秀的核心员工，并最终将其吸收到创业团队中来。对不少新创企业来说，其核心员工往往也是创业者的创业伙伴。

（四）专业顾问

在创业团队成员以外，创业者还要依赖一些专家顾问，通过与他们的互动交流获取重要的信息和建议。顾问委员会、贷款方和投资方、咨询师等专业顾问通常都会成为创业团队的重要组成部分。

顾问委员会是企业管理者在经营过程中向其咨询并能得到建议的专家小组。和董事会不同，顾问委员会对企业不承担法定责任，只提供不具约束力的建议。组建顾问委员会的目的既可以是一般意义上的，也可以是满足特定主题或需要的，因此，顾问委员会要尽可能涵盖较为广泛的才能和技术领域，而且在经验和技能方而应当是相互协调和彼此补充的。

贷款方和投资方会为企业提供有用的指导和资信，并保证发挥基本的财务监管作用。在一些情况下，贷款方和投资方还会通过多种途径积极帮助企业增加新价值，如帮助识别和招募核心管理人员、洞察企业计划进入的行业和市场、帮助企业完善商业模式、扩充资金来源渠道、吸引消费者、帮助企业安排商业合作以及在企业的董事会或顾问委员会任职等。

咨询师是提供专业或专门建议的个人。当新企业需要从专家那里获取诸如专利、缴税计划和安全规章等复杂问题的建议时，咨询师的作用不会太大，但是，当企业的咨询师以企业名义开展可行性分析研究或行业深入分析时，咨询师的作用就十分关键。由于这些活动要花费一定的时间，无法让董事会或顾问委员会来承担，因此就可以借助咨询师来完成。

二、创业团队的组建

（一）创业团队组建的基本原则

（1）目标明确合理原则。目标必须明确，这样才能使团队成员清楚地认识到共同的奋斗方向是什么。与此同时，目标也必须是合理的、切实可行的，这样才能真正达到激励的目的。

（2）互补原则。创业者之所以寻求团队合作，其目的就在于弥补创业目标与自身能力间的差距。只有当团队成员相互间在知识、技能、经验等方面实现互补时，才有可能通过相互协作发挥出“1+1>2”的协同效应。

（3）精简高效原则。为了减少创业期的运作成本，并最大比例地分享成果，创业团队人员构成应在保证创业项目能高效运作的前提下尽量精简。

（4）动态开放原则。创业过程是一个充满了不确定性的过程，团队中可能因为能力、观念等多种原因不断有人在离开，同时也有人在要求加入。因此，在组建创业团队时，应注意保持团队的动态性和开放性，使真正完美匹配的人员能被吸纳到创业团队中来。

（二）创业团队组建的主要影响因素

创业团队的组建受多种因素的影响，这些因素相互作用、共同影响着组建过程并进一步影响着团队建成后的运行效率。

（1）创业者。创业者的能力和思想意识从根本上决定了是否要组建创业团队、团队组建的时间表以及由哪些人组成团队。创业者只有在意识到组建团队可以弥补自身能力与创业目标之间存在的差距，才有可能考虑是否需要组建创业团队，以及对什么时候需要引进什么样的人员才能和自己形成互补作出准确判断。

（2）商机。不同类型的商机需要不同类型的创业团队。创业者应根据创业者与商机间的匹配程度，决定是否要组建团队以及何时、如何组建团队。

（3）团队目标与价值观。共同的价值观、统一的目标是组建创业团队的前提，团队成员若不认可团队目标，就不可能全心全意为此目标的实现而与其他团队成员相互合作、共同奋斗。而不同的价值观将直接导致团队成员在创业过程中脱离团队，进而削弱创业团队作用的发挥。没有一致的目标和共同的价值观，创业团队即使组建起来，也无法有效发挥协同作用，缺乏战斗力。

（4）团队成员。团队成员的能力的总和决定了创业团队整体能力和发展潜力。创业团队成员的才能互补是组建创业团队的必要条件。而团队成员间的互信是形成团队的基础。互信的缺乏，将直接导致团队成员间协作障碍的出现。

（5）外部环境。创业团队的生存和发展直接受到了制度性环境、基础设施服务、经济环境、社会环境、市场环境、资源环境等多种外部要素的影响。这些外部环境要素从宏观上间接地影响着对创业团队组建类型的需求。

（三）创业团队的组建程序及其主要工作

创业团队的组建是一个相当复杂的过程，不同类型的创业项目所需的团队不一样，创建步骤也不完全相同。

创业项目团队组建的主要工作：

（1）明确创业目标。创业团队的总目标就是要通过完成创业阶段的技术、市场、规划、创业团队、管理等各项工作来实现创业项目从无到有、从起步到成熟的目标。总目标确定之后，为了推动团队最终实现创业目标，应再将总目标加以分解，设定若干可行的、阶段性的子目标。

（2）制订创业计划。在确定了一个个阶段性子目标以及总目标之后，紧接着就要研究如何实现这些目标，这就需要制订周密的创业计划。创业计划是在对创业目标进行具体分解的基础上，以团队为整体来考虑的计划，创业计划确定了在不同的创业阶段需要完成的阶段性任务，通过逐步实现这些阶段性目标来最终实现创业目标。

（3）招募合适的人员。招募合适的人员也是创业团队组建最关键的一步。关于创业团队成员的招募，主要应考虑两个方面：一是考虑互补性，即考虑其能否与其他成员在能力或技术上形成互补。这种互补性的形成既有助于强化团队成员间彼此的合作，又能保证整个团队的战斗力，使得更好地发挥团队的作用。一般而言，创业团队至少需要管理、技术和营销三个方面的人才。只有这三个方面的人才形成良好的沟通协作关系后，创业团队才可能实现稳定高效。二是考虑适度规模，适度的团队规模是保证团队高效运转的重要条件。团队成员太少则无法实现团队的功能和优势，而过多又可能会产生交流的障碍，团队很可能会分裂成许多较小的团体，进而大大削弱团队的凝聚力。一般认为，创业团队的规模控制在 2~12 人最佳。

（4）职权划分。为了保证团队成员执行创业计划、顺利开展各项工作，必须预先在团队内部进行职权的划分。创业团队的职权划分就是根据执行创业计划的需要，具体确定每个团队成员所要担负的职责以及相应所享有的权限。团队成员间职权的划分必须明确，既要避免职权的重叠和交叉，也要避免无人承担而造成工作上的疏漏。此外，由于企业团队还处于创业过程中，面临的创业环境又是动态复杂的，会不断出现新的问题，团队成员可能不断出现更换，因此创业团队成员的职权也应根据需要不断地进行调整。

（5）构建创业团队制度体系。创业团队制度体系体现了创业团队对成员的控制和激励能力，主要包括了团队的各种约束制度和各种激励制度。一方面，创业团队通过各种约束制度（主要包括纪律条例、创业团队条例、财务条例、保密条例等）指导其成员避免做出不利于团队发展的行为，实现对其的行为进行有效的约束，保证团队的稳定秩序。另一方面，创业团队要实现高效运作就需要有效的激励机制（主要包括利益分配方案、奖惩制度、考核标准、激励措施等），使团队成员看到随着创业目标的实现，其自身利益将会得到怎样的改变，从而达到充分调动成员的积极性、最大限度发挥团队成员作用的目的。要实现有效的激励首先就必须把成员的收益模式界定清楚，尤其是关于股权、奖惩等与团队成员利益密切相关的事宜。需要注意的是，创业团队的制度体系应以规范化的书面形式确定下来，以免带来不必要的混乱。

（6）团队的调整融合。完美组合的创业团队并非在创业一开始就能建立起来的，很多时候是在创业项目创立一定时间以后随着创业项目的发展逐步形成的。随着团队的运作，团队组建时在人员匹配、制度设计、职权划分等方面的不合理之处会逐渐暴露出来，这时就需要对团队进行调整融合。由于问题的暴露需要一个过程，因此团队调整融合也应是一个动态持续的过程。在完成了前面的工作步骤之后，团队调整融合工作应专门针对运行中出现的问题不断地对前面的步骤进行调整直至满足实践需要为止。在进行团队调整融合的过程中，最为重要的是要保证团队成员间经常进行有效的沟通与协调，培养并强化团队精神，提升团队士气。

三、创业团队的类型

通常归纳起来有三种主要的创业团队类型：星状创业团队（star team）、网状创业团队（nesh team）和从网状创业团队中演化来的虚拟星状创业团队（virtual star team）。

（一）星状创业团队

星状创业团队又称为有核心主导的创业团队。通常有一个核心主导人物（core leader），充当了领军的角色。这种团队在形成之前，一般是核心主导人物想到了一个商业点子或有了一个商业机会，产生创业的想法，然后根据自己的设想进行创业团队的组织。因此，在团队形成之前，核心主导人物已经就团队组成进行过仔细思考，根据自己的想法选择相应人物加入团队，这些加入创业团队的成员也许是核心主导人的以前熟悉的人，也有可能是不熟悉的人，但其他的团队成员在企业中更多时候是支持者角色。

这种创业团队有几个明显的特点：

（1）组织结构紧密，向心力强，主导人物在组织中的行为对其他个体影响巨大；

（2）决策程序相对简单，组织效率较高；

（3）容易形成权力过分集中的局面，从而使决策失误的风险加大；

（4）当其他团队成员和核心主导人物发生冲突时，因为核心主导人物的特殊权威，使其他团队成员在冲突发生时往往处于被动地位，在冲突较严重时，一般都会选择离开团队，因而对组织的影响较大。

这种组织的典型例子：太阳微系统公司（Sun Microsystem）创业当初就是由维诺德·科尔斯勒（Vinod KhMla）确立了多用途开放工作站的概念，接着他找了 Joy 和 Bechtolsheim 两位分别在软件和硬件方面的专家，和一位具有实际制造经验和人际技巧的麦克尼里（Mc Neary），于是，组成了 SUN 的创业团队。

（二）网状创业团队

网状创业团队又称群体性的创业团队，成员一般在创业之前都有密切的关系，比如同学、亲友、同书、朋友等，网状创业团队的建立主要来自因为经验、友谊和共同兴趣的关系而结缘的伙伴，经由合伙彼此在一起发现商业机会后开始共同进行创业。在创业团队组成时，没有明确的核心人物，大家根据各自的特点进行自发的组织角色定位。因此，在企业初创时期，各位成员基本上扮演协作者或者伙伴角色。

这种创业团队有以下几个明显的特点：

（1）团队没有明显的核心，整体结构较为松散；

（2）组织决策时，一般采取集体决策的方式，通过大量的沟通和讨论达成一致意见，因此组织的决策效率相对较低；

（3）由于团队成员在团队中的地位相似，因此容易在组织中形成多头领导的局面；

（4）当团队成员之间发生冲突时，一般都采取平等协商、积极解决的态度消除冲突。团队成员不会轻易离开，但是一旦团队成员间的冲突升级，使某些团队成员撤出团队，就容易导致整个团队的涣散。

这种创业团队的典型例子：微软的比尔·盖茨和童年伙伴艾伦以及惠普公司的戴维、斯坦福大学的同学比尔·体利等，都是好朋友，他们相识多年，基于一些互动激发出的创业点子，最终共同创建了微软公司。

（三）虚拟星状创业团队

虚拟星状创业团队是由网状创业团队演化而来。基本上是前两种的中间形态。在团队中，有一个核心成员，但是该核心成员地位的确立是团队成员协商的结果，因此核心人物在某种意义上来说是整个团队的代言人，而不是主导型人物，其在团队中的行为必须充分考虑其他团队成员的意见，不像星状创业团队中的核心主导人物那样有权威。

从中国的创业团队类型来看，由于中国特有的文化特征和数千年来形成的行为方式，群体性的创业团队（网状创业团队）数量远远超过了有核心主导的创业团队。北大纵横管理咨询公司曾经对所服务的七十多家民营企业客户作过分析，发现80%以上的民营企业创业团队属于群体性的创业团队（网状创业团队）。

四、构建创业团队的风险控制

（一）创业团队构建的风险成因

1. 盲目照搬成功的组建模式

创业团队的组建基本可以分成三种模式：关系驱动、要素驱动和价值驱动。关系驱动是指以创业领导者为核心的人际关系圈内成员构成团队。他们因为经验、友谊和共同兴趣结成合作伙伴，彼此发现商业机会后共同创业。要素驱动是指创业团队成员分别贡献创业所需的创意、资源和操作技能等要素。由于这些要素完全互补，团队成员之间处于相对平等的地位。价值驱动是指创业成员将创业视为一种实现自我价值的手段，他们的使命感很强，成功的冲动也很强。不同的组建模式适用的条件不尽相同。如果盲目照搬照套某种组建模式，会给创业项目带来巨大的风险。现在应用最广泛的是关系驱动模式，它比较适合中国文化的特点，其团队的稳定性相对较高。但是，关系的远近亲疏经常会成为制约团队发展的瓶颈。要素驱动模式比较符合西方文化的特点，现在的互联网创业团队大多属于这种模式，如果成员之间磨合顺利，可以缩短创业项目成功所需的时间，但是如果磨合不顺利，就很容易发生解散风险。价值驱动模式中的团队成员虽然是为了追求自我实现组合在一起．但是一旦产生分歧，就是路线斗争，没有妥协的余地。

2. 团队成员选择具有随意性和偶然性

创业团队是要将个体的力量整合为集聚的攻击力，并保持这种攻击力的持久性。英国学者贝尔宾曾经考察了1000多支团队。研究理想创业团队的构成，最后提出了九种角色论，即成功的团队必须包含九种不同角色的人。这九种角色分别是：提出创新观点并作出决策的创新者；将思想语言转化为行动的实干者；将目标分类，进行角色、职责与义务分配的协调者；促进决策实施的推进者；引进信息与外部谈判的信息者；分析问题与看法并评估别人贡献的监督者；给予个人支持并帮助他人的凝聚者；强调任务的时效性并完成任务的完美主义者；具有专业技能和知识的专家。

但是，在组建初期由于规模和人数的限制，创业团队在成员选择方面考虑不够全面，过于随意和偶然，甚至只是因为碰巧谈到创业问题而一拍即合，所以不可能具备所有这九种角色，之后又没有进行及时的补充，或是在团队中承担某种角色的人才过多，团队成员之间角色和优势重复，这些都会引发各种矛盾，最终导致整个创业团队的散伙。西安海星集团作为一家民营高科技创业项目，最初的创业团队是海星集团现任总裁荣海和他的大学室友等共同组建的，两年多的时间里海星集团创造了30万元的财富，但是创业团队却面临着大分裂，每个人都认为自己有能力挣钱，这与其成员能力和优势重复以及利润分配不合理有着密切的关系。①

3. 缺乏明确和一致的团队目标

心理学家马斯洛指出：杰出团队的显著特征是具有共同的愿景与目标。凝聚人心的愿景与经营理念，是团队合作的基础。目标则是共同愿景在客观环境中的具体化，能够为团队成员指明方向，是团队运行的核心动力。

事实上，在创业初期，创业团队的目标一般并不十分清晰和明确，可能只是一个朦胧的发展方向，有些人甚至不明白自己为什么会走上创业的道路。而且即使创业领导者的目标明确，也不能保证其他成员都能够准确理解团队目标的含义。随着创业进程的推进以及外界环境的变化，团队成员可能会发现原先确定的目标和现实之间存在差距，必须对目标进行适当调整，此时如果团队成员之间意见难以调和，或是个人目标与创业团队目标出现较大的不一致，那么团队就会面临着解散的风险。联想的柳传志非常重视市场导向，而倪光南则十分强调技术导向，他们在经营理念和创业目标上的不一致导致了曾被誉为“中关村最佳拍档”的联想创业组合的分裂，给当时的联想创业项目带来了巨大的冲击。②

4. 激励机制尤其是利润分配方式不完善

有效激励是创业项目长期保待团队士气的关键。如果缺乏有效的激励，团队或者创业团队的生命都难以长久，有效激励的重点是给予团队成员合理的“利益补偿”。根据2004年6月对200多位在职工商管理研修班的学员进行的创业管理调查的结果得知，影响中国现阶段创业团队散伙的前两个主要原因是团队矛盾（26%）和利益分配（15%）。团队矛

---

① 创业团队．http：//wiki. mbalib. com/wiki/创业团队.

② 孙韩高，孙艺，李传翠．最佳起步　成功创业101条［M］. 济南：山东大学出版社，2006.

盾的背后或多或少存在利益的影响，因此可以看出，利益分配对于创业团队的持续长期发展有着重要的意义。

实际上，在团队组建初期，由于创业项目前途未卜，各成员在创业创业项目中的作用和贡献无法准确衡量，因此团队无法给出一个明确的利润分配方案，可能只是简单地采取平均主义的做法，这样，随着创业项目的发展和利润的增加，团队成员在利润分配时就会出现争议，从而导致创业团队解散。无锡尚德太阳能电力有限公司在创业初始的两年里一直处于亏损状态，后来业务稍有起色，就因为利润分配方案不健全等原因，五个人的创业团队走了四人，只剩下施正荣支撑尚德公司，而且离开的四人后来均进入了光伏电池行业，成为了施正荣的竞争对手。①

（二）创业团队的风险控制

1. 选择合理的团队成员

建立优势互补的创业团队是保持创业团队稳定性的关键，也是规避和降低团队组建模式风险的有效手段。在团队创建初期，人数不宜过多，能满足基本的需求即可。在成员选择上，要综合考虑成员在能力和技术上的互补性，基本保证具备理想团队所需的九种角色。而且，成员的能力和技术应该处于同一等级，不宜差异过大。如果团队成员在对项目的理解能力、表达能力、执行能力、社会资源能力、思维创新能力等方面存在较大的差异性，就会产生严重的沟通和执行障碍。

此外，在选择成员时还要考虑创业激情的影响。在创业项目初创期，所有成员每天都需要超负荷工作，如果缺乏创业激情和对事业的信心，不管其专业水平多高，都可能成为团队中的消极因素，对其他成员产生致命的负面影响。

携程网的成功，除了抓住互联网快速发展的契机外，有一个良好的创业团队是关键。携程网的团队成员来自美国甲骨文公司、德意志银行和上海旅行社等，是技术、管理、金融运作和旅游等方面的完美组合。大家共同创业，分享各自的知识和经验，避开了很多创业“雷区”。

2. 确定清晰的创业目标

创业团队在实践中要不断总结和吸取教训，形成一致的创业思路，勾画出共同的目标，以此作为团队努力的目标方向，鼓励团队成员积极掌握工作内容和职责，竭诚与他人合作交流、贡献个人能力。

创业团队的目标必须清晰明确，能够集中体现出团队成员的利益，与团队成员的价值趋向一致，并保证所有团队成员都能正确理解，这样才能发挥鼓励和激励团队成员的作用。此外，创业团队的目标还必须切实可行，既不应太高，也不应太低，而且能够面对环境和创业团队的变化及时更新和调整。

1998 年成立于北京的交大铭泰，主要从事研究、开发及销售以翻译软件为主的四大系列软件产品。其在创业初期就确定了三年内成为我国最大应用软件和服务提供商的目标

① 彭莹莹，范京岩，段华．创业团队构建风险分析与控制［J］．科技经济市场，2007（11）：217-218.

5. 提高员工的专业和综合能力

通过阶段性培训，岗位职责更加清晰，工作方向将变得更加明确，专业技能甚至综合能力也会明显提升，甚至不被讨喜的绩效考核也能有据可依。以上所有，能让成员在工作变得更有信心，因为当一切都变得明朗和可预期时，剩下所要做的，就是勇往直前，全力以赴。当公司逐渐有了这种良性的工作范围时，员工的工作心态会变得更好，更乐观，更有动力。相比那些没有明确工作目标，没有明确的岗位说明，没有实实在在的培训内容，没有有效的工作指导的企业和团队，具有有效培训能力的企业将走得更远，走向成功甚至伟大将有更大的可能性。从另外一个层面可以想到的是，在排除资金的因素下，“铁打的营盘流水的兵”将不再是企业管理者常挂在心上的沉石。

（二）员工培训的步骤

员工培训的价值对于企业发展而言更加深远。企业在残酷的竞争中小心翼翼，踏出的每一步都希望尽可能带来效益，无论是经济上还是软实力上的，特别是对规模较小的初创企业来说。而企业人员培训恰好是最能带来软实力价值提升的。人力资源是创业项目前期的重要财富之一。创业项目成功与否不仅取决于人力资源的获取，同时也在于对团队成员的不断培训。创业团队人员的培训是指为了创业项目团队成员具备各自任务所需的知识、技能和能力等所进行的培训活动。虽然培训会增加创业项目的成本支出，在一定程度上加重创业团队的财政负担，但完善员工技能、提高员工工作效率将增加产出，与支出相抵甚至获得收益，此外，从长远来看，对员工的知识技能培训可以鼓舞团队成员士气、留住人才，对创业项目的长久发展大有裨益。

人员培训一般包括以下过程：

（1）培训需求分析。培训需求分析是指通过对创业项目的任务分析和工作绩效分析来确定团队成员的实际技能和要求技能之间的差距，并据此选择团队人员需要参加的培训。如在一个食品安全APP的创业项目中，团队成员具有一定的计算机基础知识，但缺乏专业的软件编程知识，在这个情况下就需要对团队成员进行软件编程相关知识的培训。如某创业项目的销售人员经过销售技巧的培训后，其业绩额应提高10%。

（2）培训目标的确定。培训目标为培训者和受训者确定了共同的努力方向，为培训效果评价提供了依据。因此，培训目标应该尽量具体、清晰，并且可度量。如质检人员培训后的质检失误率应达到5%。

（3）搜集整理培训资料。有了方向，再去搜集、整理和细化培训内容，往往就容易得多。做任何事情最怕的还是没有方向和目标。搜集的资料要整理，要按重要度和优先级进行分类，要做时间、年限上的排序，要让内容的组合更有逻辑，更有说服性。只有这样，听众才能快速吸收，不然效果会差强人意。

（4）培训的具体执行。其实在搜集、整理和编辑培训材料时，就应该对培训的对象、时间、地点、考核作出明确说明。这种计划的制订，应该非常明确合理。而且建议领导层首先在培训前作出公开表态，明确此次培训的重大意义，以及坚定展开的决心和培训完成后的考核。简单地说就是，这是一件需要大家重视的事情。

二、创业团队绩效管理

绩效管理体系是一套有机整合的流程和系统，专注于建立、搜集、处理和监控绩效数据。它既能增强企业的决策能力，又能通过一系列综合平衡的测量指标来帮助企业实现策略目标和经营计划。绩效管理是管理者与员工之间在目标与如何实现目标上所达成共识的过程，以及增强员工成功地达到目标的管理方法以及促进员工取得优异绩效的管理过程。高效的绩效管理体系是创业项目实现运营目标的重要的工具。

绩效管理体系是以实现企业最终目标为驱动力，以关键绩效指标和工作目标设定为载体，通过绩效管理的三个环节来实现对全公司各层各类人员工作绩效的客观衡量、及时监督、有效指导、科学奖惩，从而调动全员积极性并发挥各岗位优势以提高公司绩效，实现企业的整体目标的管理体系。绩效管理的三个环节为：制订绩效计划及其衡量标准；进行日常和定期的绩效指导；最终评估、考核绩效并以此为基础确定个人回报。

创业项目制定绩效管理较为复杂。目前有很多绩效管理的方法如常用的 MBO（目标管理）、KPI（关键绩效指标）、360 度评价法、敏捷绩效管理等。由于财务指标的局限性，美国学者 Robert S. Kaplan 和 David P. Norton 提出了平衡计分卡的业绩考核新方法。

（一）绩效管理体系的理论依据

1. 以关键绩效指标（KPI）为核心的绩效管理理论

关键绩效指标（Key Performance Indicators）简称 KPI。KPI 法的核心思想是：创业项目业绩指标的设置必须与创业项目战略挂钩，创业项目应当只评价与其战略目标实现关系最密切的少数关键绩效指标。

在对关键绩效指标进行确定时，一般要遵守 SMART 原则。S 代表 specific，意思是具体的，指绩效指标应切中目标，不能笼统，同时要将指标适度细化，并随情境变化而适时变化，具有可考查性；M 代表 measurable，意思是可度量的，指绩效指标应该数量化或者行为化，需搜集的绩效指标的数据和标准是可以获得的；A 代表 atainable，意思是可实现的，指绩效指标和标准在付出努力的情况下，在适度的时限内是可以实现的，避免设立过高或过低的目标；R 代表 realistic，意思是现实性的，指绩效指标是实实在在的，可以证明和观察的；T 代表 time-bound，意思是有时限的，注重完成绩效指标的特定期限，关注效率。

KPI 法是一种能将战略目标分解为可运作的远景目标和量化指标的有效工具。另外，这种方法自创业项目的战略目标出发，通过分析创业项目的价值链，确定创业项目关键成果领域和关键绩效指标，并层层分解，直至形成创业项目、部门和岗位三级关键绩效指标体系。

2. 平衡计分卡理论

目前，传统的以财务指标为主的绩效考核体系已越来越不能满足现代创业项目管理发展的要求，因为一方面传统单一的过去的业绩，并不能对创业项目未来的发展前景与获利能力作出评价；另一方面，这些信息只反映出了结果而没有反映出导致结果的驱动因素。

更为重要的是，不能实现创业团队的战略目标与管理手段的有机融合。鉴于此，创业项目界和学术界也一直在研究和探索全方位的包括财务指标和非财务指标相结合的策略性评价指标体系，其中平衡计分卡（Balanced Score Card，BSC）是较为典型的一种，该方法被提出后迅速在美国乃至整个发达国家的创业项目和政府应用。近几年，BSC 在我国的一些创业项目中，也得到了不同程度的应用。

平衡计分卡是美国的管理大师罗伯特·卡普兰（Robert S. Kaplan）和戴维·诺顿（David P. Norton）在总结了十二家大型创业项目的业绩评价体系的成功经验基础上提出的具有划时代意义的战略管理业绩评价工具。

平衡计分卡以创业项目的战略为基础，并将各种衡量方法整合为一个有机整体，它既包含了财务指标，又通过顾客满意度、内部流程、学习和成长的业务指标来补充说明财务指标，反映了财务与非财务衡量方法之间的平衡、长期目标和短期目标之间的平衡、外部和内部的平衡、结果和过程的平衡、管理业绩和经营业绩的平衡等多个方面。

平衡计分卡的核心思想是通过财务、客户、内部经营过程、学习与成长四个方面指标之间相互驱动的因果关系实现绩效考核、绩效改进、战略实施以及战略修正的目标。在平衡计分卡四个指标中，内部经营过程是基础，学习与成长是核心，客户是关键，财务是最终目的。平衡计分卡将结果与原因联系在一起，是以因果关系为纽带的战略实施系统，也是推动创业项目可持续发展的绩效评价系统。因此，平衡计分卡是一种长期的、可持续发展的绩效管理制度，有助于衡量、培植和提升创业项目核心能力。

3. 360 度反馈评价体系

360 度反馈评价体系（360-degree-feedback）也称全景式反馈或多元评价，是一个创业团队或创业项目中各个级别的、了解和熟悉被评价对象的人员（如直接上级、同事及下属等），以及与其经常打交道的内部顾客和外部顾客对其绩效、重要的工作能力和特定的工作行为和技巧等提供客观、真实的反馈信息，并帮助其找出创业团队及个人在这些方面的优势与发展需求的过程。

360 度反馈评价体系的目的在于通过获得和使用高质量的反馈信息，支持与鼓励员工不断改进与提高自己的工作能力、工作行为和绩效，以使创业团队最终达到管理或发展的目的。

360 度反馈评价体系较单一评价来源的评价方式更为公正、真实、客观、准确、可信。同时，通过这种评价方式，人们可以客观地了解自己在职业发展中所存在的不足，可以激励他们更有效地提高自己的工作能力，赢得更多的发展机会。就一个创业团队和创业项目而言，只有从不同角度、不同来源获得所有的反馈信息，并客观地分析和使用这些信息，才能使其克服错误的自我观念、盲目与偏见，作出正确的评价与决策。

（二）绩效管理体系的设计原则

为了建立科学有效的绩效管理体系，在设计绩效管理体系时应遵循以下原则：

1. 公开原则

绩效管理所有标准及流程以制度的形式明文规定，在公司内部形成确定的创业团队、时间、方法和标准，便于考核人与被考核人按照规范化的程序进行操作，以保证程序公平。

2. 差异性原则

对不同部门、不同岗位进行绩效考核时，要根据不同的工作内容制定贴切的衡量标准，评估的结果要适当拉开差距，不搞平均主义。

3. 全员参与原则

绩效管理要科学、有效地开展，必须依靠全体员工的共同参与和努力。在制定绩效目标时，只有通过员工和管理人员的充分沟通，达成的目标才会得到员工的认同。在绩效实施过程中，员工是主体，而在绩效考核中，员工的参与将提高绩效考核的公正性，绩效考核结果的运用和绩效的改善都离不开全体员工的共同参与。

4. 常规性原则

各级管理者要将绩效管理作为自己的日常工作职责，对下属作出正确的评估是管理者重要的管理工作内容，绩效管理必须成为公司每一位管理者的常规性的管理工作。

5. 持续沟通原则

持续沟通是现代绩效管理体系区别于传统绩效考核的重要标志，也是绩效管理得以实施的前提。从绩效目标的制定、绩效计划的形成、绩效实施过程中的绩效目标调整，绩效考核、绩效改进计划的制订以及员工培训的制定，都需要管理者和员工通过反复的沟通来完成。

三、创业团队人员激励

创业团队人员激励是指通过各种有效的手段，对团队成员的各种需要予以不同程度的满足或者限制，以激发团队成员的需要、动机、欲望，从而使团队成员形成某一特定目标并在追求这一目标的过程中保持高昂的情绪和持续的积极状态，充分挖掘潜力，全力达到预期目标的过程。

（一）人员激励的特点

激励是对团队成员潜能的开发，它完全不同于自然资源和资本资源的开发，无法用精确的计算来进行预测、计划和控制。人员激励有以下几个特点：

1. 激励的结果不能事先感知

激励是以人的心理作为激励的出发点，激励的过程是人的心理活动的过程，而人的心理活动不可能凭直观感知，只能通过其导致的行为表现来感知。

2. 激励产生的动机行为是动态变化的

从认识的角度来看，激励产生的动机行为不是固定不变的，而是受多种主客观因素的制约，在不同的条件下，其表现不同。因此，必须以动态的观点认识这一问题。

3. 激励手段是因人而异的

从激励的对象来看，由于激励的对象是有差异的，所以人的需要也千差万别，从而决定了不同的人对激励的满足程度和心理承受能力也各不相同。要求对不同的人采取不同的激励手段。

4. 激励的作用是有限度的

从激励的程度上看，激励不能超过人的生理和能力的限度，应该讲究适度的原则。激励的目的是使人的潜力得到最大限度的发挥。但是，人的潜力不是无限的，会受到生理因素和自身条件的限制，所以，不同的人发挥的能力是不同的。

（二）人员激励的作用

1. 有利于形成团队成员的凝聚力

创业团队的特点，是把不同的人统一在共同的创业项目目标之下，使之为实现目标而努力。因此，创业团队的成长与发展壮大，依赖于团队成员的凝聚力。激励则是形成凝聚力的一种基本方式。通过激励，可以使人们努力，可以使人们理解和接受组织目标，认同和追求团队目标，使团队目标成为团队成员的信念，进而转化为团队成员的动机，并推动团队成员为实现创业项目目标而努力。

2. 有利于提高团队成员的自觉性和主动性

个人的行为不可避免地带有个人利益的动机，利益是调节团队成员行为的重要因素。通过激励，可以使团队成员认识到在实现团队最大效益的同时，也可以为自己带来利益，从而可以将员工的个人目标与团队目标统一起来。二者统一的程度越大，团队成员的工作自觉性就越强，其工作的主动性和创造性也越能得到发挥。

3. 有利于团队成员开发潜力和保持积极状态

在客观条件基本相同的前提下，团队成员的工作绩效与员工的能力和激励水平有关。通过激励，可以使团队成员充分挖掘潜力，利用各种机会提高自己的工作能力，这是提高和保持高水平绩效的重要条件。另外，通过激励，还可以激发团队成员持之以恒的工作热情。

（三）人员激励的具体措施

企业的发展需要员工的支持。管理者应懂得，员工决不仅是一种工具，其主动性、积极性和创造性将对企业生存发展产生巨大的作用。而要取得员工的支持，就必须对员工进行激励，调动员工积极性是管理激励的主要功能。建立有效的激励机制，是提高员工积极性，主动性的重要途径。

一个有效的激励机制需要进行设计、实施。激励机制设计重点包括 4 个方面的内容：一是奖励制度的设计；二是职位系列的设计；三是员工培训开发方案的设计；四是其他激励方法的设计，包括员工参与、沟通等。设计好一套激励机制后需要进行实施，以检验激励机制的有效性。一套有效的激励机制，包括各种激励方法和措施，归纳起来有这几个方面：

1. 薪酬

物质需要始终是人类的第一需要，是人们从事一切社会活动的基本动因。所以，物质激励仍是激励的主要形式。就目前而言，能否提供优厚的薪水（即货币报酬）仍然是影响员工积极性的直接因素。然而，优厚的薪水不一定能使企业员工得到满足。通常，企业的薪酬体系不能做到内部公平、公正，并与外部市场薪酬水平相吻合，员工便容易产生不满情绪。员工的这些不公平感不能及时解决，将会直接影响员工工作积极性，出现消极怠工，甚至人才流失的现象，从而影响到企业产品和服务的质量。有效解决内部不公平、自我不公平和外部不公平的问题，才能提高员工满意度，激发员工积极性。怎样才能解决这些问题呢？通常在薪酬决策时应综合考虑岗位相对价值、薪资水平、个人绩效三要素，以它们作为制定工资制度的基础。通过以上三要素的有效结合，可以使员工预先知道做得好与差对自己的薪酬收入具体的影响，有利于充分调动员工积极性，并使员工的努力方向符合公司的发展方向，推动公司战略目标的实现，使公司经营目标与个人目标联系起来，实现企业与个人共同发展。

另外，员工持股制度也可以作为一项薪酬激励机制。在美国500强中，90%的企业实行员工持股。员工持股究竟有什么作用？第一个作用是激励员工努力工作，吸引人才，提高企业的核心竞争力，同时是金手铐，起留人的作用。有没有长期的利益激励，对人才的牵引作用是有很大影响的。第二个作用能够获得资金来源。员工持股目的实际上是全体员工承担风险，把企业做大，因为从这方面讲，员工持股有积极的影响。

2. 制度

企业的运行需要各种制度，同样，对员工进行激励也要制定出合理的制度，才能有效调动员工的积极性和主动性。

奖惩制度：表彰和奖励是员工努力或积极性最重要的基础。高绩效和奖励之间有着密切的关系，奖励可以促使成员取得高绩效，取得高绩效后又有值得奖励的东西，两者是相辅相成、互为促进的关系。奖惩制度不光要奖，而且要惩，惩罚也是一种激励，是一种负激励。负激励措施主要有如淘汰激励、罚款、降职和开除等。

竞争机制：竞争是调动员工积极性的又一大法宝。真正在企业中实现能者上，弱者下的局面。末位淘汰制是竞争机制的一个具体形式，就现阶段我国的企业管理水平而言，末位淘汰制有其可行性，建立严格的员工竞争机制，实行末位淘汰制，能给员工以压力，能在员工之间产生竞争气氛，有利于调动员工积极性，使公司更富有朝气和活力，更好地促进企业成长。

岗位制度：即建立适当的岗位，使工作职位具挑战性。“工作职位挑战性”就是要让每一个员工都能感到他所在的职位确实具有轻微的压力。怎样才能让工作职位具有挑战性呢？有2个问题要特别注意：一是要认真搞好职位设置，二是要适才适位。

目标激励：就是确定适当的目标，诱发人的动机和行为，达到调动人的积极性的目的。目标作为一种诱引，具有引发、导向和激励的作用。只有不断启发一个人对高目标的追求，也才能启发其奋而向上的内在动力。每个人实际上除了金钱目标外，还有如权力目标或成就目标等。管理者要将每个人内心深处的这种或隐或现的目标挖掘出来，并协助他们制定详细的实施步骤，在随后的工作中引导和帮助他们，使他们自觉、努力实现其目标。

3. 情感激励

人本主义心理学家马斯洛（Maslow），在其《动机与人格》一书提出了人的5种层次的不同需要，这5个方面的内容是：基本生活需求、安全感、归属感、地位与尊重、自我实现。企业要努力满足员工的各项需求，如提供稳定可靠的就业，满足员工的生活需求和安全感。归属感是指员工在企业中能有家的感觉，在这一层次上感情、人文因素要大于经济因素。人员之间的密切交往与合作、和谐的上下级关系、共同的利益等都有助于增强员工的归属感，而员工的归属感是企业凝聚力的基本条件。地位与尊重是指人的社会性使每个人都要求得到社会的承认与尊重。在当前的社会中，经济收入和职位往往是社会地位的一种体现。自我实现是指当前面的需求基本得到满足以后，人们将产生进一步发展、充分发挥自己的潜能的需求，即自我实现。人在这5方面的需求层次是逐步加深的，只有满足了前一层次的需求后，才会追求更高层次的需要。这5个方面除了基本生活需求外，其他4个均为情感需要，因此，情感激励对调动员工的积极性、主动性具有重要的意义。关于情感激励的方式有很多，主要有这几种：

（1）尊重激励：所谓尊重激励，就是要求企业的管理者要重视员工的价值和地位。如果管理者不重视员工感受，不尊重员工，就会大大打击员工的积极性，使他们的工作仅仅是为了获取报酬，激励的效果从此大大削弱。尊重是加速员工自信力爆发的催化剂，尊重激励是一种基本激励方式。上下级之间的相互尊重是一种强大的精神力量，它有助于企业员工之间的和谐，有助于企业团队精神和凝聚力的形成。因而，尊重激励是提高员工积极性的重要方法。

（2）参与激励：现代人力资源管理的实践经验和研究表明，现代的员工都有参与管理的要求和愿望，创造和提供一切机会让员工参与管理是调动他们积极性的有效方法。通过参与，形成职工对企业的归属感、认同感，可以进一步满足自尊和自我实现的需要。

（3）工作激励：工作本身具有激励力量。为了更好地发挥员工工作积极性，需要考虑如何才能使工作本身更有内在意义和挑战性，给职工一种自我实现感。这要求管理者对员工工作进行设计，使工作内容丰富化和扩大化。何为工作内容丰富化？西方学者提出了5条衡量标准，也就是说要让员工找到5种感觉：一是要让员工能够感觉到自己把从事的工作很重要、很有意义；二是要让员工能够感觉到上司一直在关注他重视他；三是要让员工能够感觉到他所在的岗位最能发挥自己的聪明才智；四是要让员工能够感觉到自己所做的每一件事情都有反馈；五是要让员工能够感觉到工作成果的整体性。

（4）培训和发展机会激励：随着知识经济的扑面而来，当今世界日趋信息化、数字化、网络化，知识更新速度的不断加快，使员工知识结构不合理和知识老化现象日益突出。通过培训充实他们的知识，培养他们的能力，给他们提供进一步发展的机会，满足他们自我实现的需要。

（5）荣誉和提升激励：荣誉是众人或组织对个体或群体的崇高评价，是满足人们自尊需要，激发人们奋力进取的重要手段。从人的动机看，人人都具有自我肯定、获得光荣、争取荣誉的需要。对于一些工作表现比较突出、具有代表性的先进员工，给予必要的荣誉奖励，是很好的精神激励方法。荣誉激励成本低廉，但效果很好。

4. 建立优秀的企业文化

企业在发展过程中，应有意识地通过建立共同的价值观、职业道德观，加强人力资源管理，从而统一企业员工的思想，使人们朝同一目标努力，推动企业前进。创造优秀的企业文化，就是要使企业树立“以人为本”的思想，尊重员工的价值和地位；使员工树立

“主人公”的责任感。

四、创业团队沟通管理

沟通是一种把团队或者组织的成员联系在一起，以实现共同目标的手段。

有关研究表明，团队管理中70%的错误是由于并不善于沟通造成的。因为团队的工作总是需要大家一起来配合才能完成的，只有良好的沟通，才能统一思路和方向。而现在很多团队在管理中却都因为沟通障碍而导致了团队的低效率，主要表现在团队成员不适当的发问技巧、团队领导的独断行为、沟通渠道不畅、不够坦诚、缺乏自我检讨、不能有效地将工作的目标转达给执行人员等，因此采取一些有效的沟通法则来实现提高工作团队的效率，能够提升整个团队的执行力。

（一）沟通的内涵

从心理学角度分析，沟通是人与人之间或人与群体之间思想与感情的传递和反馈的过程，以求思想达成一致和感情的通畅。美国传播学家艾伯特·梅拉比安曾对于沟通提出一个公式：

沟通时信息的全部表达＝7%语调+38%声音+55%肢体语言

我们把声音和肢体语言都归为非语言交往的符号，那么人际交往和销售过程中信息沟通就只有7%是由言语进行的。

1. 目光

目光接触，是人际间最能传神的非言语交往。“眉目传情”、“暗送秋波”等成语形象说明了目光在人们情感交流中的重要作用。

在销售活动中，听者应看着对方，表示关注；而讲话者不宜再迎视对方的目光，除非两人关系已密切到了可直接“以目传情”。讲话者说完最后一句话时，才将目光移到对方的眼睛。这是在表示一种询问“你认为我的话对吗?”或者暗示对方“现在该轮到你讲了”。

在人们交往和销售过程中，彼此之间的注视还因人的地位和自信而异。推销学家在一次实验中，让两个互不相识的女大学生共同讨论问题，预先对其中一个说，她的交谈对象是个研究生，同时却告知另一个人说，她的交谈对象是个高考多次落第的中学生。观察结果，自以为自己地位高的女学生，在听和说的过程中都充满自信地凝视对方，而自以为地位低的女学生说话时很少注视对方。在日常生活中也能观察到，往往主动者更多地注视对方，而被动者较少迎视对方的目光。

2. 衣着

在谈判桌上，人的衣着也在传播信息与对方沟通。意大利影星索菲亚·罗兰说：“你的衣服往往表明你是哪一类型，它代表你的个性，一个与你会面的人往往自觉地根据你的衣着来判断你的为人。”

衣着本身是不会说话的，但人们常在特定的情境中以穿某种衣服来表达心中的思想和建议要求。在销售交往中，人们总是恰当地选择与环境、场合和对手相称的服装衣着。谈判桌上，可以说衣着是销售者“自我形象”的延伸扩展。同样一个人，穿着打扮不同，给人留下的印象也完全不同，对交往对象也会产生不同的影响。

美国有位营销专家做过一个实验，他本人以不同的打扮出现在同一地点。当他身穿西服以绅士模样出现时，无论是向他问路或问时间的人，大多彬彬有礼，而且本身看来基本上是绅士阶层的人；当他打扮成无业游民时，接近他的多半是流浪汉，或是来找火借烟的。

3. 声调

有一次，意大利著名悲剧影星罗西应邀参加一个欢迎外宾的宴会。席间，许多客人要求他表演一段悲剧，于是他用意大利语念了一段台词，尽管客人听不懂他的台词内容，然而他那动情的声调和表情，凄凉悲怆，不由地使大家流下同情的泪水。可一位意大利人却忍俊不禁，跑出会场大笑不止。原来，这位悲剧明星念的根本不是什么台词，而是宴席上的菜单。

恰当自然地运用声调，是顺利交往和销售成功的条件。一般情况下，柔和的声调表示坦率和友善，在激动时自然会有颤抖，表示同情时略为低沉。不管说什么话，阴阳怪气，就显得冷嘲热讽；用鼻音哼声往往表现傲慢、冷漠、恼怒和鄙视，是缺乏诚意的，会引起人不快。

4. 微笑

微笑来自快乐，它带来的快乐也创造快乐，在销售过程中，微微笑一笑，双方都从发自内心的微笑中获得这样的信息：“我是你的朋友”，微笑虽然无声，但是它说出了如下许多意思：高兴、欢悦、同意、尊敬。作为一名成功的销售员，请你时时处处把“笑意写在脸上”。

（二）沟通模型

沟通过程模型可分为 7 个要素，即发送方、编码、媒介、接收方、解码、反馈和噪音。具体模型如图 8-1 所示。

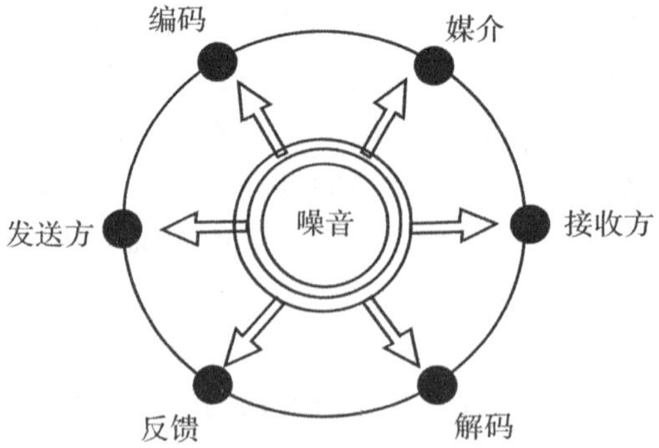

图 8-1　沟通过程模型

1. 发送方

发送方是可以提供用于交流的信息，在沟通过程中处于信息传递的主动地位，是整个沟通的起点。发送方可以是个人，也可以是群体。

2. 编码

编码就是发送方将信息以接收方能够正确接收并识别的方式表达出来的过程。由于沟通的主体是人，所以信息的表示形式可以是语言、文字、图形、动作或表情等，丰富多样。

3. 媒介

媒介即信息的传递方式。除了最常用的通过语言进行直接交流外，随着各种通信工具的产生和发展，人们还可以通过电话、传真、电子邮件、互联网聊天工具等形式传递信息。

在实际沟通过程中，人们除了要选择适合的通信工具外，还要考虑恰当的时间和环境。比如重要的合同除了口头协议外，还应必须选择书面方式等。

4. 接收方

相对于发送方，接收方是信息送达的对象，在沟通过程中处于被动地位。人们往往借助于听觉、视觉、触觉等活动感知信息。

5. 解码

解码是接收方把送达的信息经过"翻译"，变成自身可理解信息的过程，是编码的逆过程。编码和解码过程类似于电报传输中的加密和解密过程，双方如果要进行信息的准确传递，就必须遵循一定的规则。当然，在实际的沟通中，由于信息双方不同的主观意识和经验背景，接收方解码后获得的信息不一定就是发送方的本意，因此，有必要加强沟通。

6. 反馈

反馈是接收方接收并翻译信息后，向发送方求证理解是否正确的过程。它是沟通过程的最后一个环节。反馈使沟通过程变成一个闭合循环的过程，也使得信息传递双方在发送方和接收方两个角色之间进行不断切换，是双方实现准确信息交换目的的重要环节。

在实际沟通过程中，一方面，信息接收方应积极向发送方作出反馈，另一方面，发送方也应该主动向接收方获取反馈，以达到最终信息传递目的。

7. 噪音

对信息的传递有可能造成干扰的一切因素均可称作噪音。噪音越大，信息传递障碍越大，信息传递效率越低。所以，我们要尽量避免噪音的产生，减少或弱化噪音干扰的影响。

在实际沟通过程中，噪音的影响无处不在，我们无法将其彻底消除。常见的噪音源有：不同的文化背景、主体的情绪、个人的价值观和伦理道德观、模棱两可的语言、认知水平的高低等。

（三）沟通原则

1. 目标法则

沟通是一种有目标的行为，特别是那些向上传达和向下传达的沟通。例如一个项目的负责人因为项目的进展需要与总经理沟通，在推开总经理办公室的门前，他必须理解自己的目的，是仅仅汇报项目的当前进展，还是讨论项目的未来的策略；是简单地汇报工作，还是寻求新的指示；是为了申请更多的支持资源，还是直接提出要求；是沟通项目本身，还是借此机会谈谈其他问题。

对于团队管理来说，沟通的目标也具有多层次、多样化的特点，因此具体的、局部的、琐碎的工作也应该具有明确的沟通目标，并对沟通作出清晰的计划，例如确定了团队沟通的种类和方法、负责沟通的人员、沟通的对象以及沟通的频率，使每个团队的成员都非常清楚地知道每一次沟通的目标，并知道怎么样去准备工作。

2. 文化筑巢法则

团队的沟通总是在一定环境下进行的，沟通的环境是影响团队沟通的一个重要因素，这种环境包括团队的整体结构、团队中人际关系的和谐程度、团队文化氛围和民主气氛、领导者的行为风格等。

例如，一个紧张的团队氛围，会让团队内部成员容易在沟通中发生冲突，如果一个团队管理非常松散，则容易导致团队成员在沟通中过于放任而浪费宝贵的时间。而实践证明，良好的团队沟通必然由其良好的团队结构和文化所决定，要让团队沟通取得好的效果，需要文化来筑巢。

3. 因地制宜法则

沟通分为正式沟通与非正式沟通两种，按照沟通方式又可以分为会议沟通、书面沟通、E-mail 沟通、电话沟通等。

团队的有效沟通既要依赖一种畅通的正式沟通渠道，又要依赖一种合理的非正式沟通渠道，两者缺一不可。目前，大多数企业的团队沟通还仅仅停留在指示、汇报和会议这些传统的沟通方式上，不能顺应团队成员心理结构以及需求层次的变化，而有效的沟通应该根据沟通的内容，综合各种沟通方式的优缺点来确定，采用因人制宜、因时制宜的有效沟通方式。

但随着企业的发展，非正式沟通渠道的作用已经越来越大，但大多企业并没有重视。其实，郊游、联谊会、聚会等形式也未尝不是良好的沟通方式，同时互联网也被很多企业应用于团队沟通，因其快速、准确的特点，极大地提高了组织沟通的效率，同时，互联网还具有虚拟性特点，设立论坛、BBS 公告等多种非正式的沟通渠道，能够较为真实地反映组织成员的一些思想情感和想法。

4. 换位思考法则

在团队中，很多人员都会对自己所负责的工作给予足够的关注，但是对于需要协调其他团队配合或者跨部门工作的时候，就容易出现以自我为中心的情况，这个时候，沟通就容易出现僵局。

因此，每个团队成员都需要学会在沟通中尝试换位思考，把自己放在对方的角度，学会积极的倾听，努力去理解对方想要表达的含义，不要动不动就从自己的立场来判断或者揣测别人，也不要轻易打断别人，要从沟通对象的角度来逐渐调整自己的感受，这样可以进一步保证你对所听到的信息的理解符合对方的本意。现在很多企业在团队管理中出现沟通不畅，很多就是由于没有换位思考造成的。

5. 知识共享法则

知识和信息是团队有效运作的基础，团队成员只有掌握了必需的知识和团队内外的信息后，才能充分挖掘自己的潜力，发挥自己的聪明才智，因此，建立知识和信息共享的沟通渠道，是团队管理中的重要工作。

首先，团队可以通过培训、学习，转变思想观念，让团队中的每个成员都对团队之间的沟通进行重新的认识，这是团队良好沟通的预热和基础；其次，团队可以找出一些在工作中的积极分子或者是表现突出的员工，来跟大家分享经验，用示范作用来促进知识和信息的沟通；最后，经过这些工作的重复，整个团队知识和信息的沟通习惯就形成了。

6. 倾听法则

有专家指出，团队的成员在沟通中应该花65%的时间去倾听，可见倾听对于沟通的重要性。然而，在很多人的脑海里，沟通似乎就是一种动态的过程，而倾听这一静态过程就被忽视了。

实际上，倾听却是沟通行为中的核心过程。因为倾听能激发对方的谈话欲，促发更深层次的沟通，同时可以了解对方的心理以及他的思维，从而达到沟通的目的。所以，一名优秀的团队成员必定是一位优秀的倾听者。

7. 二八法则

帕累托的二八法则显示，一个企业内部80%的沟通发生在20%的人员之间。

例如各部门的主管、总经理秘书、助理等就是公司内部沟通的关键人员，他们承载着大量的沟通传递工作。而有调查显示，这些在团队沟通中起到桥梁作用的团队成员，也非常容易成为信息流失或者变质的地方。对于一个团队来说，和这些沟通中的重要角色建立良好的联系，并培养他们建立正确的信息传递的方式和行为，对于沟通渠道畅通起着非常关键的作用。

8. 双赢法则

在团队成员的沟通中很多人为了坚持自己的观点，都会一开口就是“不行”、“不能”，“绝对不可以”或“那可不成”等语言，这往往会让沟通很难达到预期的效果，并让大家会在一个问题上纠缠很久。团队要达成共识，每个人都要懂得让步的艺术，要用“双赢”的沟通方式去求同存异，达到良好的沟通目的。

在沟通中，既要能积极地向别人推销自己的主张，不轻易地屈从和迁就，同时也要能认真地倾听别人所提出的与自己不同的意见和主张，既能维护自己的尊严和利益，又决不忽视对方的利益和尊严，而这正是取得“双赢”结局的保证。

五、创业团队冲突管理

（一）认知冲突与情感冲突

冲突的发生是企业内外部某些关系不协调的结果，表现为冲突行为主体之间矛盾激化和行为对抗。有些学者把团队内的冲突分为两大类，即认知冲突与情感冲突。有效的团队知道如何进行冲突管理，从而使冲突对组织绩效的改善产生积极贡献。在无效或低效的创业团队中，团队成员在一起总是极力避免冲突的形成，默认或者允许冲突对团队有效性和组织绩效的提高会形成消极影响。

1. 认知冲突

认知冲突是指团队成员对有关企业生产经营管理过程中出现的与问题相关的意见、观点和看法所形成的不一致性。通俗地讲，认知冲突是论事不论人。从本质上说，只要是有效的团队，这种团队成员之间就生产经营管理过程的相关问题存在分歧是一种正常现象。而且，在一般情况下，这种认知冲突将有助于改善团队决策质量和提高组织绩效。当团队成员分析、比较和协调所有不同的意见或看法时，认知冲突就会发生。这一过程对于团队形成高质量的方案起着关键性作用。而且，关于认知冲突的团队方案也容易被团伙成员理解和接受。正因如此，认知冲突有助于改善团队有效性。

认知冲突是有益的。因为它与影响团队有效性的最基本的活动相关，集中于经常被忽视的问题背后的假设。通过推动不同选择方案的坦率沟通和开放式的交流，认知冲突鼓励创造性的思维，促进创造性的方案。作为冲突管理的一种结果，认知冲突将有助于决策质量的提高。事实上，没有认知冲突，团队决策不过是一个团队里最能自由表达的或者是最有影响力的个别成员的决策。

除了提高决策质量以外，认知冲突能够促进决策本身在团队成员中的接受程度。通过鼓励开放和坦率的沟通，以及把团队成员的不同技术和能力加以整合，认知冲突必定会推动团队成员对团队目标和决策方案的理解，增强团队成员对团队的责任感，从而也有助于团队成员执行团队所形成的创业决策方案。

2. 情感冲突

冲突有时候也是极其有害的。当创业团队内的冲突引发团队成员间产生个人仇恨时，冲突将极大地降低决策质量，并影响到创业团队成员在履行义务时的投入程度，影响对决策成功执行的必要性的理解。与那些基于问题导向的不一致性相关的认知冲突不同，基于人格化、关系到个人导向的不一致性往往会破坏团队绩效，冲突理论研究者共同地把这类不一致性称之为情感冲突，通俗地讲，情感冲突是论人不论事。

由于情感冲突会在成员间挑起敌对、不信任、冷嘲热讽、冷漠等表现，所以，它会极大地降低团队有效性。这是因为情感冲突会阻止人们参与到影响团队有效性的关键活动中，团队成员普遍地不愿意就问题背后的假设进行探讨，从而降低了团队绩效。情感冲突引起了冷嘲热讽、不信任和回避，因此，将会阻碍开放的沟通和联合。当它发生时，不只是方案质量在下降，包括团队本身的义务也在不断地受到侵蚀，因为团队成员不再把他们与团队活动相联系起来。

有效的团队能够把团队成员的多种技能结合起来。相反，那些彼此不信任或者冷嘲热讽的团队成员，就不会愿意参与到那些必须整合不同观点的讨论中，结果势必会造成在集体创新、分享知识、共担风险、协作进取等创业团队企业家精神方面的压制，从而创业团队逐渐变得保守起来，创业决策质量也大受损失。

同样，那些敌对的或者是冷漠的团队成员不可能理解决策，也很少对那些他们并没有参与的决策履行相关的义务。因此，在多数情况下，团队成员也不会很好地执行决策，因为他们没有很好地理解决策。在最坏的情况下，由于这些团队成员甚至不愿意按照创业团队所设计的思路去执行决策，从而降低团队在未来有效运作的能力。

综合上述分析，对于团队绩效来说，冲突既可能是有益的，也可能是有害的，这主要取决于它是认知冲突还是情感冲突。认知冲突可以通过改善决策质量和提高团队成员成功执行决策的概率，进而提高团队绩效。然而，情感冲突却降低了决策质量，破坏了团队成员对成功执行决策的理解，甚至不愿意履行作为团队成员的义务，进而导致团队绩效下降。

（二）创业团队的所有权分配

在确定好创业团队成员后，创业者面临的一个关键问题就是决策成员之间的工作分工与所有权分配方案。工作分工是对成员之间所承担任务以及协调方式的规划，而所有权分配则是对创业利益分配方式的约定，是维系创业团队凝聚力的基础。工作分工有助于在短期内维持创业过程以及新企业早期运营的有序性，而所有权分配则有助于在长期内维持团队稳定和新企业的稳定成长。

在现实中，创业者经常问的一个问题就是，谁给谁分多少股？在所有权分配问题上，创业者要在公平和激励之间作出良好的权衡。一方面，所有权分配要在团队成员内部体现出公平性，符合贡献决定权利的标准；另一方面，又要让所有权分配对团队成员有一定的激励作用，让每个成员都感到所分配的股权比例超出了自己的预期。要做到这一点，并不是一件容易的事情，首先要挑战的就是创业者自己的心胸和气度。在这里，有一个重要的原则就是，要与帮助你创造价值和财富的人一起分享财富。一旦过了这一关，创业者就不会在持股百分比的问题上斤斤计较了。毕竟，零的51%结果还是零，关键在于如何把蛋糕做大。

如果创业者太贪婪，过分强调控制权，把公司大部分所有权都揽在自己手里，而不是与其他创业伙伴共同创造并分享一块大蛋糕，那一切都可能会成为泡影。蒙牛的牛根生就深谙此道，在多个场合反复强调过“财聚人散，财散人聚”的道理，在公司经营过程中，他也始终注重与初始创业团队共分利益，甚至到了公司的快速成长阶段，将利益分享从核心创业团队拓展到了高层管理团队，乃至普通员工。但在现实中，仍有不少反例可鉴。

在确定所有权分配时，创业者遵循三个重要原则，可能会避免后续纠纷和冲突。第一，重视契约精神，在创业之初，就要把确定的所有权分配方案以公司章程形式写入法律文件，以契约形式明确创业团队成员的利益分配机制，这有助于在长期内保障创业团队的稳定。第二，遵循贡献决定权利原则分配所有权比例，团队的目的是把创业蛋糕做大，而不是在蛋糕没有做大之前就吵着在未来怎么分家。在现实操作中，依据出资额来确定所有权分配是常见的做法，但对于没有投入资金但持有关键技术的团队成员，则需要谨慎考虑技术的商业价值，在资金和技术之间作出合理的权衡。第三，控制权与决策权统一原则，所有权分配在本质上是对公司控制权的分配方案。在实践中，股份比例最大的团队成员在不拥有公司控制权的条件下，在创业初期非常危险，因为他在心理上会比其他成员更看重创业和新企业，更容易去挑其他成员的决策错误，甚至挑战决策者的决策权威，进而容易引发团队矛盾和冲突。在创业初期，更需要集权和统一指挥，因此控制权和决策权统一至关重要。

(三) 团队内部的冲突管理

在一定范围内，冲突有助于团队成员激发和分享不同的观点，进而形成更好的决策，但如果冲突超越了认知的范畴，就可能会导致创业团队的决策失效，甚至会引发团队分裂和解散，因此，管理团队冲突是核心创业者必须具备的才干之一。

创业团队结构优势在很大程度上可能转化为更具有创新性的进人战略选择，但这种优势的发挥则依赖于恰当的冲突方式与之匹配。具体而言，产业工作经验差异更大、注重营造合作式冲突氛围的创业团队更容易开发出面向顾客需求的创新性产品/服务，而职能背景差异更大、注重营造对抗式冲突氛围的创业团队则往往能设计出不同于产业内在位企业的市场交易结构将产品/服务推向市场。

在冲突管理中，核心创业者首先要注意利用激励手段来鼓励正面冲突，让团队成员感到在通过知识分享实现创业成功后，能获得相应的收益和价值。在制订激励方案时，创业者需要注意以下几个方面：

(1) 差异化。虽然民主方案可能行得通，但是与根据个人贡献价值不同而实行的差异化方案相比，它包含的风险更大，缺陷也更多。一般情况下，不同的团队成员很少会对企业作出同样大小的贡献，因此，合理的薪酬制度应该反映出这种差异。

(2) 关注业绩。报酬应该与业绩（而不是努力程度）挂钩，而且该业绩指的是每个人在企业早期生命的整个过程中所表现出来的业绩，而不仅仅是此过程中某个阶段的业绩。有许多企业，它们的团队成员在企业成立后几年内所作出的贡献程度变化很大，但报酬却没有多大变化，这种不合理的薪酬制度使企业很快就土崩瓦解了。

(3) 灵活性。无论哪个团队成员在哪个既定时间段的贡献多大或多小，这种情况都很可能随着时间的改变而发生变化，而且团队成员的业绩也会和预期的有很大出入。另外，团队成很可能会由于种种原因而必须被替换，这样的话就需要再另外招聘新成员并添补到现有团队中去。灵活的薪酬制度包括年金补助，提取一定份额的股票以备日后调整等，这些机制有助于让人们产生一种公平感。

除了规划科学的激励机制，创业者要保持开放的心态，要塑造创业团队是一个整体而不是特意突出某个人的集体印象，这样，有助于把团队成员之间的观点争论控制在可管理的范畴之内，而不是演化为团队成员之间的矛盾。一旦发生情感冲突，创业者就应该理性地判断团队存续的可能性，通过替换新成员来及时化解情感冲突，比维持旧成员处理情感冲突往往会更加有效。

第四节　案例分析

本章案例主要讨论创业团队的人力资源管理，西安杨森制药公司在人力资源管理方面的成功经验值得学习，并为公司创造了良好的收益，从成立的十年间，其销售费突破 10 亿元，两次获得最佳合资企业的第一名的桂冠。西安杨森的成功归于其高水平的培训、人力资源管理以及企业文化的融合的结果。

西安杨森在创立之初，公司在培训方面可谓是投入巨大的精力和资金。规范、系统、高水准的培训，为公司打造一支能征善战的高素质团队提供了有力保障。销售人员经过培训，精通产品和销售技巧，成为具有良好职业道德的市场销售骁将；工人经过培训后，成为标准化的技术能手，其工作效率得到有效提升；公司骨干经过培训，成为具有现代企业管理经验和一定视野的带头人。公司高强度的培训加上内容也十分丰富，使得各类人员的成长十分迅速。

西安杨森的人力资源管理从培训开始，努力将人与文化有机结合，达到和谐。公司在业务培训时，将企业文化始终贯穿于培训课程中，将企业文化根植于每个参与培训的员工心中，增强了员工对公司的认同感。

西安杨森在人力资源管理方面很好地利用了“鹰”和“雁”的效应。对于销售方面的能人给予了充分的激励，发挥鹰击长空的能力，去冒险和积极探索，鼓励他们为公司创造更大的价值。同时也要发挥雁的团队精神，注重公司的协调发展，公司毕竟是一个整体，须保持团队的凝聚力，公司对外才有强大的战斗力。

西安杨森在人力资源管理实践中，充满了浓厚的人情味，如，员工生日时，公司总会送去祝福；员工生病时，公司会送去慰问；员工结婚时，公司会送去祝福等。针对中国的社保体系不健全的情况，当时西安杨森尽可能地为员工解决生活中的实际问题，为员工在就业、看病、上学及买房等方面提供帮助，让公司的关怀落实到了员工的实际生活细节中。这一举措极大地稳定了公司员工，离职率从 60%降低到了 10%，也从侧面增强了员工对公司的认同感，其人力资源管理收到了最佳的效果。

案例参考：《现代企业管理实务》，宗莉苹、田桂芹著，武汉理工大学出版社，2011 年。

问题：

1. 西安杨森在团队建设上采取了哪些办法？
2. 西安杨森如何通过培训来树立公司的企业文化？

◎ 思考题

1. 一个典型的人力资源规划有哪些内容？
2. 简述制定人力资源规划的作用与原则。
3. 简述创业团队的类型。
4. 简述创业团队人员激励的具体措施。
5. 简述沟通的内涵与原则。

第九章　创业项目风险管理

第一节　创业项目的常见风险

一、风险的定义

在远古时期，以打鱼捕捞为生的渔民们，每次出海前都要祈祷，其中主要的祈祷内容就是让神灵保佑自己在出海时能够风平浪静、满载而归；他们在长期的捕捞实践中，深深地体会到“风”给他们带来的无法预测、无法确定的危险，他们认识到，在出海捕捞打鱼的生活中，“风”即意味着“险”，因此有了“风险”一词的由来。

风险是指在一定条件下和一定时期内，由于各种结果发生的不确定性而导致行为主体遭受损失的大小以及这种损失发生可能性的大小。风险是一个二维概念，风险以损失发生的大小与损失发生的概率两个指标进行衡量。

创业风险是指在创业过程中，由于创业环境的不确定性，创业机会与创业企业的复杂性，创业者、创业团队的能力与实力的有限性，而导致创业活动偏离预期目标的可能性及后果。

二、创业风险的特点

（一）创业风险的客观性

创业风险是客观存在的，是不以人的意志为转移的。在创业的过程中，由于内外部事物发展的不确定性是客观存在的，因而创业风险也必然是客观存在的。如天灾、人祸等纯粹风险。当然，客观性并不否认创业风险的存在也有主观的一面。

（二）创业风险的不确定性

创业的过程往往是将创业者的某一个“奇思妙想”或创新技术变为现实的产品或服务的过程。在这一过程中，创业者面临各种各样的不确定因素。如可能遭受到已有市场竞争对手的排斥，进入新市场面临着需求的不确定，新技术难以转化为生产力等。

（三）创业风险的损益双重性

风险带来的影响不仅包括损失，而且包括收益。风险越高，收益可能越大。所以，回避风险，同样意味着回避收益。创业具有很高的风险，但是创业项目一旦成功，其收益也是不可估量的。如某些海外投资项目，部分理财产品，现在发展正热的共享单车等。

（四）创业风险的相关性

创业者面临的风险与其创业行为及决策是紧密相连的。同一风险事件对不同的创业者会产生不同的风险，同一创业者由于其决策或采取的策略不同，会面临不同的风险结果。如技术标准提高这一技术类风险事件，对大学生产生的可能是低风险，对于农民工可能产生的是高风险。

（五）创业风险的可变性

当创业项目的内部与外部条件发生变化时，必然会引起创业风险的变化。如投资方负责人变动，不再对创业项目进行投资。

（六）创业风险的可测性与测不准性

创业风险的可测性是指创业者可以通过定性或者定量的方法对创业风险进行估计。创业风险的测不准性是指对创业风险的预测往往与实际情况存在偏差。如创业产品周期的测不准与创业产品市场的测不准。

三、风险的构成

（一）风险因素

风险因素是指能够引起或增加风险事件发生机会或左右损失严重程度的因素，是风险事件发生的潜在条件，一般又称为风险条件。创业风险因素从形态上可以分为人的因素和物的因素两个方面。人的因素方面，如意识风险、道德风险、心理风险等。物的因素方面，如技术的不确定性、经济条件恶化等。

（二）风险事件

风险事件是指创业风险的可能性变成现实，以致引起损失后果的事件。风险事件是风险因素综合作用的结果，是风险损失产生的媒介物。如经济条件的恶化导致销售下降，产品被测试含有致癌物质导致产品收回等。

（三）风险损益

风险损益是指由于风险事件的出现给创业者或创业企业带来的能够用货币计量的经济损失或收益，包括直接损益和间接损益。例如由于产品研发失败引起的损失或由于无法及时将产品投放市场，又恰遇产品畅销带来的收益。

风险事件是风险因素综合作用的结果，是产生风险损失的原因，也是风险损失产生的媒介物。风险因素引起风险事件，风险事件导致风险损失。风险因素、风险事件、风险损失密切相关。它们三位一体构成了风险存在与否的基本条件。

四、风险的来源

（一）融资缺口

融资缺口存在于学术研究、产品原型商业化之间，是研究基金和投资基金之间存在的断层。可能表现为研究基金和投资基金缺口。研究基金通常来自个人资产、政府机构或公司研究机构，它既支持概念的创建，又支持概念可行性的最初证实；投资基金则将概念转化为有市场需要的产品原型。例如创业者没有足够的资金将其研究成果（发明专利）或产品原型实现商品化，进而给创业项目带来一定的风险。

（二）研究缺口

研究缺口主要存在于仅凭个人兴趣所作的研究判断和基于市场潜力的商业判断之间。当一个创业者最初证明一个特定的科学突破或技术突破可以成为商业产品时，他仅仅停留在自己满意的论证程度上。然而，这种程度的论证后来不可行了，还需要面对大量艰巨的、可能耗资巨大的研究工作（有时需要几年时间），进而形成创业风险。例如某项“挑战杯”，科研成果转化为商业产品，还需要深入研究。

（三）信息和信任缺口

信息和信任缺口存在于技术专家和管理者或投资者之间。技术专家比较了解哪些内容在科学上是有趣的，哪些内容在技术层面上是可行的，哪些内容根本就无法实现。管理者或投资者通常比较了解将新产品引入市场的程序，但当涉及具体项目的技术部分时，他们不得不相信技术专家。如果技术专家和管理者或投资者相互间不能充分信任，或者不能进行有效交流，那么这一缺口将会变得更大，带来的风险也更大。

（四）资源缺口

资源与创业者之间的关系就如同颜料和画笔与艺术家的关系。没有颜料和画笔，艺术家的构思则无从实现。在大多数情况下，创业者不一定也不可能拥有所需的全部资源，这就形成了资源缺口。如果创业者没有能力弥补相应的资源缺口，要么创业无法起步，要么在创业中受制于人。

（五）管理缺口

管理缺口是指创业者并不一定是出色的企业家，不一定具备出色的管理才能，由此带来管理风险。如创业者利用某一新技术进行创业，他可能是技术方面的专业人才，但却不一定具备专业的管理才能，从而形成管理缺口。创业者往往有某一“奇思妙想”，可能是新的商业点子，但其在战略规划上不具备出色的才能，或也不擅长管理具体的事务，这就导致了管理缺口的产生。

五、风险的分类

（一）按照风险的性质划分

1. 纯粹风险

纯粹风险是指只有损失可能性而无获利可能性的风险。纯粹风险所导致的结果只有两种：有损失或无损失。如地震、火灾、水灾、车祸、坠机、死亡、疾病和战争等。

2. 投机风险

投机风险又称机会风险，指既存在损失可能性，也存在获利可能性的风险。投机风险导致的结果可能有三种：有损失、无损失、获利。如股市波动、商品价格变动、风险投资等。按照风险的性质分类如表 9-1 所示。

表 9-1 **按照风险的性质分类**

	纯粹风险	投机风险
概念	指只有损失机会，而无任何利益的危险	指既有损失可能性，也有盈利可能性的风险
可预测性	一般可以通过大量的统计资料进行科学预测	很大程度上受到了宏观环境的不可控因素影响，很难预测
损失情况	只能产生有损失和无损失两种结果	可以产生有损失、无损失和有利益三种结局
举例	疾病、火灾、交通事故、失窃	炒股

（二）按照风险的状态划分

1. 静态风险

静态风险指在社会政治经济环境正常的情况下，由于自然力的不规则变动和人们的错误行为所导致的风险。静态风险造成的后果主要是经济上的损失，而不会因此获得意外的收益，一般属于不可回避风险。如地震、洪水、飓风等自然灾害，交通事故、火灾、工业伤害等意外事故均属静态风险。

2. 动态风险

动态风险指与社会变动有关的风险，主要是社会经济、政治和技术、组织机构发生变动而产生的风险。动态风险造成的后果是难以估计的，但通常是可以回避的。如通货膨胀、汇率风险、罢工、暴动、消费偏好改变、国家政策变动等均属于动态风险。

引起动态风险的变化不可控制，但有可能带来潜在经济损失。加强静态风险管理更具有合理性和必要性。按照风险的状态分类如表 9-2 所示。

表 9-2　　按照风险的状态分类

	动态风险	静态风险
概念	是由于企业外部环境变化而带来的损失可能性	在经济环境没有变化时发生损失的可能性
常见起因	宏观经济、产业发展、竞争对手、客户等的变化	自然客观因素或者人为不遵守制度所造成
影响范围	影响范围会大于静态风险	往往只对少数当事人产生影响
损失情况	往往是对社会一部分人有弊而对另一部分人有益	对社会带来的是实实在在的损失
举例	战争、通货膨胀	地震、火灾、偷盗、诈骗、呆坏账

（三）按照风险的来源划分

1. 主观风险

主观风险指在创业阶段，由于创业者的思想意识、心理素质等主观方面的因素导致创业失败的可能性。例如认知偏见带来的风险。

2. 客观风险

客观风险指在创业阶段，由于客观因素导致创业失败的可能性。如市场的变动、政策的变化、竞争对手的出现、创业资金缺乏等。

（四）按照风险的影响范围划分

1. 系统风险

系统风险指外部经济社会的整体变化，这些变化包括社会、经济、政治等创业者和企业难以控制的事实或事件。这类风险对企业影响的程度不一，但所有的企业都要面对。如商品市场风险、资本市场风险等。

2. 非系统风险

非系统风险指由企业内部因素导致的风险，是源于创业者、创业企业本身的商业活动和财务活动引发的风险。这种风险只造成企业自身的不确定性，对其他企业不发生影响。可以通过一定的手段进行预防和分散。如团队风险、技术风险和财务风险等。

系统风险与非系统风险如图 9-1 所示。

（五）按照风险在创业过程中出现的环节划分

1. 机会的识别与评估风险

机会的识别与评估风险指在机会识别和评估过程中，由于信息缺失、推理偏误、处理不当等各种主客观因素影响，使得创业面临方向选择和决策失误的风险。如在高校附近创

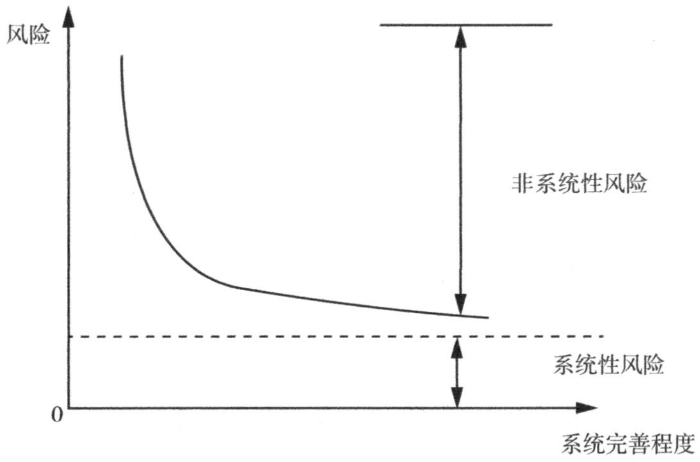

图 9-1 系统风险与非系统风险

办服装店（未充分了解高校学生在服装消费上喜欢追求隐蔽性的心理）。

2. 团队组建风险

团队组建风险指在团队组建过程中，由于团队成员选择不当或缺少合适的团队成员导致的风险。如团队中缺乏管理人才或技术专家。

3. 获取创业资源风险

获取创业资源风险是指由于存在资源缺口，无法获得所需资源，或获得资源成本较高给创业活动带来的风险。如“长江野生鱼庄”所需长江野生鱼经常缺货或成本高。

4. 创业计划风险

创业计划风险指创业计划制订过程中未排除一些不确定因素的存在，或制订计划者自身能力的限制导致的创业风险。如创业者对市场需求规模缺乏调查分析，单凭估计。

5. 企业管理风险

企业管理风险是指对企业文化、管理模式、细节管理等方面管理不当引发的风险。如：粗暴管理或拖欠员工工资可能引发的破坏性事件。

（六）按照风险内容的表现形式划分

1. 机会选择风险

机会选择风险指创业者由于选择创业而放弃自己原先从事的职业，所丧失的潜在晋升或发展机会的风险。例如辞职开办个体网吧，影响自己的职称评聘、职位晋升和所学专业上的建树。

2. 环境风险

环境风险指由于创业活动所处的社会、政治、经济、法律等环境变化或由于意外灾害导致创业者或企业蒙受损失的可能性。如战争，国际关系变化，有关国家政权更迭、政策改变，宏观经济环境发生大幅度波动或调整，法律法规的修改，创业相关事项得不到政府许可，合作者违反契约等给创业活动带来的风险。

3. 人力资源风险

人力资源风险指由于人的因素对创业活动的开展产生不良影响或偏离经营目标的潜在可能性。其中，创业者自身的素质和能力有限、创业团队成员的知识和技能水平不匹配、管理过程中用人不当、关键员工离职等因素是人力资源风险的主要诱因。

4. 技术风险

技术风险指由于技术方面的因素及其变化的不确定性而导致创业失败的可能性。如技术成功的不确定性、技术前景的不确定性、技术寿命的不确定性、技术效果的不确定性、技术成果转化的不确定性等。

5. 市场风险

市场风险指由于市场情况的不确定性导致创业者或创业企业损失的可能性。市场风险包括产品市场风险和资本市场风险两大类。如市场供给和需求的变化、市场接受时间的不确定、市场价格的变化、市场战略失误等。

6. 管理风险

管理风险是指创业者管理运作过程中因信息不对称、管理不善、判断失误等影响管理科学性而带来的风险。如水平低下的家庭式管理、管理者素质低下、缺乏诚信、权力分配不合理、管理不规范、随意决策等。

7. 财务风险

财务风险是指创业者或创业企业在理财活动中存在的风险。如对创业所需资金估计不足、难以及时筹措创业资金、创业企业财务结构不合理、融资不当、现金流管理不力等可能会使创业企业丧失偿债能力，导致预期收益下降，形成一定财务风险。

（七）按照标的不同划分

1. 财产风险

财产风险是指导致财产损毁、灭失和贬值的风险。如由于火灾、水灾等带来的财产损毁风险，由于经济因素带来的财产贬值风险等。

2. 人身风险

人身风险是指导致人的死亡、残疾、疾病、衰老及劳动能力丧失或降低的风险。人身风险通常又可分为生命风险、意外伤害风险和健康风险三类。如马航失联。

3. 责任风险

责任风险是指由于个人或团体的疏忽或过失行为，造成他人财产损失或人身伤亡，依照法律或契约应承担民事法律责任的风险。如煤矿失事、工伤事故等。

4. 信用风险

信用风险指在经济交往中，权利人与义务人之间由于一方违约或违法致使对方遭受经济损失的风险。如债务人不能或不愿履行债务而给债权人造成损失的风险，交易一方不履行义务而给交易双方造成损失的风险。

六、主要的创业风险类型

（一）创业管理风险

创业管理风险是指创业过程中因创业者管理不善而导致创业失败所带来的风险。

1. 管理者风险

一个优秀的创业家，可以不具备精深的技术知识，但必须具备这样一些素质：具有强烈的创新精神与创业意识，不墨守成规，不人云亦云；具有追求成就的强烈欲望，富于冒险精神、献身精神和忍耐力；具有敏锐的机会意识和高超的决策水平，善于发现机会，把握机会并利用机会；具有强烈的责任感和自信心，敢于在困境中奋斗，在低谷中崛起。

（1）管理者素质低带来的风险。

例如2003年，广州市普耀通讯器材有限公司因虚开增值税专用发票，涉嫌偷税，其负责人施争辉被捕，这是一宗很大的偷税案件，犯罪嫌疑人偷逃税金额近2亿元。普耀名下的广州、北京、上海等地的数家公司，都采用账外经营、设立内外两套账、销售不开具发票或以收据代替发票等方式，大量偷逃税款。①

我国税收环境正在发生质的变化，创业者如果再用旧思维来看待税收，铤而走险，教训可能会很惨重，企业应该抛弃做假账的思想，尽量利用税收筹划。企业完全可以合理避税或节税，但前提是不能违反法律。

（2）管理者诚信低带来的风险。

例如，很多假冒伪劣产品：黑心棉花、工业油盐、发霉米面、漂白蔬菜、纸壳“皮鞋”、夺命药物，似乎或多或少跟民营企业有一些瓜葛。为了追求利润，有的创业企业不顾后果，铤而走险，最终在政府、法律严打中受到“致命打击”，企业也就陷入万劫不复之地。

当年的中华鳖精借助马家军田坛神话，销售火爆。后来《焦点访谈》记者暗访发现，偌大一个鳖精厂就只有一只鳖，而且还是养在后院水池中。成箱运到市场上的中华鳖精只不过是红糖加水。②

（3）权力分配和家族式管理带来的风险。

例如，了解“百信鞋业”内幕的经理人介绍，“严重的家族管理”是导致百信倒闭的重要原因。“创始人李忠文几乎把所有核心和重要部门的权力都交给了他的亲戚朋友，但相互又无制衡”。例如，百信配货中心由几位“亲戚”负责，大吃回扣。李忠文失败了，但他的许多亲戚朋友却成了百万富翁。③

---

① 广东特大偷税案．香港人施争辉偷逃税2亿．http：//business. sohu. com/08/33/article205903308. shtml

② 揭马俊仁：一句话救活“中华鳖精”一条狗叫价4000万．http：//sports. ifeng. com/a/20160204/47361383_0. shtml.

③ 马艳．执行“百信鞋业”的法律思考［J］. 社会心理科学，2004（03）：103-105.

2. 决策风险

决策风险是指在创业过程中决策失败而带来的风险。决策失误，会造成不可估量的损失，从而导致失败。管理者决策水平的高低对创业企业的成败影响巨大，据美国兰德公司估计，世界上破产倒闭的大企业中，85%的企业破产是由企业家决策失误造成的，中国的企业就更是如此。

（1）决策失误风险。

例如，1990 年，飞龙集团还只是一个注册资金 75 万元、职工不过 60 人的小工厂，而到 1994 年，谋求在香港上市的姜伟对外声称飞龙集团的账面利润有 2 亿元。虽然很多人对这一数字抱有怀疑，但可以肯定的是，“延生护宝口服液”为飞龙集团带来了巨大的销售收入。①

姜伟用“一塌糊涂”来形容飞龙集团的管理。比如，集团的财务部门只管账目不管实际，占用、挪用及私分集团货款的现象比比皆是。与众多的保健品生产企业一样，巨大的广告投入是飞龙集团占领市场的必要手段，但广告支出无人监管统筹，无效广告泛滥成灾，总部对此调控无力。与此同时，国家对保健品市场的整顿开始。1995 年下半年，卫生部对 212 种口服液进行抽查，合格率仅为 30%，这给了一直无序发展着的保健品行业沉重的打击。

飞龙集团总裁姜伟闭门思过，修炼内功，反省出的 20 大失误，头三条赫然是：“决策的浪漫化、决策的模糊化、决策的急躁化。”可见决策失误给姜伟带来的切肤之痛。②

（2）多元化经营决策失败风险。

多元化经营决策的企业比比皆是，但因此获益的企业却不多。目前来看，涉足多元化经营的多为一些实力强，且有核心业务的企业。但行业跨度过大，仍然不为人看好。例如，五粮液投资百亿元杀入电脑芯片业，这就意味着其原有的人才资源、渠道资源、管理经验、企业文化等不能共享，一切从零开始。这种不相关的多元化遭到了多方质疑。此前，其制药、威士忌、塑胶等项目已经屡遭失败。③

多元化决策失误招致失败的案例值得关注，例如巨人、太阳神、活力 28，都是“把鸡蛋放在多个篮子”而一碎俱碎。活力 28 洗衣粉成为全国知名品牌后，沙市日化在短短几年之内涉足洗衣机、制药、啤酒等行业，之后各项目都被拖住，一个好端端的企业现在日显疲态。

3. 组织和人力资源风险

组织和人力资源风险是指由于创业企业的组织结构不合理、用人不当所带来的风险。

创业企业的迅速发展如果不伴随着组织结构、用人机制的相应调整，往往会成为创业企业潜在危机的根源。其中管理体制的不畅是主要原因之一。对于新创企业，创业者从一开始就应该注意组织结构的设计、调整，人力资源的甄选、考评，薪酬的设计及学习与培训等管理。从创业初始就需要建立健全的各项规章制度，并开始建立起企业文化。

① 创业团队 . https：//baike. baidu. com/item/创业团队.

② 1997. 姜伟：失误后的总裁 . http：//www. iceo. com. cn/zazhi/2006/0109/188708. shtml.

③ 五粮液 100 亿元投资电脑芯片 . http：//news. chinabyte. com/193/1705193_all. shtml.

创业之初，江湖义气第一桩，大家同甘共苦，同心同德。然而，创业者之间这种模糊的产权关系，以及模糊的分配关系却往往为企业管理者的内讧埋下伏笔，这两种关系引发的不良后果发展到极端，就出现这样的场面：创业成功之际，几个创业者开始计较功过、权衡得失；企业壮大之时，企业的管理者们对于企业未来的归宿产生分歧；企业粗具规模，准备进一步扩张之时，企业的高层们开始形成派系，相互排挤。

2003年，中国企业家调查系统第十届企业家成长与发展调查，对3539位企业经营者问卷调查结果表明："企业经营者最容易出现的问题"中，用人不当仅次于排在第一位的决策失误。用人不当已经成为制约企业发展的重要因素。

用人不当有多种形式：不任人唯贤而任人唯亲，缺乏信任而疏于选人，激励机制落后导致人才流失。后果只有一个：企业缺乏人才，不能形成核心人力资本。技术、资本、产品、服务的竞争，归根结底是人力的竞争。

4. 创业团队风险

创业团队在创业之初可能和睦相处，但随着创业的进行可能会出现以下问题：

（1）没有共同的愿景和目标。

（2）不能塑造和谐的创业团队关系。

（3）没有或不能很好地履行团队规范和纪律。

（4）团队角色配置不合理。

例如，青青商贸有限公司专做食品、饮料、酒类产品的代理业务，后成为四川古蜀酒厂古蜀醇粮液河北某地区的总代理。股东之一老刘在公司成立时，曾经许诺自己家族多年经营钢材、铁锭生意，有很多社会关系可用；还许诺今后在公司运作中遇到资金不够的时候，自己可以负责拆借。可出了问题之后，需要用钱时，老刘又拆借不来钱，完全不能实现当时的承诺。三位股东的矛盾急剧恶化，最终导致青青商贸有限公司解体。①

创业团队应懂得在企业试运行阶段来考察团队成员对企业的责任感和贡献度，将团队成员的问题暴露出来。如果在企业的经营过程当中，等问题出现时再解决，可能为时已晚。

5. 关键员工离职风险

关键员工一般是指那些拥有专门技术、掌握核心业务、控制关键资源、具有特殊经营才能、对企业承包的经营与发展会产生深远影响的职工。关键员工一般占企业承包总人数的20%~30%，是企业的核心和代表。关键员工对于企业提升核心竞争力起着关键作用。关键员工离职会给创业企业带来诸多不利影响。

首先，关键员工离职一般熟悉企业的主营业务，了解企业的客户资源，掌握核心技术和商业机密，这些员工离职使企业的有形资产和无形资产遭受损失，削弱了企业的核心竞争力。

其次，关键员工离职迫使企业重新招聘，需要追加招聘成本、培训费用以及寻求新客户所需的成本。

---

① 中国民营企业第六死：死于不守游戏规则.http：//biz.163.com/31111/1/07F34RJS00020R3N.html.

最后，关键员工离职导致企业关键岗位的空缺，而新员工也需要一段时间适应工作环境，这会影响到企业的正常运转和发展的连续性。

所以，创业者在创业之初要重点防范关键员工离职风险，增强团队凝聚力。

（二）创业市场风险

创业市场风险主要是指市场的不确定性导致创业失败的可能性。

1. 市场需求量的不确定性带来的风险

创业之初，企业多推出新技术、新产品，其市场多是潜在的、待成长的，消费者多持观望态度，很难被市场接受，有可能造成企事业夭折。产品的市场容量较小或者短期内不能为市场所接受，那么产品的市场价值就无法实现，投资就无法收回，从而造成创业夭折。

2. 市场接受时间的不确定性

无论是市场已有的同类产品，还是一个全新的产品，从进入市场到被市场接受都需要一定的过程和时间，若创业企业缺乏可投入广告宣传中去的雄厚的财力，那么产品被市场接受所需要的时间就会更长。因而不可避免地就会出现产品销售不畅，甚至造成产品积压，这样一来创业企业的资金周转就会遇到困难，甚至导致创业夭折。例如，世界著名的贝尔实验室在20世纪50年代初就推出了图像电话，但是到了20世纪70年代，美国市场才接受了商品化的图像电话。

3. 市场价格的不确定性带来的风险

产品价格超出了市场的承受力，就很难为市场所接受，技术产品的商业化、产业化就无法实现，投资也就无法收回。当某种新产品逐渐被市场所接受和吸纳时，其高额的利润会吸引来众多的竞争者，可能造成供大于求的局面，导致价格下跌，从而影响高技术产品创新的投资回报。

4. 产品的市场扩散速度的不确定性

产品生产出来，能以多快的速度扩散是一个很难预测的问题。例如，1959年美国哈德公司就开发了施乐914复印机，并谋求与IBM公司合作。但是IBM公司预测10年内复印机不会被广泛使用，仅能销售5000台左右，所以拒绝了与哈德公司合作。让IBM公司没有想到的是，复印技术迅速被广泛采用，哈德公司10年间就出售了20万台复印机。此后，哈德公司改名为施乐公司，成为拥有10亿美元资产的大公司。再如移动通信技术在中国的发展。移动通信刚刚被引入中国的时候，被不少人认为是有钱人才能使用的奢侈通信工具，然而到现在，手机已经成了人们必需品。所以产品推出之后，以何等速度扩散很难猜测。

5. 市场竞争力的不确定性

对于一项产品，尤其是高新技术产品，创业者很难确定它的未来市场竞争能力。因为产品的市场竞争能力是产品价格竞争力、产品服务与产品功能优势综合的结果。

在产品价格上，一方面由于高新技术产品的研制开发成本较高，因此，为了实现高投入的高收益，产品在上市的时候，销售价格一般也较高。如果产品价格超出了市场的承受力，消费者不愿意出高价购买，产品就很难被市场所接受，即缺乏价格竞争力，那么产品的商业化、产业化就无法实现，投资就无法收回。另一方面，当这种新产品逐渐被市场所接受和吸纳时，其高额利润会吸引众多的竞争者模仿，可能造成供大于求的局面，导致价格下跌，从而影响产品的投资回报。此外，具有功能及价格优势的产品在刚刚上市时还有可能面临被假冒的风险，发生"假李逵打倒真李逵"问题。再加上我国盗版风气一直很猖獗，这种问题不得不提前考虑。

6. 市场战略的不确定性带来的风险

一项好的高技术产品，如果没有好的市场战略规划，在价格定位、用户选择、上市时机、市场区域划分等方面出现失误，就会给产品的市场开拓造成困难，甚至导致整个创业项目功亏一篑。

7. 营销模式不转变所带来的风险

新创企业在市场开发初期，往往沿用原先的思维方式和营销模式，没有针对市场的变化，选择新的营销模式，可能会导致企业经营上的失败。

8. 盲目依赖广告带来的风险

新创企业在市场开发初期，实施"广告轰炸"，造成过大的市场预期，当企业不能提供相应的产品时，可能会产生信誉风险。

9. 营销过程中缺乏危机管理带来的风险

新创企业缺乏危机意识和危机管理意识，缺乏突发事件处理能力，可能会导致企业经营失败。

（三）创业资金风险

企业资金风险是指因资金不能适时供应而导致创业失败的可能性。对于新创企业，资金缺乏是最为普遍的问题，如果创业者不能及时解决，非常容易造成创业项目夭折。对于高技术创业活动，由于资金不能及时供应，导致高技术迟迟不能产业化，其技术价值随着时间的推移不断贬值，甚至很快被后来的竞争对手超出，而使初始投入付之东流。

1. 筹资风险

筹资风险是指与企业筹资相关的风险。一般是指由于资金供需情况、宏观经济环境等因素的变化，企业筹集资金的不确定性。

创业企业筹资风险的主要来源：

（1）创业企业投资利润率和借入资金利息率的不确性。

（2）创业企业经营活动的成败。

（3）负债结构。

合理筹资是防范筹资风险的关键，在筹资的时候就要考虑还款方式和还款时间是否合理。

例如，某企业在商业银行共贷款 4 笔合计 2000 万元，期限都是 1 年期，这四笔贷款还款的时间是 4 月、6 月、7 月、8 月四个月份。还款时间的月份都是该企业的销售淡季。该企业债务期限和还款期限不合理，都是短期贷款，而且还款期限过于集中，处于销售淡季，不利于企业资金的供应和周转。这样不合理的筹资方式很容易造成企业的现金流风险。

2. 现金流风险

现金流风险是指新创企业在企业运营过程中出现资金短缺而导致损失的可能性。

现金流缺失的原因主要有：

（1）在经营活动产生的现金流量中，销售产品获得的现金不稳定，工资成本过高，导致现金不足。

（2）投资活动产生的现金流量中，投资回收金额与投资支出不匹配，导致投资收益低。

（3）融资活动产生的现金流量中，新创企业的融资渠道相对单一，可选择的融资方法较少，容易在现金流饥渴的驱动下，接受筹资成本较高的资金。

（4）融资计划没有远见，后续工作不充分。

（5）内控体系不健全，现金支出失控。

（6）盲目投资，如巨人大厦从18层扩大到70层，投资由2亿元到12亿元。

（四）创业技术风险

企业技术风险是指在企业技术创新过程中，因技术因素导致创业失败的可能性。

1. 技术成功的不确定性

创新技术从研究开发到实现产品化、产业化的过程中，任何一个环节的技术障碍，都将使产品创新前功尽弃，归于失败。很多创业企业，在技术产业化实施过程中，屡试屡败，其中的原因是多方面的。当用血汗赚来的资金或以家产抵押来的创业资金将要耗尽时，创业企业却还没有生产出合格的产品，则风险达到极大。

2. 技术前景、技术寿命的不确定性

如果赖以创业的技术创新不能够实现工业化，或不能在高技术寿命周期内迅速实现产业化，收回初始投资并取得利润，必然会造成创业的夭折。例如，初涉商海的侯某选定一项自认为大有前途的专利技术，决定投巨资将这项技术的专利权买下来。有人提醒他这项专利虽然现在看好，但操作周期太长，而且，听说某某研究所正在研究一项更先进的技术并即将开发完成。侯某却不听劝告，执意投资。当他将这项专利技术买到手，并且投资将其转化为产品后，新的技术已经问世，人们已不再需要它了。

创业者在选择投资项目时，目光短浅，不能把握技术市场未来的发展方向，投巨资购买眼看要落后的技术，遭受损失理所当然。当一项投资花费巨大，可能需要较长时间才能收回成本并获得赢利时，投资者就不但要考虑它的现在，还要考虑它的将来，一项产品现在有市场，不等于将来也同样有市场。

3. 技术效果的不确定性

创业者在研发新技术的时候，可能出现三种情况：第一种情况是所研发的技术实现不了创业者所预期的产品功能或工艺作用，无法满足市场需求或创造市场需求，没有办法收回成本，从而使创业项目陷入困境，甚至导致创业项目的夭折。第二种情况是创业者在开发某一项技术时的目标是为了解决某一问题，而结果却是解决另一个问题，导致与预期不符。第三种情况是创业者所开发的技术虽然能满足相应的产品功能和工艺作用，但是却存在一定的负面影响，如造成环境污染，破坏生态环境，损害公共利益等，那么可能就会受到限制，而导致不能生产产品，无法收回投资，导致创业失败。例如，20 世纪 70 年代，著名的美国杜邦公司曾对一种称之为 Corfam 的皮革替代品进行产品开发并上市销售。预测和试穿的成功，使杜邦公司决策层非常乐观，他们希望 Corfam 不仅能一帆风顺地上市，而且能像公司曾经发明的尼龙一样，成为世界性的畅销商品，引发鞋面用料的革命，再现杜邦公司的辉煌。然而最终的结果却大大出乎人们的意料之外，Corfam 的产品开发亏损了近 1 亿美元，成为杜邦公司历史上罕见的一次失败。

4. 配套技术的不确定性

创业者可能会利用某一项科研成果进行创业，但是该项科研成果转化所需要的配套技术如果不成熟，就可能会带来风险。一项科研成果，特别是重大科研成果的投资，往往需要多种专业相关技术的配套，才能达到标准，配套风险在其后的技术扩散、技术转移过程中表现得尤为突出。例如，1889 年摘棉机就被发明了，但是直到 1948 年配套技术才逐渐完善，摘棉机才被大量投入市场并得到广泛使用。

（五）创业环境风险

创业环境风险是指一项高技术产品创新活动由于所处的社会、政治、政策、法律环境变化或由于意外灾害发生而造成失败的可能性。创业环境是指围绕创业项目发展和变化，并足以影响或制约创业行为的一切外部条件的总称。创业环境与创业活动是相互作用的，对创业的成败起着决定作用。硬环境是指创业环境中有形要素的总和（基础设施、自然区域、经济区域等）；软环境是指创业环境中无形的环境要素的总和（政治、法律、经济、文化环境等）。

创业环境风险主要来源于目标行业的进入壁垒，进入壁垒是新进入企业与在位企业竞争过程中所面临的不利因素，即它仅指新进入企业才须承担而在位企业无须承担的（额外的）生产成本。行业进入壁垒包括：生产规模、顾客品牌转移（品牌，消费者的习惯和偏好）、投资量的大小（技术研发、人才）、销售渠道限制、资源竞争、技术进步速度等。因此，高技术产品创新，必须重视创业环境风险的分析和预测，把创业环境风险降到最低程度。

（六）其他风险

1. 机会风险

机会风险主要是创业者选择创业也就放弃了自己原先所从事的职业，丧失了其他选择。如果创业者认为目前创业时机成熟，正好有一个绝佳的商业机会，那么就要狠下决心，立即着手创业。如果觉得没有什么太好的商业机会，而且自己对行业状况、公司经营管理知之甚少，就暂时不要急于创业，而是边工作边认真观察，看看所在公司的各层领导是如何工作的，甚至有心学习所在公司开拓市场的技巧，以及公司老总管理公司的技巧。创业者还可以边为其他公司打工，边留心建立良好的商业关系网，等待时机成熟，再开始创业。

2. 知识产权风险

知识产权风险是指创业过程中涉及知识产权的风险，主要分为两种风险，一是意识侵权风险，即指非知识产权拥有者以违法的手段给创业者造成损失的可能性；二是泄密风险，指泄露技术秘密或者商业秘密而给创业者造成的风险。

七、创业风险的成因

（一）职业精神和道德秩序的缺失

一个成熟的、健康的竞争生态圈，不是简单地在政府所提供的若干法律、法规的框架内追求利益，它更应该体现为法律与道义传统、社会行为规范的整体协调。

目前对中国的创业者们来讲，要想事业成功并成为这个社会和时代的主流，最重要的工作是塑造中国企业家的职业精神和重建中国企业的道德秩序。

（二）决策的独断和无制约

我国企业家大多集创业者、所有者、决策者和执行者于一身，董事会形同虚设，下属也是唯命是从。

中国企业要取得真正进步，必须建立有独立权力的董事会，制定一套有效的约束机制，制定每一阶段可以量化的指标。

（三）盲目扩张

创业项目失败的另一大根源是急速的扩张。很多初始创业者都有勇气和胆略，但缺少谋略和远虑，更缺少稳重、归纳和精算，在创业过程中缺少中长期发展规划，总以为在投资建设上一步到位，一气呵成，就能胜人一筹，独领风骚。然而，许多失败案例证明，许多创业者在贷款集资建设时缺少精打细算的还款计划和理智冷静的盈亏分析，尚未创业就先欠下巨额债务，使企业在运转过程中入不敷出，不堪重负，最后导致破产。

（四）国内企业多元化现象普遍

有些企业缺乏明确的发展战略，看到其他行业赚钱，就见异思迁。或者取得一点成绩，就过分夸大自己的能力，哪一行都敢贸然进入。这也是导致失败的重要原因。所以，在市场经济下，管理者只有充分了解自己、了解竞争对手、了解市场，量力而行地发展企业，才能做到适可而止，规避创业风险。

（五）一夜暴富的投机性

中国自古就有“马无夜草不肥，人无横财不富”的俗谚。这是一种典型的贫穷的思维。想发横财的人，寄希望于“意外”而非“努力”上，所以与成功背道而驰。在市场越来越规范的情况下，“一夜暴富”的投机性将会越来越没有市场。

（六）管理不善

管理不善体现在以下几个方面：

（1）缺乏基础管理，中国传统企业今天所面临的最核心的问题是基础管理。
（2）创办人缺少必要的经营企业的经验。
（3）财务上没有遵循审慎原则。

（七）用人不当

用人不当有多种形式，如缺乏信任、疏于选人、激励机制落后等，但结果只有一个，就是缺乏人才，不能形成核心竞争力，最终导致企业在激烈的竞争中失败。

（八）合伙人选择不当

合伙能聚合和整合不同的资源，但合伙人选择不当，则会带来很大风险。合伙人的能力结构要互补，合伙人的角色分配要合理，合伙人的利益分配要合适，目标与价值观要相符。有些人认为朋友就是合伙人，这往往是错误的看法。

第二节 创业项目风险管理流程

一、风险识别

（一）风险识别的定义

风险识别是指创业者依据创业活动的迹象，在各类风险事件发生之前运用各种方法对风险进行的辨认和鉴别，是系统地、连续地发现风险和不确定性的过程。

由于创业的特殊性，企业除了要识别如国家经济政策的调整、市场需求的变化等显性风险，还要识别当某一形势变化引发连锁反应所可能带来的半显性风险，同时还要识别遭遇突发事件带来的隐性风险。

（二）风险识别的特点

1. 系统性

风险识别是一项复杂的系统工程。系统性是指风险识别不能局限于某一部门和环节，而应对整个企业各个方面的风险进行识别和分析。

风险识别不仅包括识别实物资产风险、金融资产风险，还包括识别客户资产、雇员、供应商资产和组织资产的风险。

2. 连续性

风险识别是一项连续性的工作。连续性是指风险识别不可能是一成不变、一劳永逸的，随着企业及其经营环境的不断变化，风险管理者必须时刻关注新出现的风险和各种潜在的风险。

3. 制度性

风险识别是一项制度性的工作。制度性是指风险管理作为一项科学的管理活动本身需要有组织上和制度上的保障，否则就难以保证此项工作的系统性、连续性。

（三）风险识别的过程

风险管理者需要充分了解企业所面临的风险。风险管理中最大的问题是没有意识到潜在的障碍威胁。创业者需要知道损失来自何处，并能够找出在风险中受益而不是损失的方法。但是创业者不能对未能识别和计量的风险因素采取措施，所以应该在创业之初通过正式而全面的程序来分析风险。风险识别有感知风险和分析风险两个环节。感知风险是风险识别的基础，分析风险是风险识别的关键。

（1）感知风险：分析风险事故的各种风险因素。如在仓库设施风险中，可能导致的损失风险因素有火灾、爆炸、交通阻断等。

（2）分析风险：分析引起风险事故的各种风险因素，研究导致风险事故发生的原因和条件。如导致火灾的风险的原因是化学反应和自燃等。

事实上，风险识别程序在具体的风险识别操作中是很难划分的，因为很难对其界定。因此风险识别分几个环节并不重要，重要的是创业者要全面地列出创业风险，列出每一种风险产生的具体原因。

（四）风险识别的原则

1. 全面周详原则

全面周详原则要求全面系统地考察、了解各种风险事件的损失频率和损失程度，风险因素以及因风险的出现而导致的其他问题，以便能及时而清楚地为决策者提供比较完备的决策信息。

2. 综合考察原则

创业者面临的风险错综复杂，构成了一个复杂的风险系统。系统中包含不同类型、不同性质、不同损失程度的风险。由于复杂风险系统的存在，使得某一种独立的分析方法难以对全部风险奏效，所以必须综合使用多种分析方法。

3. 量力而行原则

在创业之初，往往资金有限，所以创业者必须要根据企业实际情况和财务承受能力，来选择效果最佳、经费最少的风险识别方法。并且创业者在风险识别和分析的过程中，也应该将因为风险分析过程所产生的成本纳入财务计算之中，作为综合的考察分析，用来保证以较小的支出换取较大的利益。

4. 科学计算原则

对风险进行识别的过程，就是对单位的生产经营（包括资金借贷与经营）状况及其所处环境进行量化核算的具体过程。风险识别需要采用严谨的数学理论和规范的分析工具。创业者在自己估计的基础上，也要进行概率统计和相应的计算，这样才能得到比较科学合理的结果。

5. 系统化、制度化、经常化原则

为了保证风险识别的准确性，应该要进行全面详细的搜集资料、调查分析，将搜集的资料再整理分类，分析导致风险的原因及结果。如果没有对风险的一个全面系统性的了解，就很难在创业的时候发现潜在的风险，那就更别提能根据各种不同的风险选择适应的风险决策和风险控制的方法与工具。并且风险是在不停变化的，在创业前期、创业中期和创业后期，创业者所遇到的风险会有所不同，所以创业者需要持续不间断地分析风险、防范风险，并逐渐形成制度化。

二、风险评估

（一）风险评估的定义

风险评估是指在风险识别之后，对存在的风险用一定方法进一步分析和测量风险发生的性质、风险发生的可能性以及发生之后造成的损失估算。

风险评价就是要给出某一风险的概率以及其后果的性质和概率。从风险识别可知，风险的种类繁多复杂，如何对不同种类的风险选择适合的风险评估方法就成了难题，所以风险评估是风险管理中最难也是最重要的一部分。

（二）风险评估的基础

风险评估的基础是充分有效的数据资料。

1. 数据完整

要求相关数据（信息）完整、准确，避免遗漏，以便发现风险事件产生的确切原因。

2. 数据一致

要求统计口径一致，统计方法一致，以便进行比较分析。

3. 数据与主题相关

要求数据与风险事件相关联，避开无关数据，以便突出数据有效性。

4. 数据是有组织的

要求对数据按需要或经验进行排列组合，如按损失大小列出数据，以便发现风险源。

（三）风险评估的作用

风险评估有利于企业上下获得稳定安全感，从而增强扩大业务、开辟市场的信心；有利于增强经营管理决策的正确性，减少风险损失；在决策从事某种业务时，能对风险进行正确的处理，使经营者变得更为明智；有利于增加企业效益和减少现金流量的波动性；有利于与顾客、供应商及债权人等进行有效交往，提升企业的信誉和知名度。

（四）风险评估的程序

风险评估首先要评估风险发生的可能性的大小，即风险发生的频率的大小，然后再估计这些风险会造成何种程度的损失，即损失的严重性。

1. 损失频率

损失频率是指风险事件在一定时期内发生的次数。

损失频率测算一般分为定性分级和概率计算两种方法。第一种方法是指创业者根据自身经验对风险进行分析，将风险按发生的可能性大小分级。第二种方法是创业者根据所搜集的统计资料运用概率统计的方法进行测算。当然第一种方法不如第二种方法精确，但是第二种方法却比第一种方法费时、费力，再加上风险评估本身就带有预测的功能，结果原本就不确定，有些出入也在所难免。所以创业者在资金紧张或者时间有限的情况下，也可以使用第一种方法，要根据自身情况灵活选择方法。

2. 损失程度

损失程度是指风险事件造成的损失的大小。其中有几个要注意的点：一是创业者要估计风险事件可能造成企业的最大损失。二是不仅要评估风险事件对企业造成的直接损失，也要考虑到一些间接损失。三是要考虑风险造成金钱损失的时间效应。因为货币具有时间价值，所以连续十年每年损失 1 万元就比一次性损失 10 万元更好一些。再加上一次性损失 10 万元会给创业公司本来就紧张的资金雪上加霜，甚至会造成资金链断裂，导致创业失败。

三、风险决策

创业风险决策就是在风险识别、风险评价基础上，针对企业存在的风险因素，采取各种控制技术，尽量减小企业的风险暴露，降低损失频率和减小损失幅度。

创业风险决策的方法主要包括风险回避、损失预防、损失抑制和多元化投资等。

（一）风险回避

风险回避是指考虑到影响预定目标达成的诸多因素，决策者结合自身的风险偏好和风险承受能力，从而做出的中止、放弃某种决策方案或调整、改变某种决策方案的风险处理方式。风险回避包含以下处理方式：

1. 剥离

剥离指通过退出某市场或地域，或出售、清算，或分离某产品类别或业务等措施剥离资产。

2. 禁止

禁止指企业通过适宜的企业政策、风险限额架构及标准禁止企业从事风险性大的，或产生财务损失和资产缺口的活动和交易。

3. 终止

终止指企业通过重新确立目标，调整战略和政策或者改变资源配置方向，终止某些已进行的活动和交易。

4. 锁定

锁定指企业提高业务发展和市场扩张的针对性，避免追逐偏离企业战略的机会。

5. 筛选

筛选指通过对企业的资本项目和投资活动进行筛选，回避低收益、偏离企业战略重点或高风险的行动计划。

6. 消除

消除指通过规划和实施内部预防流程，从源头上消除风险，使风险事件的发生概率降低为零。

（二）风险防范

风险防范是在风险发生之前调整或重组企业经营过程中的某些方面，通过一定的手段预防和分散风险，以降低风险发生的概率和带来的损失。

1. 机会选择风险的防范

创业者在创业准备之初就应该对创业的风险和收益进行全面权衡，将创业目标和目前的职业收益进行比较，结合当下的创业环境、自己的生涯规划进行权衡分析。可以先就业，再创业，或者与人合作创业。

2. 人力资源风险的防范

创业者应不断充实自己，持续提高个人素质，使自己的知识和能力与创业活动相匹配。通过沟通、协调、激励、奖惩、评价、目标设定等多种手段管理团队，并在创业团队发展的不同阶段确定相应的管理内容，科学、合理地对成员进行绩效评价。此外，创业者应该招聘那些具有良好职业道德和团队合作意识、拥有与岗位相匹配技能的员工，在合同中明确权利义务关系和适当授权。

3. 技术风险的防范

创业者应加强对技术创新方案的可行性论证，减小技术开发与技术选择的盲目性，并通过建立灵敏的技术信息预警系统，及时预防技术风险。同时，创业者可通过组建技术联合开发体或建立创新联盟等方式来分散技术创新的风险。并且创业者应该提高企业技术系统的活力，降低技术风险发生的可能性。另外，创业者应该高度重视专利申请、技术标准申请等保护性措施的采用，通过法律手段减小损失出现的可能性。

4. 管理风险防范

创业者应该提高核心创业成员的素质，树立其诚信意识和市场经济观念，并以此为基础搞好领导层的自身建设，建立能够适应企业不同发展阶段变革的组织机构。并且实行民主决策与集权管理的统一，将企业的执行权合理分配，避免不规范的家族式管理影响创业企业发展。创业者明确决策目标，完善决策机制，减小决策失误。

5. 财力风险防范

创业者要对创业所需资金进行合理估计，避免筹资不足影响企业健康成长和后续发展。并且创业者要学会建立和经营创业者自身和创业企业的信用，提高获得资金的几率。同时，创业者应该学会在企业的长远发展和目前利益之间进行权衡，设置合理的财务结构，从恰当的渠道获得资金。此外，创业者应该管好企业的现金流，避免现金断流带来的财务拮据甚至破产清算的局面。

（三）损失抑制

1. 应急计划

应急计划指针对可能造成企业经营中断的小概率事件，事先进行必要的安排（相当于第二方案），确保企业在事故发生后、恢复正常运作前保持生产的连续性，从而降低中断经营、客户关系、商誉等方面的损失。

2. 危机管理

危机管理是危机管理者通过危机信息分析、执行危机应对计划、组织、控制、领导等职能来最大限度地降低企业和各个利益相关者可能遭受的各种损害，最终保障企业整体安全、健康和持久运行。如遭遇地震灾害后企业的抢救工作、恢复生产工作。

3. 风险隔离

风险隔离是将一风险单位分割成许多独立的、较小的单位，通过限制每一个单位可能的最大损失来实现减小损失的目的。风险隔离不但可以减小直接损失，而且风险单位的增加可以提高企业对未来损失预测的准确程度，使得实际损失程度和估测程度大致相当，从而达到控制的目的。如禽流感爆发后，对感染者、疑是感染者的隔离。

4. 风险组合

风险组合是通过兼并、扩张、联营，集合多个原来各自独立的风险单位于同一企业之下，增加同类风险单位的数目来提高未来损失的可预测性，以达到降低风险的目的，属于一种简洁的损失控制措施。如大学的合并，吉林大学具有代表性。

（四）多元化投资

“不要把鸡蛋放在一个篮子里”，企业适度的、恰当的投资组合（或项目组合）可以降低机会成本并能分散风险。在投资多元化理论出现以后，人们认识到投资多元化可以降低风险。当增加投资组合中资产的种类时，组合的风险将不断降低，而收益仍然是各个资产的加权平均值。当投资组合中的资产多元化到一定程度后，唯一剩下的风险便是系统风险。

第三节　创业项目风险管理工具

一、风险管理方法与工具分类

（一）定性方法

1. 含义

定性方法指结合经验、知识、技能、判断甚至直觉等，运用归纳与演绎、分析与综合、抽象与概括等思维方法，对事物性质、特点、发展规律、变化趋势进行分析、评估。

定性方法具有主观性。

2. 使用条件

（1）对象不能够进行量化时。

（2）在不要求进行定量评估时。

（3）在定量评估所需的充分、可靠的数据实际上无法取得时。

（4）获取和分析数据不具有成本效益性时。

3. 判断依据

（1）管理人员的判断。这种方法依赖于管理人员的经验、才能和直觉。管理人员与员工和顾客保持越密切的联系和交往，这种方法所造成的危险就越小。

（2）销售人员的估计。这种信息来源能够带来很大的价值，因为销售人员一般说来是最接近顾客的。这种方法对于那些产品生命周期短、技术更新快的行业尤为重要。

（3）顾客调查和市场测试。顾客调查即市场调查技术直接从顾客那里搜集信息。市场测试即在一个小范围内，展示和促销一个产品。

（4）小组讨论。即由委员会或小组作出判断和决定。

（5）集合意见法。将每个人的估计值相加，然后得出一个平均值。

（6）专家的意见。这种方法建立在企业外部顾问的专业知识技能基础上，能为管理层带来高度专业化和有价值的帮助。管理层可以聘请这样的顾问在公司里进行日常业务咨询。

4. 结论表达

企业风险概率可以表示为“很小”、“中等”、“较大”。企业风险导致的损失大小相应地划分为“重大损失”、“中等损失” 和 “轻度损失”。

5. 风险定位

风险定位是指创业者可建立企业风险等级图，以此对风险进行定位。

（二）定量方法

1. 含义

定量方法指依据统计数据，运用数理方法对事物的数量特征、数量关系与数量变化进行分析，揭示和描述事物所处状态和发展趋势以及事物间的相互关系和作用，具有客观性。

2. 使用条件

（1）对象能够进行量化时。

（2）占有大量数据资料时。

（3）数据与主题相关时。

（4）数据可以进行组织时。

3. 基本方法

（1）相互对比法。是指通过风险相关指标的相互比较来揭示指标之间的数量差异，进而分析形成差异的原因。既可以是本期同上期的纵向比较，也可以是同行业不同企业之间的横向比较，还可以与标准值进行比较。

（2）趋势分析法。是指对同一单位风险指标连续几年的数据作纵向对比，观察其成长性。通过趋势分析，可以了解该企业在某些方面的发展变化趋势。

（3）结构分析法。是指对各种风险指标在总风险中的构成及比重进行分析，考量风险的地位和影响。

（4）数学模型法。是指用符号、函数关系将评价目标和内容系统规定下来，并把相互间的变化关系通过数学公式表达出来。在现代经济预测和管理工作中，由于不能进行实验验证，通常都是通过建立数学模型来分析和预测经济决策所可能产生的结果。

4. 结论表达

（1）数据。

（2）公式。

（3）图表。

二、专家调查法

专家调查法也称专家咨询法、专家意见法、经验分析法，是基于专家的经验、知识和能力，发挥专家的特长，发现潜在风险并对风险的可能性及其后果作出估计。

专家调查法是一种重要而又广为应用的风险识别方法。专家调查法有很多途径，主要包括头脑风暴法、德尔菲法、风险专家调查列举法、风险识别调查法、风险对照检查表。

（一）专家调查法的适用条件

（1）数据缺乏：在风险识别的过程中，数据是非常重要的，是各种定量研究的基础。但是由于现实原因，有时候缺少数据，或者数据有误，不能反映真实情况，或者采集数据的时间过长，采集数据付出的代价太高等时就可以采用。

（2）新技术评估：对于一些崭新的科学技术，在没有或缺乏数据的条件下，专家的判断往往是唯一的评价根据。

（3）非技术因素起主要作用：当决策的问题超出了技术和经济范围而涉及生态环境、公众舆论甚至政治因素时，这些非技术因素的重要性往往超过技术本身的发展因素，因而过去的数据和技术因素就处于次要地位，在这种情况下，只有依靠专家才能作出判断。

（4）由于原始信息量极大，决策涉及的相关因素（技术、政治、经济、环境、心理、文化传统等）过多，计算机处理这样大的信息量，费用很高。这时，从费用效果考虑，也应采用专家调查法。

（二）专家调查法的基本步骤

（1）确定主持人，组织专门的小组。

（2）选择主要的风险项目，并提供必要的资料。

（3）选聘相关领域的专家，专家应该有一个适度的规模。人数要求随着项目的特点、规模、复杂程度和风险的性质来决定，一般来说专家人数在10~20人。所选专家要有广泛的代表性，他们要熟悉业务，有特长，有一定的声望，具有较强的判断力和洞察能力。

（4）专家对各类可能出现的风险进行评估，打分。

（5）回收专家意见并整理分析，再将结果反馈给专家，征求专家的意见。

（6）再把专家的结果汇总，对所征求的意见进行统计处理，整理成文字，撰写风险分析报告。如有需要，可以根据结果再进行几轮专家意见的征求。

（三）头脑风暴法

头脑风暴法，是由美国BBDO广告公司的奥斯本首创，该方法主要由价值工程工作小组人员在正常融洽和不受任何限制的气氛中以会议形式进行讨论、座谈，打破常规，积极思考，畅所欲言，充分发表看法。

头脑风暴法出自“头脑风暴”一词。所谓头脑风暴（brain-storming）最早是精神病理学上的用语，指精神病患者的精神错乱状态，如今转而为无限制的自由联想和讨论，其目的在于产生新观念或激发创新设想。

在群体决策中，由于群体成员心理相互作用影响，易屈于权威或大多数人意见，形成所谓的群体思维。群体思维削弱了群体的批判精神和创造力，损害了决策的质量。为了保证群体决策的创造性，提高决策质量，管理上发展了一系列改善群体决策的方法，头脑风暴法是较为典型的一个。

头脑风暴法又可分为直接头脑风暴法和质疑头脑风暴法。前者是在专家群体决策中尽可能激发创造性，产生尽可能多的设想的方法；后者则是对前者提出的设想、方案逐一质疑，分析其现实可行性的方法。

1. 头脑风暴法的作用机理

（1）联想反应。

联想是产生新观念的基本过程。在集体讨论问题的过程中，每提出一个新的观念，都能引发他人的联想。相继产生一连串的新观念，产生连锁反应，形成新观念堆，为创造性地解决问题提供了更多的可能性。

（2）热情感染。

在不受任何限制的情况下，集体讨论问题能激发人的热情。人人自由发言、相互影响、相互感染，能形成热潮，突破固有观念的束缚，最大限度地发挥创造性的思维能力。

（3）竞争意识。

在有竞争意识的情况下，人人争先恐后，竞相发言，不断地开动思维机器，力求有独到见解，新奇观念。心理学的原理告诉我们，人类有争强好胜心理，在有竞争意识的情况下，人的心理活动效率可增加50%或更多。

（4）个人欲望。

在集体讨论解决问题过程中，个人的欲望自由，不受任何干扰和控制，是非常重要的。头脑风暴法有一条原则，不得批评仓促的发言，甚至不许有任何怀疑的表情、动作、神色。这就能使每个人畅所欲言，提出大量的新观念。

2. 头脑风暴法的效果

头脑风暴法可以排除折中方案，对所讨论的问题通过客观、连续的分析，找到一组切实可行的方案，因而头脑风暴法在军事决策和民用决策中得到了较广泛的应用。例如在美国国防部制定长远科技规划中，曾邀请50位专家采取头脑风暴法开了两周会议。参加者的任务是对市县提出的长远规划提出异议。通过讨论，得到一个使原规划文件变为协调一致的报告，在原规划文件中，只有一小部分的意见得到保留，由此可见头脑风暴法很有价值。

(四) 德尔菲法

德尔菲法1946年由美国兰德公司创始实行。该方法是由企业组成一个专门的预测机构，其中包括若干专家和企业预测组织者，按照规定的程序征询专家对未来市场的意见或者判断，然后进行预测的方法。德尔菲这一名称起源于古希腊有关太阳神阿波罗的神话。传说中阿波罗具有预见未来的能力。因此，这种预测方法被命名为德尔菲法。1946年，兰德公司首次用这种方法用来进行预测，后来该方法被迅速广泛采用。

德尔菲法依据系统的程序，采用匿名发表意见的方式，即专家之间不得互相讨论，不发生横向联系，只能与调查人员发生关系，通过多轮次调查专家对问卷所提问题的看法，经过反复征询、归纳、修改，最后汇总成专家基本一致的看法，作为预测的结果。这种方法具有广泛的代表性，较为可靠。

它有三个明显区别于其他专家预测方法的特点，即匿名性、反馈性、统计性。

(1) 匿名性。

因为采用这种方法时所有专家组成员不直接见面，只是通过函件交流，这样就可以消除权威的影响。这是该方法的主要特征。匿名是德尔菲法的极其重要的特点，从事预测的专家彼此互不知道其他有哪些人参加预测，他们是在完全匿名的情况下交流思想的。后来改进的德尔菲法允许专家开会进行专题讨论。

(2) 反馈性。

该方法需要经过3~4轮的信息反馈，在每次反馈中使调查组和专家组都可以进行深入研究，使得最终结果基本能够反映专家的基本想法和对信息的认识，所以结果较为客观、可信。小组成员的交流是通过回答组织者的问题来实现的，一般要经过若干轮反馈才能完成预测。

(3) 统计性。

最典型的小组预测结果是反映多数人的观点，少数派的观点至多概括地提及一下，但是这并没有表示出小组的不同意见的状况。而统计回答却不是这样，它报告1个中位数和2个四分点，其中一半落在2个四分点之内，一半落在2个四分点之外。这样，每种观点都包括在这样的统计中，避免了专家会议法只反映多数人观点的缺点。

德尔菲法能发挥专家会议的优点：

(1) 能充分发挥各位专家的作用，集思广益，准确性高。

(2) 能把各位专家的分歧点表达出来，取各家之长，避各家之短。

(3) 适用范围广，高效快捷，成本低，简单易行。

同时还能避免专家会议法的缺点：

(1) 权威人士容易影响其他人的意见。

(2) 一些专家会不好意思，不愿意发表与其他人不同的意见。

(3) 出于自尊心不愿意修改自己的意见。

但是德尔菲法实施的过程比较复杂，花费时间较长，由于专家意见是主观判断，意见难以统一，所以还是得根据情况和别的方法结合使用。

三、故障树分析法

故障树分析（Fault Tree Analysis，FTA）又称事故树分析，是安全系统工程中最重要的分析方法。故障树分析指以故障为分析对象，描述故障发生的因果关系，借此识别风险。它能对各种系统的危险性进行辨识和评价，不仅能分析出事故的直接原因，而且能深入揭示出事故的潜在原因。故障树分析从一个可能的事故开始，自上而下、一层层地寻找顶事件的直接原因事件和间接原因事件，直到基本原因事件，并用逻辑图把这些事件之间的逻辑关系表达出来。

它采用逻辑的方法，形象地进行危险的分析工作，特点是直观、明了，思路清晰，逻辑性强，可以做定性分析，也可以做定量分析，体现了以系统工程方法研究安全问题的系统性、准确性和预测性。

（一）故障树

故障树是一种特殊的倒立树状逻辑因果关系图，它用事件符号、逻辑门符号和转移符号描述系统中各种事件之间的因果关系。逻辑门的输入事件是输出事件的“因”，逻辑门的输出事件是输入事件的“果”。

（二）故障树图

故障树图（或者负分析树图）是一种逻辑因果关系图，它根据元部件状态（基本事件）来显示系统的状态（顶事件）。故障树图也是一种图形化设计方法，并且作为可靠性框图的一种可替代的方法。

一个故障树图是从上到下逐级建树并且根据事件而联系，它用图形化“模型”路径的方法，使一个系统能导致一个可预知的，不可预知的故障事件（失效），路径的交叉处的事件和状态，用标准的逻辑符号（与、或等）表示。在故障树图中最基础的构造单元为门和事件，这些事件与在可靠性框图中有相同的意义并且门是条件。

（三）故障树分析法的优点

故障树分析法是一种从系统到部件，再到零件，按“下降形”分析的方法。它从系统开始，通过由逻辑符号绘制出的一个逐渐展开成树状的分枝图，来分析故障事件（又称顶端事件）发生的概率。同时也可以用来分析零件、部件或子系统故障对系统故障的影响，其中包括人为因素和环境条件等在内。

它对系统故障不但可以做定性的而且还可以做定量的分析；不仅可以分析由单一构件所引起的系统故障，而且也可以分析由多个构件不同模式故障而产生的系统故障情况。因为故障树分析法使用的是一个逻辑图，因此，不论是设计人员或是使用人员和维修人员都容易掌握和运用，并且由它可派生出其他专门用途的“树”。例如，可以绘制出专用于研究维修问题的维修树，专用于研究经济效益及方案比较的决策树等。

由于故障树是一种逻辑门所构成的逻辑图，因此适合于用电子计算机来计算；而且对于复杂系统的故障树的构成和分析，也只有在应用计算机的条件下才能实现。

（四）故障树分析法的缺点

无法解决顶事件和底事件的发生概率不确定（模糊概率）问题，故障树分析法要求系统的底事件和顶事件是一个确定性事件，即要么发生故障要么正常，这样才能确定顶事件是否处于正常状态。然而对于非确定性的模糊事件构成的故障树，用传统的故障树分析法就显得无能为力了。

无法解决一个底事件对应多个故障现象（即故障树之间的交叉）等问题。

故障树的构成是依照一定的人的认识和经验来构造的，如果人的知识不完全或不准确，对故障系统的诊断就往往会有纰漏。FTA 是一种系统化的演绎方法，所以分析过程比较繁琐，在构造故障树时要运用逻辑运算，在其未被一般分析人员充分掌握的情况下，很容易发生错误和失察。并且计算量很大，需要借助于计算机完成，在分析过程中稍有疏忽，有可能漏过某一个后果严重的故障模式。

四、情景分析法

情景分析法又称脚本法或者前景描述法，是假定在某种现象或某种趋势将持续到未来的前提下，对预测对象可能出现的情况或引起的后果作出预测的方法。通常用来对预测对象的未来发展作出种种设想或预计，是一种直观的定性预测方法。

情景分析比较灵活，可以利用环境进行直接的向外的趋势预测；还可以向目前的环境中增加新的条件，因此研究人员更容易应用抽象思维处理复杂的社会、经济问题，特别是那些包含了过多不确定因素的问题。

（一）情景分析法的特点

（1）认为未来的发展有多种可能的趋势，所以预测结果也是多样的。

（2）注重了解内部环境，注重对系统发展起重要作用的关键因素和协调一致性关系的分析。

（3）需要主观想象力，强调决策者的主观愿望在未来分析中的作用。

（4）定量分析与定性分析相结合，在定量分析中融入了大量的定性分析。

（二）情景分析法的作用

1. 分析环境和形成决策

任何企业若想生存进而壮大，必须要尽可能做到“知己、知彼、知环境”。情景分析法就是企业从自身角度出发，通过综合分析整个行业环境甚至社会环境，评估和分析自身以及竞争对手的核心竞争力，进而制订相应决策。由于每一组对环境的描述都最终会产生一个相应的决策，因此情景分析主要应用于分析环境和形成决策两个方面。

2. 提高组织的战略适应能力

由于情景分析法重点考虑的是将来的变化，因此能够帮助企业很好地处理未来的不确定性因素。尤其是在战略预警方面，能够很好地提高企业或组织的战略适应能力。同时，企业持续的情景分析还可以为企业情报部门提供大量的环境市场参数，而这些参数又可以对企业提供多方面的帮助，例如可以帮助企业发现自身的机会、威胁、优势和劣势等。

3. 提高团队的总体能力，实现资源的优化配置

从企业内部出发，企业的核心是人，而人的思想是关键。由于情景分析法不仅仅属于高层管理人员的战略工具，还需要企业各层级人员都参与其中，如此才可激发每个人的责任感和成就感，从而提高团队的总体能力。企业通过情景分析法预测出未来可能出现的情景，决策人员以此为基础进行决策，确定未来的发展方向，而决策的实施需要资源的支持，因此，在进行情景分析及决策时，企业的资源也就相应地实现了重新配置。

（三）情景分析法的过程

1. 主题的确定

明确情景分析的日的和主要任务，包括其涉及的时间范围、具体对象、区域等。例如“亚太地区未来十年旅游业的发展状况”，那么“亚太地区”就是区域，“未来十年”就是时间范围，“旅游业”是具体对象。主题的确定是一个专业性很强的工作，并不是由高层管理人员直接提出，而是竞争情报专业人员经过具体调研，同时结合企业的自身状况、发展目标，最终提出有实际价值的分析主题。考虑到设定主题的特点及所涉及的部门，确定情景分析工作组，这个工作组不仅要包括竞争情报专业人员，还要包括不同层次的管理人员。在选择过程中，要注意选择那些具有前瞻性、跳出框架以外的创新性思考工作的人。

2. 主要影响因素的选择

主要影响因素是指影响未来发展趋势的主要因素，可以说是造成未来情景变化的主要原因。主要影响因素状态的改变决定着未来的发展趋势和方向。要利用情景分析法对未来的情景进行预测和描述，必须先确定该主题的主要影响因素。例如，针对上面的“亚太地区未来十年旅游业的发展状况”的问题，假设主要影响因素有：政策支持、收入水平、旅游倾向、旅游保险、竞争程度等。世界是一个联系的整体，所以要将影响因素一一列举出是不可能的，而且从不同角度分析它们的影响力度也不同。所以在大量搜集情报的同时，还需要大规模的调研和分析工作，提交出最初的影响因素列表。而主要影响因素集中在那些未来不确定性强、影响程度大的因素，在提交最初影响因素列表的基础上，利用头脑风暴法让所有参与的企业人员和专家人士各抒己见，对影响因素进行选择，也可提出自己认为的其他影响因素。最后，对讨论内容进行汇总，选择出企业所在领域的影响主题的10个左右的因素作为主要影响因素。假设有10个主要影响因素，每个因素都有最积极、最消极和最有可能发生的三种状态，那么它可以产生310种可能的方案。如果对这么多的方案逐一进行模拟，不仅浪费人力、物力，同时有可能造成避重就轻，把握不住重点的局面。所以在实际的操作中，要进一步将主要影响因素提炼压缩至五个以下，通常情况下，

利用德尔菲法征求领域专家的观点，对主要影响因素进行重要性排序，选择出公认的最重要的五个因素，即关键影响因素。

3. 方案的描述与筛选

将关键影响因素的具体描述进行组合，形成多个初步的未来情景描述方案。由于企业在选择方案时往往从其发生概率以及战略重要性两个角度出发考虑，所以将各种方案按照“发生概率”和“战略重要性”横纵坐标进行归类，如图 9-2 所示，通常分为 A、B、C、D 四个区域。A 区域内的方案拥有相对较高的发生概率和较弱的战略重要性，适合于追求稳定发展的企业；B 区域中的方案与 A 区域的方案相比在战略重要性上明显增强，如果预测准确，该区域中的方案往往不仅是众多企业制定战略的重点依据，也是企业创造竞争优势的有力武器；C 区域中的方案因其低发生概率和弱战略重要性通常是被忽略的对象，但有时也能给企业带来出其不意的效果；D 区域中的方案与 B 区域的方案都拥有非常强的战略重要性，但由于低发生概率的影响，该区域中的方案不如 B 区域中的方案受青睐。考虑到资源的稀缺性，企业不可能对每个方案都给予同样的重视，我们要对方案作进一步的处理，也就是进行筛选。方案筛选是一个非常关键的步骤，一时疏忽就可能导致错误的决策。因此，这一步就需要信息专家、经济专家、管理专家等与该领域相关的专家一起对产生的所有方案进行评估，从方案的战略重要性和发生概率两方面，结合企业自身的以及所处行业特点，进一步压缩方案数量，重点集中在五个以内的描述方案，然后将这五个方案带入下一步的模拟。进行筛选时，尽量选择战略重要性高同时发生概率高的方案，即图 9-2 中所示的 B 区域，当然由于关键因素都是不确定性很强的因素，因此这里指的发生概率高低是相对的而非绝对的。但发生概率高同时战略重要性强的情景方案通常不多，实际操作中，企业进行选择时会将决策重心向左下方倾斜移动，即图 9-2 所示的斜线区域，此外，不同行业甚至不同企业之间细微的差别，都决定了企业在进行方案选时的不同倾向。比如也有一些企业倾向于选择战略重要性高，而发生概率相对低的方案，即 D 区域。

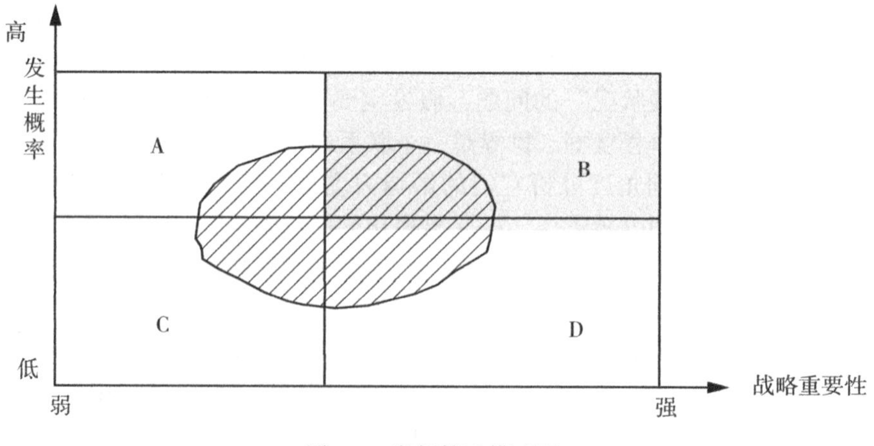

图 9-2 案例筛选模式图

4. 模拟演习

邀请公司的管理人员进入描述的情景中，面对情景中出现的状况或问题制定出对应策略的过程。换言之，就是模拟未来。首先将每个情景方案用形象的手法详细描绘出来，列举出该情景之下可能出现的问题，尽可能让人读起来有身临其境的感觉。公司各个层次的管理人员按照最终确定的重点描述方案的数量进行分组，每组进行隔离模拟。他们必须完全抛开日常的工作和其他事务，设想自己就处在该描述方案的真实环境中，要对所列举的可能出现的问题讨论并作出相应的决策，在逐一地对问题制定了相应的策略之后，他们还必须讨论出该情景下的战略。信息工作人员要将管理人员在模拟中的反应作为反馈信息收回。管理人员要真正投入，信息工作人员要如实记录反馈信息，记录时不能加入自身主观意见。

5. 制定战略

分析每组隔离模拟时的记录信息以及该情景之下制定的战略，确定每个情景中涉及的战略的真实性和准确性。在肯定了每个情景中的战略之后，所有管理人员要合成一个总的战略。合成总体战略是在分组进行模拟并肯定了每个单一战略后进行的综合分析。主要是通过所有参与的管理人员集中讨论而得出。基于每个情景之下的战略汇总，找出将来决策的重心，最终制定出公司未来的战略规划和政策。例如，在几个情景之下管理人员作出的相同决策，就是将来的决策重心之一。另外要考虑的就是每个方案的战略重要性和发生的概率。战略重要性大的情景中管理人员的决策也是今后决策的重点。

6. 早期预警系统的建立

建立早期预警系统在情景分析法中起着非常重要的作用，通过扫描主要影响因素，监测环境，发现环境中的细微变化，以及早发现威胁和机会，并对情景分析法中主要影响因素进行及时调整，进而调整方案，为以后的情景分析提供了一个很好的基础。早期预警系统的核心是：信息搜集子系统、指标预警子系统和因素预警子系统。信息搜集可以通过第三方利用定题服务的方式获得，也可以利用计算机软件，如网络蜘蛛，自动搜索相关信息，是预警实现的基础。指标因素综合预警是预警系统发展的一个趋势，其中指标预警针对监测主要影响因素中可以量化的因素，如收入水平；因素预警监测其他无法量化的因素，如竞争程度、政策支持等。预警系统监测的对象有时不容易识别，在设计预警系统时还要考虑那些隐性的特征。例如，竞争程度的变化通常用“越发激烈”、“有所减弱”来形容。因素预警可以只监测某重要因素是否出现，若出现则发出警报。指标预警相对复杂，需对搜集到的原始信息进行规范量化，对各指标设置不同级别警报的阈值范围，以“收入水平”为例，将人均收入水平作为指标，设当前人均收入水平为A，监测到的人均收入水平为B。

当 $97\%A \leq B<103\%A$ 时，系统不报警；

当 $95\%A \leq B<97\%A$ 或 $103\%A \leq B<105\%A$ 时，系统发出中级报警；

当 $90\%A \leq B<95\%A$ 或 $105\%A \leq B<110\%A$ 时，系统发出高级报警。

不同行业、不同企业在设置具体因素和具体数值时都有所不同，要根据具体情况具体分析。任何一个好的预警系统不是一蹴而就的，而是经过了不断调整，逐步完善形成的。情景分析法前期对主要影响因素和情景方案的分析为预警系统的不断完善打下了良好的基础。

（四）情景分析法的适用环境

情景分析法适用于资金密集、产品/技术开发的前导期长、战略调整所需投入大、风险高的产业，如石油、钢铁等产业。像著名的皇家壳牌石油公司，以注重战略规划著称，其关键之一就是运用情景分析法。该公司20世纪70年代成功地预测了因OPEC的出现而导致原油价格的上涨和20世纪80年代由于OPEC石油供应配额协议的破裂而导致原油价格的下跌。此后，该公司一举成为全球第二大石油公司。

情景分析法还适用于不确定因素太多，无法进行唯一准确预测的情况，例如制药业、金融业，以及相关的股市等。

五、风险坐标图

风险坐标图是把风险发生可能性的高低、风险发生后对目标的影响程度，作为两个维度绘制在同一个平面上（即绘制成直角坐标系）。对风险发生可能性的高低、风险对目标影响程度的评估有定性、定量等方法。定性方法是直接用文字描述风险发生可能性的高低、风险对目标的影响程度，如"极低"、"低"、"中等"、"高"、"极高"等。定量方法是对风险发生可能性的高低、风险对目标影响程度用具有实际意义的数量描述，如对风险发生可能性的高低用概率来表示，对目标影响程度用损失金额来表示。

表9-3列出了某公司对风险发生可能性的定性、定量评估标准及其相互对应关系，供实际操作参考。

表9-3　　**某公司风险评估标准**

评分		1	2	3	4	5
一定时期发生的概率		10%以下	10%～30%	30%～70%	70%～90%	90%以上
定量方法一	文字描述一	极低	低	中等	高	极高
定量方法二	文字描述二	一般情况下不会发生	极少情况下才发生	某些情况下发生	较多情况下发生	常常会发生
定性方法三	文字描述三	今后10年内可能发生少于1次	今后5～10年内可能发生1次	今后2～5年内可能发生1次	今后1年内可能发生1次	今后1年内至少发生1次

将识别出来的风险再根据标准确定其发生的概率和影响程度投影到风险坐标图上，然后将这个图分成四个象限，如图9-3所示，其中右上方C区域的风险是发生频率高、影响程度大的风险，这种风险，应引起管理层的高度重视，需要预先采取措施避免这种风险；

而对于处在 B 区域的发生频率低，但影响程度大的风险，管理者应保持警惕，需要预先采取措施进行风险转移；对于 B 区域的发生频率高但是影响程度低的风险，管理者应该制订计划、进行积极管理，以降低风险的发生频率来防范风险；对于 A 区域的发生频率低、影响程度小的风险，管理者可以对此类风险进行风险保留，将其作为日常管理的部分，风险造成的损失可以列入成本控制的范围。

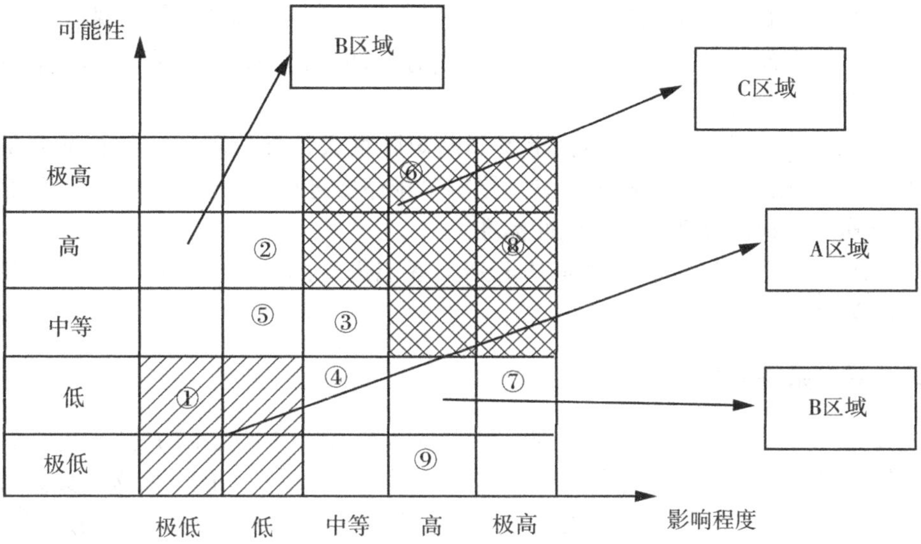

图 9-3 风险坐标图

六、层次分析法

（一）层次分析法概念

层次分析法（Analytic Hierarchy Process），或称为多层次权重解析方法，是 20 世纪 70 年代初期由美国著名运筹学家、匹兹堡大学教授萨蒂（T. L. Saaty）首次提出来的。该方法是定量和定性分析相结合的多目标决策方法，能够有效地分析目标准则体系层次间的非序列关系，有效地综合测度决策者的判断和比较。由于层次分析法有系统、简洁、实用等优点，所以在社会、经济、管理等许多方面，得到越来越广泛的应用。

（二）层次分析法的作用

层次分析法有以下两种作用：

（1）将风险因素逐层分解识别，直至最基本的风险因素，也称正向分解。

（2）可以两两比较同一层次风险因素的重要程度，列出该层风险因素的判断矩阵，判断矩阵的特征根就是该层次各个风险因素的权重，利用权重与同层次风险因素概率分布的组合，求得上一层风险的概率分析，直至求出总目标的概率分布，也称反向合成。

（三）层次分析法的步骤

层次分析法有以下四个步骤：

（1）建立层次结构模型：对决策对象进行调查研究，将目标体系所包含的因素划分为不同层次。

（2）构造判断矩阵：按照层次结构模型，从上到下逐层构造判断矩阵。每一层元素都以相邻上一层次各元素为准则，按1—9标度方法两两比较构造判断矩阵。也可以用其他改进的标度方法构造。

（3）层次单排序及一致性检验：求解判断矩阵最大特征值和对应的特征向量，经过归一化处理，即得层次单排序权重向量。层次单排序要进行一致性检验，检验不合格的要修正判断矩阵，直到符合满意的一致性标准。

（4）层次总排序。层次总排序是从上到下逐层进行的。在实际计算中，一般按表格形式计算较为简便。

（四）层次结构模型

首先要把问题条理化、层次化，构造出能够反映系统内在联系的递阶层次结构模型。将具有共同属性的元素归并为一组，作为结构模型的一个层次。同一层次的元素既对下一层次元素起着制约作用，同时又受到上一层次元素的制约。这样，我们就构造了递阶层次结构模型。AHP的层次结构，既可以是序列型的，也可以是非序列型的。一般来说，可以将层次分为三种类型：

（1）最高层。只包含一个元素，表示总目标层。

（2）中间层。包含若干层元素，表示实现总目标所涉及的各子目标，称目标层。

（3）最低层。表示实现各决策目标的可行方案，称为方案层。

图9-4为层次结构模型图。

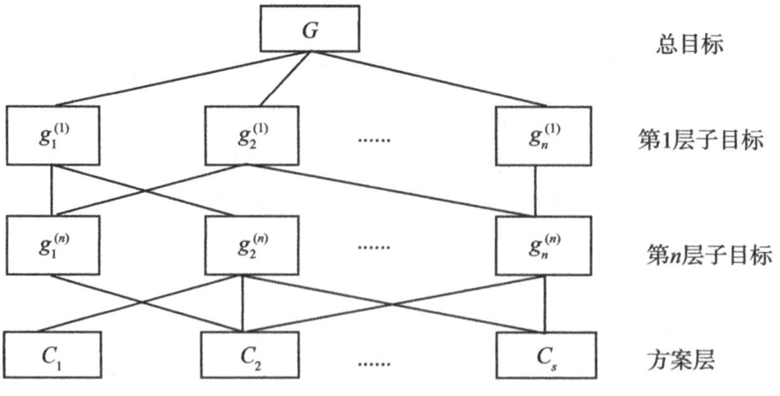

图9-4 层次结构模型图

层次结构中相邻两层次元素之间的关系用直线标明，称为作用线，元素之间不存在关系，就没有作用线。如果某一元素与相邻下一层次所有元素均有关系，则称此元素与下一层次存在完全层次关系；如果某元素仅与相邻下一层次部分元素存在关系，则称为不完全层次关系。在实际操作中，模型的层次数由系统的复杂程度和决策的实际需要而定，不宜过多。每一层次元素一般不要超过 9 个，过多的元素会给主观判断比较带来困难。构造一个合理而简洁的层次结构模型，是 AHP 方法的关键。

（五）判断矩阵及其特征向量

层次分析法采用优先权重作为区分方案优劣程度的指标。优先权重是一种相对度量数，表示方案相对优劣的程度，其数值介于 0 和 1 之间。在给定的决策准则之下，数值越大，方案越优，反之越劣。方案层各方案关于目标准则体系整体的优先权重，是通过递阶层次从上到下逐层计算得到。这个过程称为递阶层次权重解析过程。

实际中，判断矩阵的构造采用 Saaty 引用的 1—9 标度方法，各级标度含义如表 9-4 所示。

表 9-4 **判断矩阵构造标度**

标度	定义	含　义
1	同样重要	两元素对某准则同样重要
3	稍微重要	两元素对某准则，一元素比另一元素稍微重要
5	明显重要	两元素对某准则，一元素比另一元素明显重要
7	强烈重要	两元素对某准则，一元素比另一元素强烈重要
9	极端重要	两元素对某准则，一元素比另一元素极端重要
2，4，6，8	相邻标度中值	表示相邻两标度之间折中时的标度
上列标度倒数	反比较	元素 i 对元素 j 的标度为 a_{ij}，反之为 $1/a_{ij}$

1—9 标度方法符合人的认识规律，有一定科学依据。从人的直觉判断能力看，在区分事物数量差别时，习惯使用相同、较强、强、很强、极端强等判断语言。根据心理学实验表明，多数人对不同事物在相同准则上的差异，其分辨能力介于 5~9 级，1—9 标度方法反映了多数人的判断能力。Saaty 将 1—9 标度方法和其他标度方法进行对比，大量模拟实验证明，1—9 标度方法是可行的，与其他标度方法比较，能更有效地将思维判断数量化。

（六）判断矩阵的一致性

根据上述方法构成的判断矩阵 $A=(a_{ij})\ n\times n$ 具有传递性，即满足等式 $a_{ij}\cdot a_{jk}=a_{ik}$。当判断矩阵所有元素都满足该公式的时候，该判断矩阵为一致性矩阵。在实际判断中，判断矩阵可能不是一致性矩阵，仍希望它的最大特征值 λ_{max} 略大于阶数 m，其余特征值接近

于零，称之为满意的一致性。这样，计算出的层次单排序结果才是合理的。因此，必须对判断矩阵的一致性进行检验，使之达到满意的一致性标准。设判断矩阵 A 的全部特征值为：$\lambda_1 = \lambda_{max}$，$\lambda_2$，…，$\lambda_m$，$\lambda_{max} + \lambda_2 + \cdots + \lambda_m = \sum_{i=1}^{m} a_{ii} = m$，即 $\left|\sum_{i=2}^{m} \lambda_i\right| = \lambda_{max} - m$

为达到满意一致性，除了 λ_{max} 之外，其余特征值尽量接近于零。取：

$$\frac{\left|\sum_{i=2}^{m} \lambda_i\right|}{m-1} = \frac{\lambda_{max} - m}{m-1} = CI$$

作为检验判断矩阵一致性指标。CI 越大，偏离一致性越大；反之，偏离一致性越小。判断矩阵的阶数 m 越大，判断的主观因素造成的偏差越大，偏离一致性也就越大；反之，偏离一致性越小。当阶数 $m \leqslant 2$ 时，CI = 0，判断矩阵具有完全一致性。因此，必须引入平均随机一致性指标 RI，随判断矩阵的阶数而变化，如表 9-5 所示。

表 9-5　　**平均随机一致性指标 RI（1000 次正互反矩阵计算结果）**

阶数	1	2	3	4	5	6	7	8
RI	0	0	0.52	0.89	1.12	1.26	1.36	1.41
阶数	9	10	11	12	13	14	15	
RI	1.46	1.49	1.52	1.54	1.56	1.58	1.59	

一致性指标 CI 与同阶平均随机一致性指标 RI 的比较值，称为一致性比率：

$$CR = \frac{CI}{RI}$$

一般认为，当 $CR \leqslant 0.1$ 时，判断矩阵符合一致性标准，层次单排序的结果是可以接受的。否则，需要修正判断矩阵，直到检验通过。

七、决策树法

决策树分析法是一种运用概率与图论中的树对决策中的不同方案进行比较，从而获得最优方案的风险型决策方法。图论中的树是连通且无回路的有向图，入度为 0 的点称为树根，出度为 0 的点称为树叶，树叶以外的点称为内点。决策树由树根（决策节点）、其他内点（方案节点、状态节点）、树叶（终点）、树枝（方案枝、概率枝）、概率值、损益值组成，这种决策方法的思路如树枝形状，所以，称为决策树。

决策树分析法是常用的风险分析决策方法。该方法是一种用树形图来描述各方案在未来收益的计算、比较以及选择的方法，其决策是以期望值为标准的。人们对未来可能会遇到好几种不同的情况。每种情况均有出现的可能，人们现无法确知，但是可以根据以前的资料来推断各种自然状态出现的概率。在这样的条件下，人们计算的各种方案在未来的经济效果只能是考虑到各种自然状态出现的概率的期望值，与未来的实际收益不会完全相等。

（一）决策树的结构

决策树是以方块和圆点作为结点，并由直线连接而形成一种树枝状结构，图中符号说明如下：

□——决策结点，由它引出的若干条树枝，每枝代表一个方案。

○——状态结点，由它引出的若干条树枝，每枝代表一个自然状态，并在其上写明自然状态及其概率。

△——每种自然状态相应的益损值。

一般决策问题具有多个方案，每个方案可能有多种状态。因此，图形是从左向右，由简到繁的一个树枝网状图。

（二）决策树法的步骤

决策树法的步骤如下：

（1）绘制决策树图。从左到右的顺序画决策树，此过程本身就是对决策问题的再分析过程。

（2）根据右端的益损值和状态枝上的概率，计算出同一方案的不同状态下的期望益损值，并将结果写在相应方案节点上方。期望值的计算是从右到左，沿着决策树的反方向进行计算的。

（3）对比各方案的期望值的大小，进行剪枝优选，舍弃的方案只需在枝上画出“//”的符号，即表示修枝的意思。最后决策结点只留下一条树枝，就是决策的最优方案。

（三）决策树的优点

决策树的优点如下：

（1）决策树列出了决策问题的全部可行方案和可能出现的各种自然状态，以及各可行方法在各种不同状态下的期望值。

（2）能直观地显示整个决策问题在时间和决策顺序上不同阶段的决策过程。

（3）在应用于复杂的多阶段决策时，阶段明显，层次清楚，便于决策机构集体研究，可以周密地思考各种因素，有利于作出正确的决策。

（四）决策树的缺点

决策树的缺点如下：

（1）使用范围有限，无法适用于一些不能用数量表示的决策。

（2）对各种方案的出现概率的确定有时主观性较大，可能导致决策失误。

八、不确定型决策方法

不确定型决策方法又称非确定型决策，非标准决策或非结构化决策，是指在决策所面临的自然状态难以确定而且各种自然状态发生的概率也无法预测的条件下所作出的决策。不确定型决策常遵循以下几种思考原则：乐观原则、悲观原则、折中原则、后悔值原则和等概率原则。

（一）乐观原则（大中取大法）

愿承担风险的决策者在方案取舍时以各方案在各种状态下的最大损益值为标准（即假定各方案最有利的状态发生），在各方案的最大损益值中取最大者对应的方案。

乐观原则决策过程（大中取大法）：

（1）在各方案的损益中找出最大者；

（2）在所有方案的最大损益值中找最大者。

（二）悲观原则（小中取大法）

决策者在进行方案取舍时以每个方案在各种状态下的最小值为标准（即假定每个方案最不利的状态发生），再从各方案的最小值中取最大者对应的方案。

悲观原则决策过程（小中取大法）：

（1）在各方案的损益中找出最小者；

（2）在所有方案的最小损益值中找最大者。

（三）折中原则

折中原则的决策步骤如下：

（1）找出各方案在所有状态下的最小值和最大值。

（2）决策者根据自己的风险偏好程度给定最大值系数 a（$0<a<1$），最小值的系数随之被确定为 $1-a$。a 也叫乐观系数，是决策者乐观或悲观程度的度量。

（3）用给定的乐观系数 a 和对应的各方案中最大、最小损益值计算各方案的加权平均值。

（4）取加权平均最大的损益值对应的方案为所选方案。

（四）后悔值原则（大中取小法）

后悔值原则是用后悔值标准选择方案。所谓后悔值是指在某种状态下因选择某方案而未选取该状态下的最佳方案而少得的收益。

用后悔值原则进行方案选择的步骤如下：

（1）计算损益值的后悔值矩阵。方法是用各状态下的最大损益值分别减去该状态下所有方案的损益值，从而得到对应的后悔值。

（2）从各方案中选取最大后悔值。

（3）在已选出的最大后悔值中选取最小值，对应的方案即为用最小后悔值法选取的方案。对应的方案Ⅱ即为用最小后悔原则选取的方案。

（五）等概率原则（莱普勒斯法）

等概率原则是指当无法确定某种自然状态发生的可能性大小及其顺序时，可以假定每一自然状态具有相等的概率，并以此计算各方案的期望值，进行方案选择。

九、盈亏平衡分析

（一）概述

盈亏平衡分析是通过盈亏平衡点（BEP）分析项目成本与收益的平衡关系的一种方法。各种不确定因素（如投资、成本、销售量、产品价格、项目寿命期等）的变化会影响投资方案的经济效果，当这些因素的变化达到某一临界值时，就会影响方案的取舍。盈亏平衡分析的目的就是找出这种临界值，即盈亏平衡点（BEP），来判断投资方案对不确定因素变化的承受能力，为决策提供依据。

盈亏平衡点越低，说明项目盈利的可能性越大，亏损的可能性越小，因而项目有较大的抗经营风险能力。因为盈亏平衡分析是分析产量（销量）、成本与利润的关系，所以称为量本利分析。

盈亏平衡点的表达形式有多种。它可以用实物产量、单位产品售价、单位产品可变成本以及年固定成本总量表示，也可以用生产能力利用率（盈亏平衡点率）等相对量表示。其中产量与生产能力利用率，是进行项目不确定性分析中应用较广的。根据生产成本、销售收入与产量（销售量）之间是否呈线性关系，盈亏平衡分析可分为：线性盈亏平衡分析和非线性盈亏平衡分析。

（二）独立方案盈亏平衡分析

独立方案盈亏平衡分析的目的是通过分析产品产量、成本与方案盈利能力之间的关系找出投资方案盈利与亏损在产量、产品价格、单位产品成本等方面的界限，以判断在各种不确定因素作用下方案的风险情况。

投资项目的销售收入与产品销售量（如果按销售量组织生产，产品销售量等于产品产量）的关系有两种情况：线性和非线性。

1. 线性盈亏平衡分析——分析销售收入、生产成本与产品产量的关系

假设：

（1）产量等于销售量，销售量变化，销售单价不变，销售收入与产量呈线性关系，企业主管不会通过降低价格增加销售量。

（2）假设项目正常生产年份的总成本可划分为固定和可变成本两部分，其中固定成本不随产量变动而变化，可变成本总额随产量变动呈比例变化，单产品可变成本为一常数，总可变成本是产量的线性函数。

（3）假定项目在分析期内，产品市场价格、生产工艺、技术装备、生产方法、管理水平等均无变化。

（4）假定项目只生产一种产品，或当生产多种产品时，产品结构不变，且都可以换算为单一产品计算。

该项目的生产销售活动不会明显地影响市场供求状况，假定其他市场条件不变，产品价格不会随该项目的销售量的变化而变化，可以看作一个常数。销售收入与销售量呈线性关系，

即：

$$B = PQ$$

其中，B 代表销售收入，P 代表单位产品价格，Q 代表产品销售量。

项目投产后，其生产成本可以分为固定成本与变动成本两部分。固定成本指在一定的生产规模限度内不随产量的变动而变动的费用，变动成本指随产品产量的变动而变动的费用。变动成本总额中的大部分与产品产量呈正比例关系。也有一部分变动成本与产品产量不呈正比例关系，如与生产批量有关的某些消耗性材料费用，工器具费及运输费等，这部分变动成本随产量变动的规律一般是呈阶梯形曲线，通常称这部分变动成本为半变动成本。由于半变动成本通常在总成本中所占比例很小，在经济分析中一般可以近似地认为它也随产量呈正比例变动。

总成本是固定成本与变动成本之和，它与产品产量的关系也可以近似地认为是线性关系，即：

$$C = C_f + C_v Q$$

其中 C 为总生产成本；C_f 为固定成本；C_v 为单位产品变动成本。

在同一坐标图上表示出来，可以构成线性量—本—利分析图。

2. 非线性盈亏平衡分析

在生产实践中，由于产量扩大到一定水平，原材料、动力供应价格会引起上涨等原因造成项目生产成本并非与产量呈线性关系，也由于市场容量的制约，当产量增长后，产品售价也会引起下降，价格与产量呈某种函数关系，因此，销售收入与产量就呈非线性关系，如图 9-5 所示。

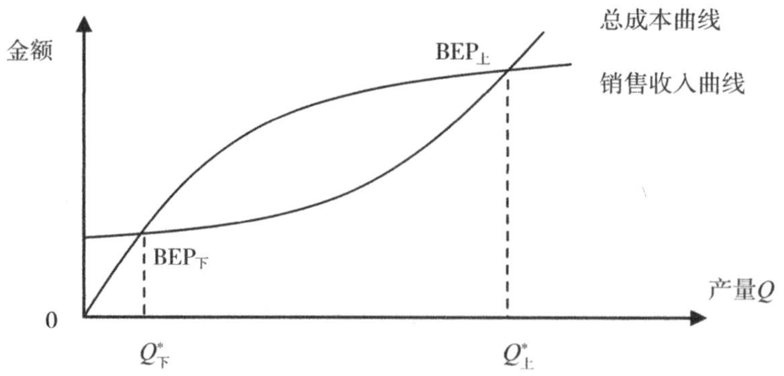

图 9-5　销售收入与产量关系

成本结构与经营风险的关系：销售量、产品价格及单位产品变动成本等不确定因素发

生变动所引起的项目盈利额的波动称为项目的经营风险（business risk）。由销售量及成本变动引起的经营风险的大小与项目固定成本占总成本的比例有关。

设对应于预期的年销售量为 Q_C 和预期的年总成本为 C_C，固定成本占总成本的比例为 S，则：

固定成本　　$C_f = C_C \cdot S$

单位产品变动成本　　$C_v = \dfrac{C_C(1-S)}{Q_C}$

当产品价格为 P 时，盈亏平衡产量

$$Q^* = \frac{C_C S}{P - \dfrac{C_C(1-S)}{Q_C}} = \frac{Q_C C_C}{\dfrac{1}{S}(PQ_C - C_C) + C_C}$$

盈亏平衡单位产品变动成本 $C_v^* = P - \dfrac{C_C S}{Q_C}$

可以看出，固定成本占总成本的比例越大，盈亏平衡产量越高，盈亏平衡单位产品变动成本越低。高的盈亏平衡产量和低的盈亏平衡单位产品变动成本会导致项目在面临不确定因素的变动时发生亏损的可能性增大。

设项目的年净收益为 NB，对应于预期的固定成本和单位产品变动成本

$$\mathrm{NB} = PQ - C_f - C_v Q = PQ - C_C S - \frac{C_C(1-S)}{Q_C}Q$$

$$\frac{\mathrm{d(NB)}}{\mathrm{d}Q} = P - \frac{C_C(1-S)}{Q_C}$$

显然，当销售量发生变动时，S 越大，年净收益的变化率越大。也就是说，固定成本的存在扩大了项目的经营风险，固定成本占总成本的比例越大，这种扩大作用越强。这种现象称为运营杠杆效应（operating leverage）。

固定成本占总成本的比例取决于产品生产的技术要求及工艺设备的选择。一般来说，资金密集型的项目固定成本占总成本的比例比较高，因而经营风险也比较大。

十、帕累托图

（一）帕累托图定义

帕累托图又叫排列图、主次图，是按照发生频率大小顺序绘制的直方图，表示有多少结果是由已确认类型或范畴的原因所造成。它是将出现的质量问题和质量改进项目按照重要程度依次排列而采用的一种图表。可以用来分析质量问题，确定产生质量问题的主要因素。帕累托起源图如图 9-6 所示。

帕累托图用双直角坐标系表示，左边纵坐标表示频数，右边纵坐标表示频率。分析线表示累积频率，横坐标表示影响质量的各项因素，按影响程度的大小（即出现频数多少）从左到右排列，通过对帕累托图的观察分析可以抓住影响质量的主要因素。

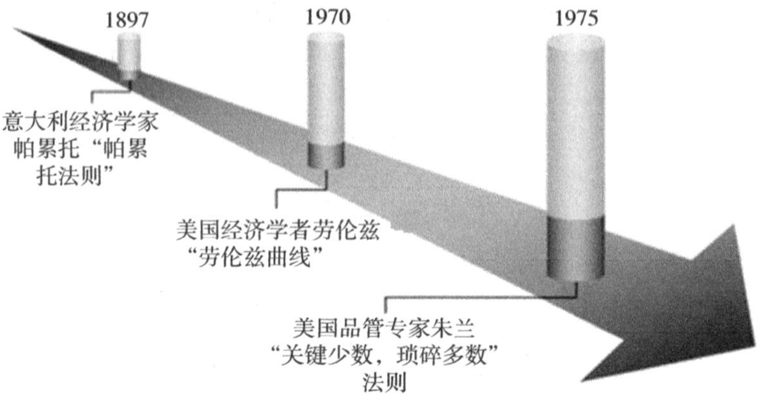

图 9-6 帕累托起源图

（二）帕累托法则

帕累托又称 80/20 法则，是由意大利经济学家和社会学家帕累托发现的，最初只限定于经济学领域，后来这一法则也被推广到社会生活的各个领域，且深为人们所认同。帕累托法则是指在任何大系统中，约 80%的结果是由该系统中约 20%的变量产生的。例如，在企业中，通常 80%的利润来自于 20%的项目或重要客户；经济学家认为，20%的人掌握着 80%的财富；心理学家认为，20%的人身上集中了 80%的智慧等。具体到时间管理领域是指大约 20%的重要项目能带来整个工作成果的 80%，并且在很多情况下，工作的头 20%时间会带来所有效益的 80%。帕累托法则对我们的启示是：大智有所不虑，大巧有所不为。工作中应避免将时间花在琐碎的多数问题上，因为就算你花了 80%的时间，你也只能取得 20%的成效，出色地完成无关紧要的工作是最浪费时间的。你应该将时间花于重要的少数问题上，因为掌握了这些重要的少数问题，你只花 20%的时间，即可取得 80%的成效。帕累托法则也被推广至社会生活的各个部分，且深为人们所认同。

（三）制作帕累托图的步骤

制作帕累托图的步骤如下：

（1）确定调查项目。

制作帕累托图时，首先确立帕累托图究竟想表明什么，即调查的目的，也就是想调查什么原因造成问题偏多。

（2）决定分类项目，搜集数据资料。

目的明确后是决定分类项目，进行数据搜集（数据真实）。如果只有 2~3 个项目的话，因为一眼即可看出哪个重要，所以不需要制作帕累托图。

（3）整理数据资料。

依据搜集数据项目的大小顺序排列，然后计算数据资料的累积和。

（4）制作直方图。

将各项目的数据由大至小排序，但属于其他项目则需排列至最后面，因为分析它没什么意义。并且各柱的宽度相同，柱与柱之间不要隔间隙。

(5) 填入累积和曲线。

一方面看累积和纵轴的刻度，另一方面将各项目的累积和，点在柱右端延长线上，拉一条线将这些点连成一线。注意起点需通过原点。

例如：冲压车间某制件的问题分析。

搜集数据之后，将数据各项数据按大小排序如表 9-6 所示。

表 9-6 **冲压车间某制件问题统计表**

不良原因	毛刺	缺边	磕碰	起皱	开裂	划伤	其他
数量	50	40	30	20	10	5	2
百分比	31.8%	25.5%	19.1%	12.7%	6.4%	3.2%	1.3%
累计百分比	31.8%	57.3%	76.4%	89.1%	95.5%	98.7%	100.0%

然后制作帕累托图如图 9-7。在帕累托图中，不同类别的数据根据其频率降序排列的，并在同一张图中画出累积百分比图。

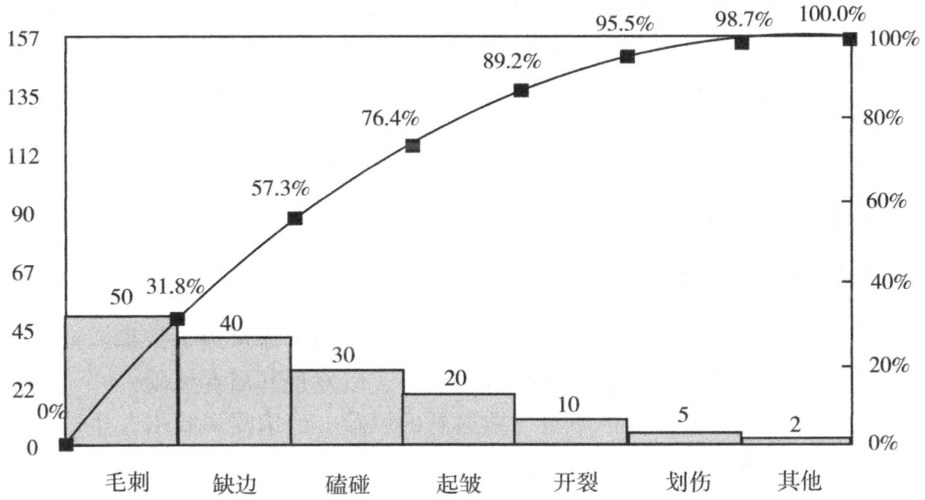

图 9-7 冲压车间某制件问题分析帕累托图

帕累托一般将影响因素分为三类：

A 类因素：这类因素导致了 75%~80%的问题发生，大约占总因素的 20%，称为主要因素或关键因素，这类因素管理者要重点监控，减少这类因素导致风险的发生。

B 类因素：这类因素导致了 15%~20%的问题的发生，大约占主要因素的 20%，称为次要因素，管理者平时要采取措施防范这类因素导致风险的发生。

C 类因素：除了 A 类因素和 B 类因素，剩下的为 C 类因素，这类因素对项目影响不大，称为一般因素，可以忽略。

帕累托图可以体现帕累托原则：数据的绝大部分存在于很少类别中，极少剩下的数据分散在大部分类别中。这两组经常被称为“至关重要的极少数”和“微不足道的大多数”。利用帕累托图可以找出关键的影响因素，使得人们对重大的风险的控制变得直观易于理解。帕累托图是进行优化和改进的有效工具，已被人们广泛应用。

十一、其他方法

（一）环境分析法

环境分析法指以环境为对象进行分析，发现机会和威胁，区别优势和劣势，把握不确定性和变动趋势，明确相互作用和影响，找出环境中可能引发风险的要素。

企业宏观环境主要包括：自然、经济、政治、社会、技术等。企业微观环境主要包括：投资者、消费者、供应商、政府部门和竞争者等。如：市场是否有新的竞争对手介入、竞争对手变动趋势是什么、市场需求对企业产品销售将发生什么影响等。

（二）组织结构分析法

组织结构分析法指利用组织结构图分析和描述风险发生的领域和环节。它描述企业活动性质和规模，反映企业各部门所承担的责任和风险以及各部门之间的内在联系和相互依赖程度，揭示企业内部关键人物对本企业经营管理的影响，反映存在的可能使风险状况恶化的薄弱环节。

通过组织结构图，可以初步确定风险管理重点。这对于组织结构复杂、分支机构众多的企业识别内在风险、估计风险严重程度有要意义。

（三）财务报表分析法

财务报表分析法指以企业的资产负债表、损益表和现金流量表为依据，通过采取水平分析法、垂直分析法、趋势分析法、比率分析法等，以发现其潜在风险。

这些风险主要包括 3 种：资产本身可能遇到的风险、因遭受风险引起生产或业务中断可能带来的损失、造成人身伤害和财物损毁应支付的赔偿金。

（四）流程图分析法

流程图分析法指将生产、经营、管理过程按其内在逻辑联系绘成作业流程图，针对流程中的每一阶段、每一环节进行调查分析，以此识别风险。

流程图的类型有多种：简单和复杂流程图；内部和外部流程图；实物形态和价值形态流程图；生产和资金流程图等。

该方法便于发现容易引起风险和损失的环节和部门。

（五）标准化调查法

标准化调查法指通过风险管理部门、保险企业、专业咨询企业、行业协会、研究机构等，就企业可能遇到的问题加以详细调查与分析，形成报告文件供企业经营管理者使用的方法。标准化调查法又称风险分析调查法。

（六）幕景分析法

幕景分析法指利用数字、图表、曲线等，对企业未来的状态进行描绘，从而识别引起风险的关键因素及其影响程度。幕景分析法研究的重点是：当引发风险的条件和因素发生变化时，会产生什么样的风险，导致什么样的后果等。

幕景分析法既注重描述未来的状态，也注重描述未来某种情况发展变化的过程。

（七）事件树分析法

事件树分析法指选择某一风险作为开始事件，用逻辑推理的方法推论各种可能结果以及产生这些结果的途径，从而了解事故发生的原因和条件。

任何事故的发生都是一系列事件按时间顺序相继出现的结果，前一事件的出现是随后事件发生的条件，在事件的发展过程中，每一事件有两种可能的状态，即成功和失败。

事件树分析法对掌握事故的发生规律、控制事故的发生是很有益的。

（八）风险对照检查表

风险对照检查表是一种规范化的定性风险分析工具，具有系统、全面、简单、快捷、高效等优点，容易集中专家的智慧和意见，不容易遗漏主要风险；对风险分析人员有启发思路、开拓思路的作用。

适用范围：

（1）当有丰富的经验和充分的专业技能时，项目风险识别相对简单，并可以取得良好的效果。

（2）对照检查表的设计和确定是建立在众多类似项目经验基础上的，需要大量类似项目的数据。而对于新的项目或完全不同环境下的项目，则难以适应。需要针对项目的类型和特点，制定专门的风险对照检查表。

第四节　创业项目危机管理

一、危机

（一）企业危机定义

企业危机是指可能给企业的声誉、信用及经营造成负面影响的事件或活动。

荷兰莱登大学危机研究专家乌里尔·罗森塔尔（Rosenthal）从社会学角度提出：危机是指对一个社会系统的基本价值和行为准则架构产生严重威胁，并且在时间压力和不确定性极高的情况下，必须对其作出关键决策的事件。说明了危机是一种具有危害性、风险性和非常规的事件。美国危机管理专家劳伦斯·巴顿（Laurence Barton）认为：危机是一个引起潜在负面影响的具有不确定性的事件，可能会对组织及其员工、产品、服务、资产和声誉造成巨大的损害。巴顿提出了危机的影响范畴已经扩大到组织及其员工的声誉和信用层面，由此凸显出公共沟通的重要性。国内学者认为：危机就是在无预警的情况下所爆发的紧急事件，若不立即在短时间内作出决策、将状况加以排除，就可能对企业或组织的生存与发展造成重大的威胁。

（二）危机与风险的区别

危机是一种未曾意料而且已发生的突发事件。这种事件具有意外性、威胁性、紧急性和阶段性特点。风险则指事件损失发生的可能性，是指在特定条件下某种事件可能发生及其后果与预期后果之间的差异，包括风险因素、风险事故和风险损失等要素。

风险是危机的诱因，是危机发生的前提，它本身并不具有危害性，只有风险积累到一定的程度之后，它就可能成为危机引发的原因。因此，如果风险持续存在并不断积累，如同海底浮出水面的冰山一角，若没有及时发现和应对，可能导致危机发生。“冰冻三尺，非一日之寒”，充分说明了持续的风险存在是危机发生的前提，只有将风险降低到一定程度以后，才能从根源上避免危机的发生。反之，风险越大，危机发生的可能性也就越大。

一个组织若对各种风险熟视无睹，或对于已经认识到的各种风险没有采取有效措施，风险就有可能转化为危机，造成危机的爆发。记住这句话：“今天的风险就是明天的危机。”

（三）危机的基本特点

危机的基本特点如下：

（1）意外性：危机发生的具体时间、实际规模、具体态势和影响深度，是难以完全预测的。

（2）聚焦性与扩散性：信息传播渠道的多样化、时效的高速化及范围的全球化，会使得危机事件很快成为公众关注的焦点，成为各种媒体追逐的“新闻素材”，甚至比危机事件本身发展还要快。因此，在处理危机事件时，媒体影响力不可低估，决策者要关注对危机事态的发展以及组织对危机采取的措施，善于与媒体沟通，通过沟通及时发布信息，提高危机事件进展的透明度，消除各种猜疑及社会负面信息对组织的影响。

（3）破坏性：不论什么性质和规模的危机，都必然不同程度地给企业造成破坏与损失。

（4）危机的广泛性和不确定性：危机的广泛性是指危机无处不在；危机的不确定性是指危机事件爆发前的征兆一般不是很明显，难以作出准确的预测，危机出现与否与出现的时机也是无法完全确定的。

（5）紧迫性：危机的紧迫性是指危机发生之际供决策者反应的时间十分有限。危机事件进展迅速，决策者往往因时间的压力、信息不足，难以对危机情境作出及时、适当的判断，因而影响决策质量。研究显示：90%的危机会在发生2~6小时通过媒介扩散，48~72小时达到极点。因此，必须建立相应危机管理机制来应对危机事件方式的突发性和紧迫性，在危机发生2小时内，应有相应的对策来应对媒体的报道，在事件发生48小时以内，应准备好对最坏情况的应对提纲和行动安排计划。

（6）两面性：危机发生常呈现两面性，即危机的危害性和机遇性。“危机”一词有两层意思：危表示“危险”，机表示“机遇”，因此，危机表示危险与机遇同在。中国的一句古语：“祸兮福所倚，福兮祸所伏”，恰恰点破了危机的两面性。危机的危害性是指危机对组织的价值或目标造成威胁；另外，危机在瞬间发生，给组织和个体带来很大程度的混乱和损失，极易造成决策失误，带来更大的危害。危机的危害性程度根据危机可能造成的损失价值情况而定，也与决策者对危机的认知有关。

（四）危机分类

1. 按危机的来源分类

（1）内部危机。

内部危机就像项目的疾病，预防最重要。只要企业具备危机意识，立即着手开发具有防护作用的保健手段——在组织内部设立一种对危机进行监测的机制，并相应建立一套抵御危机的系统，就能找到并化解危机。

习惯上认为，内部危机的产生有一个从“准备期”到“爆发期”的变化过程。正所谓“冰冻三尺，非一日之寒”，危机的发生都有预兆性的信号，如果管理人员有敏锐的洞察力，能根据日常搜集到的各方面信息，对可能面临的危机进行预测，及时做好预警工作，并采取有效的防范措施，完全可以避免危机的发生或使危机造成的损害和影响尽可能减少。

（2）外部危机。

项目的外部危机不是由于企业自身经营管理不善造成的，而是由于难以预料的外部自然环境和需求环境的突变造成的。

对于外部危机，通常是无法监测的，因此外部危机具有更大的破坏性和杀伤力。

任何事物都有其两面性，外部危机虽然可怕，但伴随它而来的也有机遇，一次危机也许就是一次企业振兴的契机。商场风云变幻，市场起起落落，企业生生死死。太多的企业，由弱变强，从小到大，成功往往有不同的方法；太多的企业，由强变弱，从生到死，失败往往又有相似的轨迹。如果不在危机中成长，就只能在危机中灭亡。

2. 按引发危机的直接诱导因素分类

（1）产品危机：产品或服务的质量或性能有问题及缺陷，导致危机发生。

（2）市场危机：由于市场环境发生变化、竞争对手营销能力加强或者企业自身的营销能力下降导致危机发生。

（3）管理危机：由于投资、购并、体制、债务、供应或人事行政等管理方面的原因导致危机发生。

（4）媒体危机：因媒体曝光，或媒体报道失实，使企业美誉度遭受严重考验，从而发生危机。

（5）法律或政策危机：遭遇政策调整或法律上的障碍，从而导致危机发生。

（6）自然灾害或社会因素等突发事件导致的不可抗力危机：因自然灾害、战争、恐怖活动、宏观政策调整或外交风云导致危机发生。

（7）信用危机。人类社会已经历了实物交易和货币交易阶段。按照人类经济形态的发展历程来看，目前已经进入了信息社会下的信用交易时代。

3. 按危机发生的成因分类

（1）结构性危机。

结构性危机一般来源于内部系统的损坏，造成危机的因素很早就在企业中存在，一般都是企业的某项管理功能的实质性失效。巨人集团的失败就是一个最生动的例子。巨人集团的结构性危机来源于决策机制的缺陷。它的决策机制中没有对风险的预警与控制机制，或者是虽然有相关机制但是实际执行却处于失效状态，因此才有了使巨人大厦越来越高的一连串的错误决策，又正是这些决策使企业面对现金流冲击的时候无法承受，最终整个企业轰然倒地。一般来说，结构性危机比较难以挽回，因为结构性缺陷是长时间形成的，在短时间内难以得到根本改善，造成的损失一般也很难从其他方式得到补偿。所以一旦出现结构性危机主要考虑的应该是最大程度地减少损失、降低负面影响，也就是说能做到“亡羊补牢”就是成功。而利用危机增加收入或利用危机扩大影响在结构性危机中是很难实现的，对此企业决策者不能抱有浪漫的幻想。

（2）偶发性危机。

偶发性危机可以看作两种因素共同作用的结果，一种因素是决定危机存在的基础条件，往往并不是很大的事件，本身也不是什么问题，有的在危机爆发前早就存在，有的根本就是子虚乌有。另一种因素是引发危机的是特定诱因，这类危机的实质是经过特定诱因对基础事件的渲染后，在企业的利益相关者中诱发的心理认识的崩溃，很多时候甚至特定诱因本身就是对一些子虚乌有的事件散布的谣言。

（五）危机演变的四个阶段

一切事物都处于运动、变化之中，都有其产生、发展、灭亡的过程。企业危机也有其自身运动变化的规律性。

1. 危机孕育期

大多数的危机都存在着一个从量变到质变的过程。危机潜伏期则是导致危机发生的各种诱因逐渐累积的过程。在这个阶段，各种对企业不利的信息源正在形成，犹如星星之火，有各种征兆和苗头，一旦发现很容易被扑灭，但遗憾的是，往往很容易被疏忽。

2. 危机爆发期

引发危机的风险因素累积到一定程度后，就会引起危机的爆发。在这个阶段，危机信息开始传播，危机已经暴露，正常运转的事件流程遭到危机的破坏，从而导致整个流程被恶意中断，危机开始发挥其破坏作用。同时，这种破坏作用所造成的严重后果和损失都不断地迅速增长，正常事件流程面临着严峻的考验，其管理层将经受到来自各方面公众的巨大压力。但是只要及时作出反应，在这个时候危机是可以控制住的。

3. 危机扩散期

在这一阶段，由于媒介和公众的关注，危机成为社会舆论关注的“热点”和“焦点”，管理层开始着手对危机进行处理，包括开展危机调查、进行危机决策、控制危机危害范围与程度、实施危机沟通、开展各种恢复性工作等。管理层的危机处理决策水平和决策速度非常重要。危机是否能够得到妥善的处理，就完全取决于管理层的决策素质和反应速度。如果决策素质够高，就能够尽快把危机控制在一定范围内，那么对危机的解决则相当有帮助。如果管理层对危机处理得不好，那么危机可能会爆炸式扩散，呈现失控状态。

4. 危机消失期

管理层利用各种手段对事件进行处理，此时信息得到最大限度的披露，危机事态已经得到了相应的控制，危机引发的各种问题已经基本得到解决，管理层所承受的压力也随之减弱，企业逐渐走出了公众及媒介的视线，从此走上复兴之路。相反，处理不力的企业或者死灰复燃，或者从此无力回天，走上衰亡之路。

二、危机管理

（一）危机管理定义

危机管理是一种使危机对企业造成的潜在损失最小化，并有助于控制事态的管理。

企业危机管理是一系列有助于防范、管理和成功应付危机的管理步骤和行动。

企业为避免或者减轻危机所带来的严重损害和威胁，从而有组织、有计划地学习、制定和实施一系列管理措施和因应策略。

在某种意义上，任何防止危机发生的措施、任何消除危机产生的风险的努力，都是危机管理。但我们更强调危机管理的组织性、学习性、适应性和连续性。

危机管理就是要在偶然性中发现必然性，在危机中发现有利因素，把握危机发生的规律性，掌握处理危机的方法与艺术，尽力避免危机所造成的危害和损失，并且能够缓解矛盾，变害为利，推动企业的健康发展。

危机管理包括危机防范、危机处理、危机总结。

（二）危机管理特点

1. 危机管理是一种行为管理

危机管理功能是防范、化解危机，旨在形成一套集事前预控、事中管理和事后恢复于一体，并行之有效的危机应对机制和行为策略，是一个全方位、全过程的系统工程，包括危机防范、危机化解到恢复正常的社会秩序。因此，危机管理不仅针对已经发生的危机，实施化解措施，减少危机可能造成的损失，更重要的是要在日常工作中做好防范管理工作，未雨绸缪，尽可能地避免危机发生。

2. 危机管理是一种情境管理

危机管理是指组织对其遭受潜在威胁和现实损害的情境进行管理，目的是要恢复组织正常的运营秩序和发展状态。危机管理是要尽可能控制事态，在危机事件中把损失控制在一定的范围内，在事态失控后要争取重新控制事态。危机研究和管理的目的就是要最大限度地降低人类社会悲剧的发生。

3. 危机管理是一种资源管理

危机管理要求在最短时间内进行有效的整合和配置组织的各种资源，使组织转危为安。因此，危机管理意味着需要调动各方可供利用的资源、采取各种可能的或可行的方法和方式，限制乃至于消除危机行为，从而使危机事件得以解决，并尽可能缩小危机造成的损益。

4. 危机管理是一种沟通管理

危机管理是以组织沟通为手段，以解决危机为目的，进行的一系列化解矛盾和避免冲突的过程。搜集、分析和传播信息是危机管理者的直接任务。危机发生的最初几小时（或危机持续的最初几天）内，管理者应同步采取一系列关键的行动，这些行动是为了达到甄别事实、深度分析、控制损失、加强沟通的目的。

可见，危机管理是一种包括情境、资源、沟通和行为等在内的管理体系，是组织基于对潜在的或当前的危机的认识和判断，利用相关力量和资源，采取有效的措施来应对不利情境，从而降低危机的破坏性，甚至将危机转化为机遇的一种有组织、有计划、持续动态的管理过程。

（三）危机管理的目的

1. 预防与控制危机

危机如同 SARS 一样，预防与控制是成本最低、最简便的方法。企业应根据经营的性质，识别整个经营过程中可能存在的风险，并从潜在的事件及其潜在的后果追根溯源，排查出其滋生的土壤，然后进而搜集、整理所有可能的风险并充分征求各方面意见，形成系统全面的风险列表，从而对这些可能导致危机的原因进行限制，并针对性地练习内功，增强免疫力，以达到避免危机的目的。

2. 建立危机管理体系

主要是指建立应对危机的组织，并制定危机管理的制度、流程、策略和计划，从而确保在危机汹涌而来时能够理智、冷静、胸有成竹。

3. 解决危机

主要是指通过公关的手段阻止危机的蔓延并消除危机。如建立强有力的危机处理班子；有步骤地实施危机处理策略；制止危机给企业造成的不良影响，尽快恢复企业或品牌形象；重获员工、公众、媒介以及政府对企业的信任。

4. 在危机中发展

危机管理的最高境界就是总结经验教训，让公司在事态平息后更加焕发活力。Intel 公司前 CEO 安迪·格鲁夫曾这样说：“优秀的企业安度危机，平凡的企业在危机中消亡，只有伟大的企业在危机中发展自己。”

5. 实现企业的社会责任

作为社会的一员，企业卓有成效的危机管理，将促进社会的安定与进步。但是如危机处理不当，将成为社会的负担，并带来不可估量的危害。

（四）危机处理的核心

危机从管理的角度来讲，是量变到质变的过程；而从传播的角度来看，则是由少数人知道到多数人知道的过程。

大家都不知道的危险不是危机，它只是潜在的危机。只有当企业员工、消费者、公众、媒体、投资者、债权人、供应商以及经销商都知道了，并且被各种因素和途径夸大了危险，导致混乱和恐慌，才成为危机。

危机一旦发生，我们需要做两件事：

（1）正确地处理（do right），以减少或避免损失。

（2）正确地传播（speak right），客观理性地告知公众，以减少或消除恐慌。

正确地处理，是危机管理的前提；而正确地传播，则是危机管理的核心，向谁传播、传播什么、怎样传播是危机管理是否成功的关键。

（五）危机管理需要的能力

1. 良好的心理素质和沉着的应变能力

面对突发事件来临时，管理者不可能像正常情况下按程序进行决策论证和选优，如不能快速作出正确反应并及时控制局势，会扩大突发危机的范围，甚至可能失去对全局的控制。管理者应有过人的胆识和心理素质，能够很好地控制自己的情绪，沉着冷静地迅速投入危机事件的处理工作中，通过直接行动并对问题进行分析，进行合理的判断和处理，迅速控制事态。

2. 科学的决策能力

由于危机事件具有突发性和无序性的特征，每个事件解决问题的方法都不尽相同，因此需要依靠智力和毅力来解决问题。管理者必须具备出色的判断能力，客观地、实事求是地思考问题，在有限时间内对事件全局及发展进行判断，集中精力，作出有效决策。在作出决策时要抛开个人得失，敢于承担责任。

3. 开拓创新敏锐的预见能力

突发事件往往扑朔迷离，危机管理要求管理者具有很强的预见能力和判断能力，见微知著，能在危机形势变化前及刚发生时就立刻采取相应行动，不能消极等待指示和命令。这些均需要靠个人的创新能力去解决，预测危机变化并及时调整行动来适应环境情景变化，争取在时间上主动。

4. 丰富的实践经验

决策者若有亲临其境的真实环境体验，可以从心灵和精神上感知危机的危害性，从而有利于作出更人性化、更关注社会及保护公众利益的决策，来处理复杂的危机。同时，丰富的实践经验往往能锻炼决策者能运用恰当语言进行沟通，使其更注重团队精神，强调提升整体应对作用的重要性水平。

三、危机防范

危机管理的重点就在于预防危机，而不在于处理危机。出色的危机预防管理不仅能够预测可能发生的危机情境，积极采取预控措施，而且能为可能发生的危机做好准备，拟好计划，从而自如应付危机。危机的预防措施主要有以下四种。

（一）树立强烈的危机意识

危机管理的理念就是居安思危，未雨绸缪。“君子安而不忘危，存而不忘亡，治而不忘乱。”在企业经营形势不好的时候，人们容易看到企业存在的危机，但在企业如日中天的时候，居安思危则并非易事，然而危机往往会在不经意的时候到来。所以，企业进行危机管理首先应树立一种“危机”理念，营造一个“危机”氛围，使企业经营者和所有员工面对激烈的市场竞争，充满危机感，理解企业有危机，产品有危机。最好的时候可能是最不好的开始，危机意识缺乏，放松要求，自我懈怠，迟早会被淘汰。用危机理念来激发员工的忧患意识和奋斗精神，不断拼搏，不断改革和创新，不断追求更高的目标。

（二）成立危机管理小组

危机管理小组是一个智囊团，其成员应尽可能选择熟知企业和本行业内外部环境的较高层管理者和专业人员参加，他们应具有富于创新、善于沟通、严谨细致、处乱不惊和亲和力等素质，以便于通览全局，迅速作出决策。危机管理小组能针对特殊个案作出评估，从危机发生前的预防及准备工作的规划、危机爆发时的紧急处理以及危机解决后的重建与再学习，皆为危机管理小组的主导工作。危机管理小组的领导人不一定非为公司总裁所担任，但必须在公司内具有影响力，能够有效控制、推动小组工作的运行。

（三）引入危机管理框架结构

危机管理小组用来协调和控制危机及其产生的影响，但这种小组是临时组建的，不具备行使一些特定任务所必备的各种技能，所以可以尝试建立危机管理组织结构框架来辅助危机管理小组，它主要由三部分组成，第一部分是信息系统，第二部分是决策系统，第三部分是运作系统。

1. 信息系统

主要负责对外工作，由信息整合部、信息对外交流部和咨询管理部组成。信息整合部对外派出信息侦察兵来搜集信息，并对所搜集的信息进行整理和评估鉴定；信息对外交流部负责应付公众、媒体、利益团体和危机之外的人；咨询管理部主要负责分析危机的影响和危机管理造成大众及相关利益集团对企业组织的看法，并提出改善的建议，把一些重要信息及时向企业高层报告。

2. 决策系统

由危机管理者统率，负责处理危机的全面工作，他必须有足够的权威进行决策，一般由首席危机管理者，如公司的经营决策层担任，也可由中级或基层管理者担任，但是这时必须由高级决策层授予其较大的权限。

3. 运作系统

由部门联络部和实战部组成，其中部门联络部负责联络公司内部受危机影响的部门与不受影响的部门，是正常经营地区与受危机影响地区的联系纽带，而实战部则负责将危机管理者的策略计划翻译成实战的反应策略和计划，并通过专业知识来实施这些计划。这种危机管理框架结构，不管应付何种类型、规模与性质的危机，都清楚地限定了每一个部门的工作和目标。将组织内部的信息沟通和提供给外部团体的信息分开，减少了误解和对抗，降低了对企业信誉所造成的影响。

（四）建立危机预警系统

危机预警系统就是运用一定的科学技术方法和手段，对企业生产经营过程中的变数进行分析及在可能发生危机的警源上设置警情指标，及时捕捉警讯，对企业外部环境息进行搜集、整理和分析，重点搜集能灵敏、准确地反映企业生产、经营、市场、开发等发展变化的生产经营信息，并对这些信息进行分析和处理，对危害自身生存、发展的问题进行事先预测和分析，以达到防止和控制危机爆发的目的。主要内容包括三个方面：

1. 危机监测

危机监测指对可能引起危机的各种因素和危机的表象进行严密的监测，搜集有关企业危机发生的信息，及时掌握企业危机变化的第一手材料。

2. 危机预测和预报

危机预测和预报指对监测得到的信息进行鉴别、分类和分析，使其更条理、更突出地反映出危机的变化，对未来可能发生的危机类型及其危害程度作出估计，并在必要时发出危机警报。危机监视与预测是相辅相成的，它们是企业进行危机预控和处理危机的基础与依据，其中最重要的是搜集和整理信息，选择适宜的方法作出判断，以赢得危机处理的时间。

3. 危机预控

危机预控指企业应针对引发企业危机的可能性因素，采取应对措施和制定各种危机预案，以有效地避免危机的发生或尽量使危机的损失减少到最小。

四、危机处理

一般来说，危机事件具有突发性、严重性、不确定性、阶段性、扩散性等特点，而且影响面大，若处理不当，则会给企业带来重大损失，甚至灭顶之灾。因此，当企业危机发生后，采取怎样的措施来控制危机的扩散，并将其危害控制在最小范围内，同时将危机转化为转机，是企业危机处理的重中之重。

（一）以最快的速度启动危机处理计划

如果初期反应滞后，将会造成危机的蔓延和扩大。由于危机的产生具有突变性和紧迫性，任何防范措施也无法做到万无一失，因此应针对具体问题，随时修正和充实危机处理对策。

（二）把公众的利益放在首位

要想取得长远利益，企业从危机爆发到危机化解应更多地关注消费者的利益而不仅仅是企业的短期利益，拿出实际行动表明公司解决危机的诚意，尽量为受到危机影响的公众弥补损失，这样有利于维护企业的形象。

（三）开辟高效的信息传播渠道

危机发生后，应尽快调查事情原因，弄清真相，尽可能地把完整情况告诉新闻媒体，避免公众的各种无端猜疑。诚心诚意才是企业面对危机最好的策略。企业应掌握宣传报道的主动权，通过召开新闻发布会，使用互联网、电话、传真等形式向公众告知危机发生的具体情况，公司目前和未来的应对措施等内容，信息应具体、准确；随时接受媒体和有关公众的访问，以低姿态、富有同情心和亲和力的态度来表达歉意、表明立场。

（四）选择适当的危机处理策略

1. 隔离策略

危机事件的发生、发展，具有连锁效应，可表现为“转化”、“蔓延”、“衍生”、“耦合”等不同演化模式，这些多模式的演化存在，使得危机事件不断扩大，短时间内可发生由局部到全局的扩展，造成难以收拾的局面，甚至由一种危机爆发引发另一种危机，为此，企业在发生危机时，应设法把危机的负面影响隔离在最小范围内，避免殃及其他非相关生产经营部门。

因此，管理者首先要做的是危机隔离，主要从两方面着手：

（1）人员隔离：人员隔离是指组织在人员资源方面进行明确、合理的分工。调动一部分人员参与危机事件的处理过程，另一部分人员维持正常工作。因此，制定预案中，对于人力合理分工显得十分重要，要明确管理者及一般工作人员中的哪些人参与危机处理，哪些人需坚守原职以维持组织正常运行，哪些人需要回避。如果危机状态十分紧急，决策者要根据实际情况进一步调整，既要解决好危机应对，也要做好其他日常工作，不能因为危机的存在，造成组织更大的损失。

（2）事件隔离：由于突发危机事件具有意外性、聚焦性、紧迫性，因此容易引起涟漪效应、蝴蝶效应和多米诺骨牌效应。迅速切断危机事件风险传播途径对于危机管理非常重要。应从危机发出预警时就要开始采取措施进行隔离，明确危机可能波及的范围，既为危机处理创造有利条件，也使正常工作不受影响。

2. 中止策略

中止策略就是要根据危机发展趋势，主动承担危机造成的损失，如停止销售、收回产品，关闭有关工厂、部门等。

3. 消除策略

需要企业根据既定的危机处理措施，迅速有效地消除危机带来的负面影响：要善于利用正面材料，冲淡危机的负面影响，如通过新闻界传达企业对危机后果的关切，采取的措施等，并随时接受媒体的访问以及回答记者的提问。

4. 利用策略

利用策略是变“危机”为“生机”的重要一环，越是在危机时刻，越能昭示出一个优秀企业的整体素质和综合实力。只要采取诚实、坦率、负责的态度，就有可能将危机化为生机。处理得当，就会收到坏事变好事的效果。

5. 充分发挥公证或权威性的机构对解决危机的作用

利用权威机构在公众心目中的良好形象，处理危机时，最好邀请公证机构或权威人士辅助调查，以赢取公众的信任，这往往对企业危机的处理能够起到决定性的作用。例如雀巢公司的“奶粉风波”恶化后，成立了一个由 10 人组成的专门小组，以监督该公司执行世界卫生组织规定的情况，小组人员中有著名医学家、教授、大众领袖乃至国际政策专家，此举大大加强了公司在公众心中的可信性。

五、危机总结

对于一个组织，危机既可能是其走向衰亡的开始，也可能是其走向新的阶段的开始。危机造成的巨大损失不仅为组织带来必要的教训，其管理措施的实施也给组织带来有意义的经验。因此，组织应当在危机发生后及时总结经验，向组织管理者、公众及社会提供“素材”，培养他们的危机意识，提高危机应对技能及应对危机能力。同时组织提供建立危机评估体系，发现可能引发危机的内部因素和外部因素，为更好地建立危机应对提供参考。

危机总结的内容：一是总结自己企业曾经发生过的危机及处理的经验教训，并整理归档。危机所造成的巨大损失会给企业带来沉痛的教训，所以企业对危机进行认真而系统的总结不可忽视。二是对其他企业或同行曾经发生过的危机处理的经验教训，研究学习并整理归档，分析其成败原因，积极总结相关经验，吸取各方面的教训，取人之长，补己之短，提高企业抗危机能力。

危机总结的步骤：一是调查分析，对引发危机的成因、预防和处理措施的执行情况进行系统的调查分析。二是评价，对危机管理工作进行全面的评价，包括对预警系统的组织和工作程序、危机处理计划、危机决策等各方面的评价，要详尽地列出危机管理工作中存在的各种问题。三是修正，对危机涉及的各种问题综合归类，分别提出修正措施，改进企业的经营管理工作，并责成有关部门逐项落实，完善危机管理内容，并以此教育员工，警示同行。四是前瞻，危机并不等同于企业失败，危机之中往往孕育着转机。企业应将危机产生的沉重压力转化为强大的动力，驱使自己不断谋求技术、市场、管理和组织制度等系列创新，最终实现企业的腾飞与发展。

六、危机管理的实用型步骤

（一）认识危机预警信号

管理者首先要根据一些不易察觉的危机预警信号来识别一些潜在危机，表 9-7 给了一些危机预警信息和对应的潜在危机。

表 9-7 **预警信号与潜在危机**

预警信号	潜在危机
员工不满情绪	工作地点发生罢工、暴力
令人失望的财务状况	消极的媒体报道，员工流失，士气涣散
顾客抱怨	产品回收，失去商机，顾客失去信心
没有持续有效的计划	工作业绩不佳
没有经营策略	由于缺乏战略、战术和长期计划，使得工作业绩不佳
没有危机管理计划	危机管理不当，消极的媒体报道，声誉受损，业绩下降
不重视环保	罚款或处罚，昂贵的诉讼，企业形象受损

（二）评估企业中的潜在危机

进行潜在危机评估的时候，可以需要通过某些手段来要获得相关数据和信息，然后再进行危机评估，为危机预警做准备，评估危机的方法如表 9-8 所示。

表 9-8 **评估危机的方法**

社会公众	方　法
高层管理团队	一对一、面对面的访问
部门经理	一对一的访问、电话调查、小组会议
员工	问卷调查、座谈会
媒体	电话调查

（三）防止潜在危机变成真实危机

下面的原则可以帮助我们防止真实危机的产生：
（1）不要忽视任何警告信号；
（2）研究某个弱点转变成更严重问题的可能性；
（3）确定会受到问题影响的不同社会公众；
（4）考虑采取有助于防止问题转变成危机的行动步骤；
（5）比较立即解决和后期补救的成本差；
（6）下定决心花些时间来解决问题。

（四）制定危机应对策略

并不是所有的潜在危机都会最终转化为真实危机，也不是所有的真实危机在发生前都会有预警信号。因此，我们需要制定周密的策略来应对各种不同的情况。

（1）明确负责人，做出计划及预算；

（2）年度经营计划中要包括危机管理计划并每年更新；

（3）建立危机管理小组，每年至少进行一次弱点分析，一次危机模拟训练；

（4）为企业最可能发生的五种危机作最坏的打算，并制订计划来防范和管理；

（5）危机管理小组成员研讨并定出个人危机反应手册，并每年进行修订；

（6）准备必要的状况背景资料、备忘录、信件；

（7）获得企业外部咨询顾问的建议；

（8）每年至少参加一次媒体应对训练。

结合以上几点，可以看到一个完备的危机应对策略需要包含下面三个部分：

1. 危机管理小组

危机管理小组是指一小组被指定负责制订危机管理计划并负责执行这个计划的人员。一个完善的危机管理小组的成员可以包括下面这些人：

（1）高层决策主管；

（2）公关主管；

（3）营销主管；

（4）人力资源主管；

（5）财务主管；

（6）法律顾问；

（7）外部危机管理顾问。

危机管理小组的主要任务：

（1）制定企业的危机管理目标及战略；

（2）讨论企业的薄弱环节并建立优先顺序；

（3）做出行动计划，分担责任，确定最后完成期限；

（4）制订、修改、批准企业的危机管理计划和危机反应手册；

（5）挑选合适的公司发言人；

（6）确保危机得到优先处理；

（7）向决策层提供建议、反馈和忠告。

2. 危机管理计划

危机管理小组的工作中，危机管理计划的制订与修正是一项最为核心的任务。危机管理计划应包含的内容有：

（1）企业的危机管理目标；

（2）企业可能会面对的潜在危机种类；

（3）危机报备和人员协调的流程；

（4）危机管理小组成员的名单（要有紧急的联系方式）；

（5）明确企业第一和第二发言人（严禁发言人以外的人就事件向外部发言）；

（6）在危机中需要立即采取的步骤（例如需要接触的人或单位，危机管理小组应该集合的地方等）；

(7) 紧急情况下需联络的政府单位名单 (如警察、消防和其他政府单位, 要附电话号码);

(8) 紧急情况下需要接触的新闻媒体 (包括最新的名字、标题、电话和传真);

(9) 员工、主要顾客、供应商/经销商、地方官员、行业协会领导、主要行业分析家等的名单及联系方式;

(10) 在危机发生期间和危机发生后可能需要提供外界的有关企业的正面信息。

3. 危机模拟训练

危机管理计划制订出来以后, 将它束之高阁会给创业项目带来巨大的风险。若是如此, 管理者将会在面临危机时仓皇失措。所以为了能让管理者能真正完全掌握危机管理方法, 提高危机处理能力, 就要在危机到来之前进行危机模拟训练。

危机模拟训练是通过角色扮演假定危机状况的发生, 而由有关人员进行针对性地模拟操作, 用以评估企业应对危机的准备程度。

成功的危机模拟训练的要素:

(1) 模拟"最有可能"发生的危机情况;

(2) 企业中最有可能涉及危机管理的人员必须参与;

(3) 选定人员扮演相关之社会公众, 例如媒体、顾客、供应商、主管单位、地方官员等;

(4) 指派评价者依危机管理目标来制定指标及依此进行评价;

(5) 模拟训练规模应适当;

(6) 进行有效训练的时间要充足。

(五) 确认危机并采取行动

危机的产生一般都会有一些信号, 管理者对这些信号的判断则是危机应对的第一步。所以我们要先确认出哪些是危机产生的信号, 哪些是无关联的事件。

通常危机发生的信号会具有以下一些特点:

(1) 发生一些不寻常或不正常的事件;

(2) 这些事件迫使企业的高层管理者作出非常困难的决定;

(3) 由于决策尚未作出, 使得这些事件对公司的声誉、销售以及市场份额产生潜在的负面影响;

(4) 媒体认为这些事件很有新闻价值, 并表现出浓厚兴趣;

(5) 刺激最主要的社会公众 (例如员工、顾客、供应商和政府领导) 去了解真实状况;

(6) 会使企业脱离正常的生产经营秩序。

如果以上六点现象中有三个以上已经出现, 那么危机就即将产生。所以管理者应该立刻着手准备处理危机。危机一旦发生, 可能最初几个行动就决定了整个危机处理的成败。因此, 把握先机是极其重要的。下面的几个步骤是管理者必须在确认危机后立即行动的:

(1) 认清问题并尽可能地了解情况;

(2) 如果会有安全问题, 就同当地警察、消防部门或医院取得联系;

（3）向上级主管汇报有关的问题，并讨论解决和进行沟通的步骤；

（4）确认受到最大影响的社会公众有哪些；

（5）决定要进行沟通的主要信息，并考虑如何回答可能被提出的问题；

（6）拟出短期内必须采取的行动及沟通的优先顺序；

（7）确保公司的发言人做好准备，并能有效地代表公司发言。

为了更直观地认识上述行动，举三个案例来阐述危机处理行动。

2001 年 11 月九运会期间，马俊仁的弟子兰丽新被查出血检超标。马俊仁对媒体宣称：兰丽新是吃了安利的钙镁片，所以导致血检超标。一时间，“安利的钙镁片含有兴奋剂”不胫而走。数家媒体以最快的速度进行了转载报道。顾客向安利公司质疑：钙镁片是否含有兴奋剂？而后，钙镁片的销量在两天内大幅度滑坡。①

安利公司针对“安利钙镁片”事件的行动：

（1）安利迅速确认危机存在，并成立以华东公司公关部门为主的“危机小组”；

（2）立即举行新闻发布会；

（3）请权威人士论述安利产品的安全性，向媒体提供了正面的新闻点。

2002 年 10 月 10 日，中国消费者协会向新闻媒体通报了对 50 个品牌儿童针织内衣进行的比较试验结果。有 3 家媒体误报了“恒源祥儿童内衣甲醛超标”的新闻，全国 20 多家媒体转载。同时，多家极具影响力的网站也转发了该报道，致使恒源祥（集团）有限公司的内衣销售在短短一周内陷入停顿状态，恒源祥这一中国驰名商标大受损害。②

恒源祥公司针对“恒源祥儿童内衣甲醛超标”事件的行动：

（1）将此次危机划分为“头等危机”；

（2）召开紧急会议，动用一切可以运用的资源；

（3）高层作出承诺，如果产品确不合格，一律回收；

（4）为公司做正面的宣传，强调以往的品牌形象；

（5）中国消协出面为恒源祥澄清事实。

2003 年 6 月初，国家质量监督检测检疫总局通报称，由四川省百事可乐饮料公司生产的一箱“七喜”柠檬味汽水的二氧化碳指标显示为“偏低”。多家媒体以《国家质检总局抽查饮品质量，三种饮料今夏别喝》《百事一款“七喜”汽水上黑榜》等标题广泛报道。引起消费者和经销商的强烈反应，使得此产品销量迅速下滑。③

百事可乐公司针对“质检事件”的行动：

（1）召开紧急会议，对处理危机进行部署；

（2）公司最高层亲自面对媒体，向媒体表明公司的重视程度；

（3）与国家质检部门沟通，申请进行复检；

（4）启动检测系统，防患于未然；

（5）向公众解释通报结果，减少公众的恐慌；

---

① 风雨安利的强势突围 . http：//tech. sina. com. cn/other/2003-05-09/1533185153. shtml.

② 焦艳玲 . 恒源祥误遭不白之冤　中消协为其平反昭雪［N］. 市场报，2002-10-30.

③ 游昌乔 . 及时出招：百事化解“七喜”危机［N］. 经理日报，2003-07-05.

（6）动员媒体进行正面宣传。

以上我们认识了危机和危机可能带来的危害，每个企业都不能避免危机，而只能去管理危机。

（六）评价危机管理效果

如要了解危机所造成的影响，应对危机进行详细的评价。

（1）确定该危机如何影响到公司重要受众的行为和想法；

（2）评估该危机对公司销售及声誉的影响程度；

（3）帮助识别什么时候危机已经结束；

（4）比较危机期间和之后公司的销售；

（5）整理新闻记者的访谈；

（6）开设电话热线，以方便员工和顾客就本次危机提问或评论；

（7）举行座谈会（每组不超过12人，从员工和其他主要公众获得建议和想法）；

（8）准备一份向员工及外部公众发放的问卷，以确知他们的想法和态度。

危机结束与否，是危机管理效果的最直接体现。因此，我们必须清楚地辨别危机是否已结束，下面提供了一些辨别危机是否结束的角度。

（1）关心该危机问题的人们是否依然很多？

（2）员工士气是否继续受到影响？

（3）新闻媒体是否仍对该事件感兴趣？

（4）是否仍有谣言在四处传播？

（5）公司的销售是否反弹到危机前的水平？

（6）公司管理层是否还像从前那样关注该危机？

如果对上述问题的回答都是否定的，那么危机基本已成过去式。

（七）树立危机意识，建立危机管理文化，维护企业信誉度

以下是一些在企业内部形成并保持危机管理文化的好办法：

（1）在企业内建立危机管理系统；

（2）每年至少在公司进行一次正式的弱点分析；

（3）采取措施防止预警信号变成真实危机；

（4）即使在非危机时刻，每季公司的危机管理小组也要一起开一次会；

（5）保证危机管理活动有适当的预算；

（6）确保公司的发言人要训练有素，能代表公司传达重要信息，并能应对各类问题；

（7）更新危机管理计划和危机反应手册。

企业信誉度的建立与保持应以下述方式来进行：

（1）每年要对主要公众进行调查，评估公司的信誉；

（2）以一种对社会负责的态度行事；

（3）提供使主要公众易于向公司提出问题和建议的途径；

（4）制订出一套公关计划，以培养与主要公众的关系及信任。

第五节　案例分析

本章案例主要讨论创业项目风险管理，1999年成立的易得方舟信息技术有限公司几乎成为项目风险管理失控的代表，融资风险、管理风险、技术管理风险等都没有很好地解决，作为曾经的明星企业，仅仅一年后，加上网络泡沫的破灭，风险资本的撤离，易得方舟的倒闭已经是不可避免。

有着中国版的比尔盖茨创业神话的清华学生鲁军、童之磊等5人，1999年在清华休学后创办了易得方舟，易得方舟代表了那个时代学生创业的梦想，加上清华的光环，外界对易得方舟赋予了太多含义。1999年7月清华大学正式批准鲁军、刘颖的停学创业的申请，同年8月易得方舟得到了第一笔风险投资，从一个不到10人的创业团队膨胀成拥有60余名员工的商业公司，易得方舟成了入驻清华创业园的11家学生公司之一，2000年，易得方舟推出了“CampusAge中国高校电子校园解决方案”，赢得了社会各界好评，公司采用的“股权换版权”理念使它囊括了巴金、余秋雨等一大批优秀的作家网上版权。易得方舟网站日均浏览量在300万，注册用户一度超过15万。正当易得方舟处于发展的高速期时，美国IT泡沫破裂，IT企业股票在Nasdaq跳水，互联网和资本寒冬已至。易得方舟首当其冲受到影响，两周内，资本撤离，接着5个核心创始人中3人离开，资金周转困难，易得方舟陷入困境。

易得方舟风险管理几乎是失控的。首先，商业模式即盈利能力的风险，易得方舟始终定位为“教育娱乐ICP”，号称中国教育与科研网的网络门户，易得方舟无法解决也没有能力解决盈利的问题；其次，技术风险，易得方舟缺乏核心技术，在信息技术相关领域没有足够强大的技术团队，易得方舟不想面对核心技术问题，其实其也没有能力去面对；再次，商业创新能力和市场拓展能力的风险，这方面是易得方舟最为缺乏的，虽然易得方舟的创业团队中也有MBA和经济专业的学生，但是他们只是简单地模仿国内外门户网站的商业模式；最后，管理经验方面的风险，缺乏现代企业管理的能力和资本运作的常识。总之，易得方舟没有很好地预测风险并加以有效管控，在互联网陷入低谷时破产也在意料之中。

案例参考：《大学生创业案例解析》，张汝山、张林著，南京大学出版社，2013年。

问题：

1. 技术风险也包括核心技术人员的流失，企业应如何避免技术风险？
2. 通过本章的学习，易得方舟可以采取哪些措施以防止风险失控？

◎ 思考题

1. 简述创业风险的特点。
2. 简述创业风险的成因。

3. 简述创业风险决策的方法有哪些。
4. 创业项目风险管理有哪几种工具方法？
5. 危机处理的策略有哪些？

参考文献

[1] Bhide A. The Origins and Evolution of New Businesses [M]. Oxford University Press, 1999.

[2] Davidsson P. Researching Entrepreneurship [J]. International Studies in Entrepreneurship, 2004, 5 (6).

[3] Davidsson P, Wiklund J. Levels of Analysis in Entrepreneurship Research: Current Research Practice and Suggestions for the Future [J]. Social Science Electronic Publishing, 2009, 25 (25): 245-265.

[4] 刘沁玲，陈文华. 创新与创业管理 [M]. 北京：清华大学出版社，2016.

[5] 张玉利，薛红志，陈寒松，李华晶. 创业管理 [M]. 4 版. 北京：机械工业出版社，2016.

[6] 赖一飞，胡小勇，陈文磊. 项目管理概论 [M]. 2 版. 北京：清华大学出版社，2017.

[7] 谭恒. 创业管理案例 [M]. 北京：中国纺织出版社，2016.

[8] 张玉利，杨俊. 创业管理（行动版）[M]. 北京：机械工业出版社，2017.

[9] 布鲁斯 R. 巴林杰，R. 杜安·爱尔兰. 创业管理：成功创建新企业 [M]. 5 版. 薛红志，张帆，译. 北京：机械工业出版社，2017.

[10] 克拉克·A. 坎贝尔. 一页纸项目管理：只需一页纸就可做好任何项目 [M]. 王磊，译. 北京：东方出版社，2016.

[11] 加里·R. 希肯斯. 项目管理：24 步助你轻松搞定任何项目 [M]. 张华，译. 北京：清华大学出版社，2013.

[12] 贲圣林，陈雪如. 创业金融实践 [M]. 北京：清华大学出版社，2017.

[13] 马旭晨，马尔航，阮娟. 用项目管理提升大学生创新、就业与创业能力 [M]. 北京：机械工业出版社，2012.

[14] 荷瑞因. 写给大家看的项目管理书 [M]. 王明发，译. 北京：人民邮电出版社，2015.

[15] 吕智. 项目管理就这么简单 [M]. 北京：中信出版社，2016.

[16] 刘德智，吴弘，郑炳章. 知识创新与创业管理 [M]. 北京：清华大学出版社，2015.

［17］张劲珊，黄榜捷．创业管理社会实践探索［M］．南京：南京大学出版社，2014.
［18］何传添．大学生创业管理教程［M］．北京：清华大学出版社，2015.
［19］倪江崴，李特军．创业经营与决策［M］．重庆：西南财经大学出版社，2013.
［20］嵇建珍．大学生创业实用教程［M］．南京：南京大学出版社，2013.
［21］林强，马超平．大学生创业实务［M］．大连：大连理工大学出版社，2012.
［22］赖一飞，陈文磊，郑志刚．房地产开发经营管理学［M］．2 版．武汉：武汉大学出版社，2018.
［23］罗伯特·K. 威索基．有效的项目管理：面向传统、敏捷、极限项目［M］．杨爱华，译．北京：北京电子工业出版社，2015.
［24］罗德尼·特纳．项目管理手册［M］．丁杉，译．北京：中国电力出版社，2015.
［25］刘国靖．现代项目管理教程［M］．北京：中国人民大学出版社，2013.
［26］丁荣贵．项目管理：项目思维与管理关键［M］．北京：中国电力出版社，2013.
［27］Johanna Rothman. 项目管理修炼之道［M］．郑柯，译．北京：人民邮电出版社，2014.
［28］赖一飞，胡小勇，刘汕．工程项目管理学［M］.2 版．武汉：武汉大学出版社，2015.
［29］池人勇．项目管理［M］．北京：清华大学出版社，2015.
［30］骆珣．项目管理［M］．北京：机械工业出版社，2015.
［31］刘亚娟．创业风险管理［M］．北京：中国劳动社会保障出版社，2011.
［32］孙立新．风险管理：原理、方法与应用［M］．北京：经济管理出版社，2014.
［33］刘国新，王光杰．创业风险管理［M］．武汉：武汉理工大学出版社，2004.
［34］张文松，裘晓东，陈永东．创业学［M］．北京：机械工业出版社，2011.
［35］张曾莲．风险评估方法［M］．北京：机械工业出版社，2017.
［36］陈忠卫．创业团队企业家精神的动态性研究［M］．北京：人民出版社，2007.
［37］蔡啟明，刘益平．创业管理［M］．北京：机械工业出版社，2016.
［38］刘志阳，李斌，任荣伟，等．创业管理［M］．上海：上海财经大学出版社，2016.
［39］张秀娥．创业管理［M］．北京：清华大学出版社，2016.
［40］石建勋．创业管理［M］．北京：清华大学出版社，2012.
［41］李俊，秦泽峰．创业管理［M］．北京：北京大学出版社，2016.
［42］梅强．创业管理［M］．北京：经济科学出版社，2011.
［43］胡剑锋，彭学兵．创业管理：利率、流程与实践［M］．北京：高等教育出版社，2012.
［44］郎宏文，郝婷，高晶．创业管理［M］．北京：科学出版社，2011.
［45］唐丽艳，王国红，武春友．创业管理［M］．2 版．北京：高等教育出版社，2013.
［46］郎宏文，安宁，郝婷．创业管理——理论、方法与案例［M］．北京：人民邮电出版社，2016.

[47] 斯晓夫，吴晓波，陈凌，邬爱其．创业管理：理论与实践［M］．杭州：浙江大学出版社，2016.
[48] 汤力峰，赵昕丽．创新创业实践活动项目化管理的“关键链”及价值［J］．教育探索，2012（8）：87-89.